Martin Hemmert
Vertikale Kooperation zwischen japanischen Industrieunternehmen

Martin Hemmert

Vertikale Kooperation zwischen japanischen Industrie- unternehmen

DUV Springer Fachmedien Wiesbaden GmbH

Die Deutsche Bibliothek — CIP-Einheitsaufnahme

Hemmert, Martin:
Vertikale Kooperation zwischen japanischen
Industrieunternehmen / Martin Hemmert. — Wiesbaden :
Dt. Univ.-Verl., 1993
(DUV : Wirtschaftswissenschaft)
Zugl.: Köln, Univ., Diss., 1993
ISBN 978-3-8244-0188-8

© Springer Fachmedien Wiesbaden, 1993
Ursprünglich erschienen bei Deutscher Universitäts-Verlag GmbH, Wiesbaden in 1993
Lektorat: Gertrud Bergmann

ISBN 978-3-8244-0188-8   ISBN 978-3-663-12435-1 (eBook)
DOI 10.1007/978-3-663-12435-1

Geleitwort

Die Erfolge japanischer Unternehmen finden seit Jahrzehnten in der ganzen Welt starke Beachtung. Entsprechend
stoßen die Besonderheiten japanischen Managements schon
seit längerer Zeit auf das Interesse der Betriebswirtschaftslehre in Forschung und Praxis. Stichworte wie Quali-
tätszirkel und Just-in-Time sind nicht nur Fachleuten ein
Begriff. Die Suche nach dem japanischen Erfolgsgeheimnis
wurde in jüngster Zeit mit der Diskussion um das "lean management" und die "lean production" neu entfacht.

Vor diesem Hintergrund sind fundierte, von Einseitig-
keiten und Übertreibungen absehende Forschungsbeiträge zu
dem genannten Thema in besonderer Weise gefragt. Leider erfüllt ein großer Teil der Buch- und Zeitschriften-veröf-
fentlichungen der letzten Jahre diese Anforderungen nicht
so, wie es zu wünschen wäre.

In der vorliegenden Arbeit werden die Arbeitsteilungsformen zwischen Zulieferern und Abnehmern in der japanischen Industrie, die bei der Diskussion um die überlegene
Wettbewerbsfähigkeit an zentraler Stelle stehen, umfassend
analysiert. Die Untersuchung baut auf einem Bezugsrahmen
auf, in dem die Erkenntnisse der Neuen Institutionenökonomik stark berücksichtigt worden sind. Der Verfasser stützt
seine Erkenntnisse und Schlußfolgerungen sodann auf eine
extensive Auswertung überwiegend japanischsprachiger Fach-
beiträge und auf umfangreiche eigene Untersuchungen mittels
Fragebogenauswertung und Einzelinterviews. Die Analyse
offenbart Ergebnisse, die sowohl für Wissenschaftler als
auch für Praktiker höchst beachtenswert sind.

Der vorliegende Beitrag ist äußerst geeignet, Vorur-
teile und Klischees zum Thema "Japanwirtschaft" abzubauen
und ein realistisches Bild davon zu vermitteln. Dem Buch
wünsche ich daher eine weite Verbreitung in Wissenschaft
und Praxis.

Werner Kern

Vorwort

Die vorliegende Arbeit basiert auf den Ergebnissen eines knapp dreijährigen Forschungsaufenthalts an der Hitotsubashi Universität in Tôkyô. Es bedurfte daher der tatkräftigen Mithilfe vieler Institutionen und Einzelpersonen, um das Projekt zu einem glücklichen Ende zu führen.

An der Universität zu Köln bin ich vor allem meinem Erstreferenten, Herrn Professor Dr. Werner Kern, und meinem Korreferenten, Herrn Professor Dr.Dr.hc. Herbert Hax, zu besonderem Dank verpflichtet. Beide ebneten mir mit ihrem Engagement den Weg nach Japan und standen mir auch während des Aufenthalts in Tôkyô aus der Ferne unterstützend zur Seite. In Japan hat Herr Professor HIRATA Mitsuhiro vom Institute of Business Research der Hitotsubashi Universität mit unermüdlichem Einsatz zahllose Probleme und Hindernisse für mich aus dem Weg geräumt; ihm gilt mein besonderer persönlicher Dank. Zahlreiche weitere Wissenschaftler in Deutschland und Japan, deren namentliche Nennung hier den Rahmen sprengen würde, haben mir wertvolle Ratschläge und Hinweise gegeben.

In finanzieller Hinsicht wurde mir der Aufenthalt in Japan durch Forschungsstipendien der Philipp-Franz-von-Siebold-Stiftung - Deutsches Institut für Japanstudien und des Japanisch-Deutschen Zentrums Berlin ermöglicht.

Die vorliegende Arbeit wäre trotz alledem nicht zustandegekommen, wenn sie nicht durch meinen Familien- und Freundeskreis in Deutschland und Japan in so phantastischer Weise mitgetragen worden wäre. Auch in dieser Richtung möchte ich meinen persönlichen Dank aussprechen.

Die in der Arbeit enthaltenen Fehler und Irrtümer gehen selbstverständlich zu meinen Lasten.

Martin Hemmert

Inhaltsverzeichnis

XIII

Abbildungs- und Tabellenverzeichnis

Abbildungen:

Tabellen:

Abkürzungsverzeichnis

Aufl.	Auflage
DBW	Die Betriebswirtschaft
bzw.	beziehungsweise
ca.	circa
DIJ	Deutsches Institut für Japanstudien
Diss.	Dissertation
DM	Deutsche Mark
et al.	et alii
f(f).	folgende [Seite(n)]
Hrsg.	Herausgeber
i.a.	im allgemeinen
IfM	Institut für Mittelstandsforschung
JiT	Just-in-Time
Mio.	Millionen
MITI	Ministry of International Trade and Industry
Mrd.	Milliarden
OECD	Organization for Economic Co-operation and Development
o.g.	oben genannt(e)(r)
o.V.	ohne Verfasserangabe
S.	Seite
SAS	Statistical Analysis System
SMEA	Small and Medium Enterprise Agency
Sp.	Spalte
StBA	Statistisches Bundesamt
STRATOS	Strategic Orientations of Small European Businesses
vgl.	vergleiche
z.B.	zum Beispiel
ZfB	Zeitschrift für Betriebswirtschaft
ZfbF	Zeitschrift für betriebswirtschaftliche Forschung
ZgS	Zeitschrift für die gesamte Staatswissenschaft

1 Einleitung

1.1 Relevanz und Ziel der Untersuchung

Seit Jahrzehnten gelangen japanische Industrieunternehmen auf den Auslandsmärkten in der ganzen Welt zu immer neuen Erfolgen. Dies ist um so augenfälliger, als davon vor allem klassische Industriebranchen wie der Automobilbau und die elektronische Industrie stark betroffen sind. Das scheinbar unaufhaltsame Vordringen der japanischen Großkonzerne führte schließlich in jüngster Zeit vor dem Hintergrund einer zunehmend verflochtenen Weltwirtschaft und wachsender gegenseitiger Abhängigkeiten auch zu politischen Spannungen mit den führenden Industrieländern der westlichen Hemisphäre.

Die Internationalisierung des Wirtschaftslebens in den letzten Jahrzehnten konfrontierte auch die Betriebswirtschaftslehre mit neuen Aufgaben. So erwies es sich in obigem Zusammenhang als notwendig, Erklärungsmuster für die überlegene internationale Wettbewerbsfähigkeit der japanischen Industrieunternehmen zu finden, um letztlich auch dem Führungspersonal der Großunternehmen im eigenen Land Informationen über japanische Methoden der Effizienzsteigerung zur Verfügung stellen zu können.

Entsprechend diesem Bedarf ist seit den siebziger Jahren in westlichen Ländern und Sprachen eine nicht geringe Anzahl von Publikationen erschienen, in denen spezifische japanische Organisations- und Managementmethoden analysiert und evaluiert wurden. Häufig gebrauchte Stichworte zur Umschreibung japanischen Managements sind die *nemawashi*-Methode zur Entscheidungsvorbereitung sowie der Gebrauch von *ringi-sho* zur formellen Beschlußfassung; auf produktionswirtschaftlicher Ebene sind vor allem die Einführung von Qualitätszirkeln, die Anwendung von *kanban* (Just-in-time)-Systemen zur Optimierung des Materialflusses sowie die

Institutionalisierung permanenter Effizienzsteigerung (*kaizen*) zu nennen[1].

Dabei ist aber nicht zu übersehen, daß sich der größte Teil der bisher von westlichen Autoren vorgenommenen Untersuchungen fast ausschließlich auf die Ausgestaltung der Beziehungen innerhalb und zwischen den Großunternehmen konzentriert, welche die japanische Wirtschaft auf den Auslandsmärkten repräsentieren. Die kleinen und mittleren Unternehmen, welche zu einem Großteil als Zulieferer für die Großunternehmen tätig sind, blieben hingegen weitgehend unbeachtet[2]. Eine auf den Bereich der Großunternehmen verkürzte Analyse muß aber als problematisch erscheinen, da ein Großteil der gesamtwirtschaftlichen Wertschöpfung auf die kleinen und mittleren Unternehmen entfällt und auch die Kostenstruktur und Wettbewerbsfähigkeit der Großunternehmen zu einem großen Teil durch ihre Zulieferer determiniert werden. Zur Erklärung der hohen Wettbewerbskraft japanischer Industrieunternehmen ist daher auch eine nähere Betrachtung des klein- und mittelbetrieblichen Sektors geboten.

Die Untersuchung dieses Bereichs der japanischen Wirtschaft ist das Thema der vorliegenden Arbeit. Die Analyse wird dabei auf die Formen der vertikalen Zusammenarbeit zwischen den meist kleinen und mittleren Zulieferunternehmen und den meist großen Endherstellern konzentriert. Es soll insbesondere ein Beitrag dazu geleistet werden zu klären,

---

[1] Vgl. hierzu z.B. Mcmillan (1984), Abegglen/Stalk (1985), Cusumano (1985), Womack/Jones/Roos (1990). Einen guten Überblick in deutscher Sprache gibt Schneidewind (1991).

[2] Erst in jüngster Zeit wurden vereinzelt Untersuchungen publiziert, die dem klein- und mittelbetrieblichen Bereich der japanischen Wirtschaft breiteren Raum widmen. Im deutschsprachigen Raum sind hierzu die Abhandlungen von Rodenwaldt (1987), Ernst/Laumer (1989) und Dolles/Jung (1990) zu nennen.

1.) welche Formen der vertikalen Arbeitsteilung in der
japanischen Industrie vorherrschend sind,

2.) welche einzel- und gesamtwirtschaftlichen Ursachen
dafür maßgeblich sind und

3.) welche Schlußfolgerungen daraus für die internationale Wettbewerbsfähigkeit zu ziehen sind und ob und in-
wiefern Lernpotentiale für Industrieunternehmen in westlichen Ländern bestehen.

Ein weitere Vorbemerkung ist zur im dritten o.g. Punkt
angesprochenen Frage der Vergleichbarkeit und Übertragbarkeit japanischen Wirtschaftens auf westliche Länder zu
treffen. Häufig wird die Ansicht vertreten, von anderen
Ländern abweichende japanische Organisations- und
Managementmethoden beruhten zum größten Teil auf kultur-
spezifischen Besonderheiten und seien daher für Unternehmen
in westlichen Industrieländern nicht nutzbar. Diese Auffassung gipfelt in dem Argument, vor dem besonderen geschicht-
lich-kulturellen Hintergrund dieses Landes hätte sich eine
weltweit einzigartige Wirtschaftsmentalität herausgebildet,
die auf andere Länder grundsätzlich nicht übertragbar
sei[1]. Bei konsequenter Verfolgung dieses Gedankens müßte
der Nutzen ökonomischer und betriebswirtschaftlicher Vergleichsstudien zwischen Japan und westlichen Ländern weitgehend in Frage gestellt werden.

Der Verfasser vermag sich dieser Auffassung jedoch
nicht anzuschließen. Erstens ist unbestritten, daß die Ak-
quirierung umfangreichen ökonomischen und betriebswirtschaftlichen Wissens aus den europäischen und nordamerika-
nischen Industrieländern in den letzten Jahrzehnten ein
Hauptfaktor für die rapide Wirtschaftsentwicklung Japans
und anderer ostasiatischer Länder war und ist. Demnach ist
prinzipiell nicht einzusehen, warum nicht auch ein Wissens-
transfer in umgekehrter Richtung möglich sein sollte.

---

[1] Vgl. z.B. Hayashi (1990), S. 33ff. und die dort angege-
bene Literatur.

Zweitens sind zwar in Japan wesentliche Unterschiede in der
Wirtschaftsmentalität im Vergleich mit westlichen Ländern
nicht zu übersehen; andererseits liegen aber auch starke
Ähnlichkeiten zu den Kultur- und Gesellschaftssystemen in
anderen ostasiatischen Ländern vor[1]. Die These von der
kulturellen Einzigartigkeit Japans ist daher bei näherer
Betrachtung nicht haltbar. Der vorliegenden Arbeit wird zur
Frage der internationalen Vergleichbarkeit Japans die folgende Grundposition vorangestellt:

1.) Die vertikalen Kooperationsformen zwischen Unternehmen der japanischen Industrie sind prinzipiell mit denen
in westlichen Industrieländern vergleichbar.

2.) Unterschiede in der Wirtschaftsmentalität sind im
Falle internationaler Vergleichsstudien nur einer von mehreren Faktoren zur Erklärung von regionalspezifischen Phä-
nomenen. Ihr Einfluß darf nicht ignoriert, muß aber im Verhältnis zu anderen Faktoren relativiert werden.

1.2 Gang der Untersuchung

Die Untersuchung ist im einzelnen wie folgt aufgebaut:
Zu Beginn wird eine gesamtwirtschaftliche Evaluierung der
Bedeutung kleiner und mittlerer Zulieferunternehmen in der
japanischen Industrie auf der Basis internationaler Vergleichsdaten vorgenommen.

Anschließend wird ein Bezugsrahmen zur Erklärung verschiedener vertikaler Arbeitsteilungsformen im produktionswirtschaftlichen Bereich entwickelt, um den Besonderheiten
der zwischenbetrieblichen Zusammenarbeit in der japanischen
Industrie Rechnung tragen zu können.

---

[1] Vgl. hierzu die umfangreiche Vergleichsstudie von Nakane (1987), welche deutliche Hinweise darauf liefert,
daß große Ähnlichkeiten in der Gesellschaftsstruktur
zwischen Japan und anderen Ländern der ostasiatischen
Region bestehen; Nakane (1987), S. 281ff.

Im darauf folgenden Abschnitt werden die theoretischen Überlegungen auf das Untersuchungsobjekt der Arbeit, die japanischen Industrieunternehmen angewandt. Es werden Überlegungen dazu angestellt, welche Formen der vertikalen Arbeitsteilung in Japan insgesamt sowie in den einzelnen Industriezweigen bei Zugrundelegung des genannten Bezugsrahmens vorherrschen müßten.

Die daraus hervorgehenden Annahmen werden dann sowohl anhand von Sekundärdaten als auch unter Verwendung der Ergebnisse eigener empirischer Untersuchungen überprüft. Die Untersuchung soll dabei in drei Stufen ablaufen: Zunächst werden gesamtwirtschaftliche Überlegungen angestellt, nachfolgend wird ein vertikaler und horizontaler Strukturvergleich einzelner Industriezweige vorgenommen, und schließlich folgt eine eingehende Analyse der vertikalen Kooperationsformen in der feinmechanischen und optischen Industrie, die auf eigenen empirischen Untersuchungen des Verfassers basiert.

Den Abschluß der Arbeit bildet die Überprüfung des zugrundegelegten Bezugsrahmens, eine Gesamtevaluierung der untersuchten vertikalen Koorperationsformen unter dem Aspekt der Auswirkungen auf die Wettbewerbsfähigkeit, eine kurze Reflexion auf theoretische Hintergrundprobleme sowie ein Ausblick auf zukünftige Entwicklungen im industriellen Zulieferwesen.

2 Die Bedeutung kleiner und mittlerer Zulieferunternehmen in der japanischen Industrie - eine vergleichende Strukturanalyse

2.1 Kleine und mittlere Unternehmen

2.1.1 Indikatoren zur Messung der Unternehmensgröße

Um eine Analyse der Bedeutung kleiner und mittlerer Unternehmen in der japanischen Wirtschaft zu ermöglichen, ist zunächst der Begriff des kleinen bzw. des mittleren Unternehmens zu klären. Zur Abgrenzung kleiner und mittlerer von großen Unternehmen können grundsätzlich qualitative und quantitative Kriterien herangezogen werden, wobei die Anwendung einer Vielzahl von Indikatoren als denkbar erscheint (siehe zu den nachfolgenden Ausführungen auch Abbildung 1).

Die quantitative Einteilung in amtlichen Unternehmensgrößenstatistiken erfolgt anhand von allgemein meßbaren Größenmerkmalen wie Beschäftigtenzahl und Umsatz[1], wobei die Beschäftigtenzahl sowohl in Deutschland als auch in anderen Industrieländern als Indikator für die Betriebs- und Unternehmensgröße bevorzugt verwendet wird. Die Größenabgrenzungen sind allerdings international keineswegs einheitlich; zudem erfolgt teilweise eine Unterteilung in zwei, in anderen Ländern hingegen in drei Größenklassen[2]. Ferner kommen in manchen Ländern - wie auch in Japan - sektoral differenzierte Abgrenzungen für die Industrie, den Groß- und den Einzelhandel zur Anwendung[3]. Internationale Vergleiche in der Unternehmensgrößenstatistik sind daher nur unter Berücksichtigung länderspezifischer Unterschiede in der Unternehmensgrößen- und Branchenabgrenzung möglich.

---

[1] Demgegenüber wird die *Betriebs*größe in Produktionsunternehmen vor allem an der Höhe der Fertigungskapazitäten gemessen; vgl. Albach (1979), Sp. 341.

[2] Vgl. Hamer (1987), S. 86; Mitsui (1988), S. 31ff.

[3] Vgl. Ernst/Laumer (1990), S. 13f.

Abbildung 1: Qualitative und quantitative Unternehmensgrößenabgrenzungen

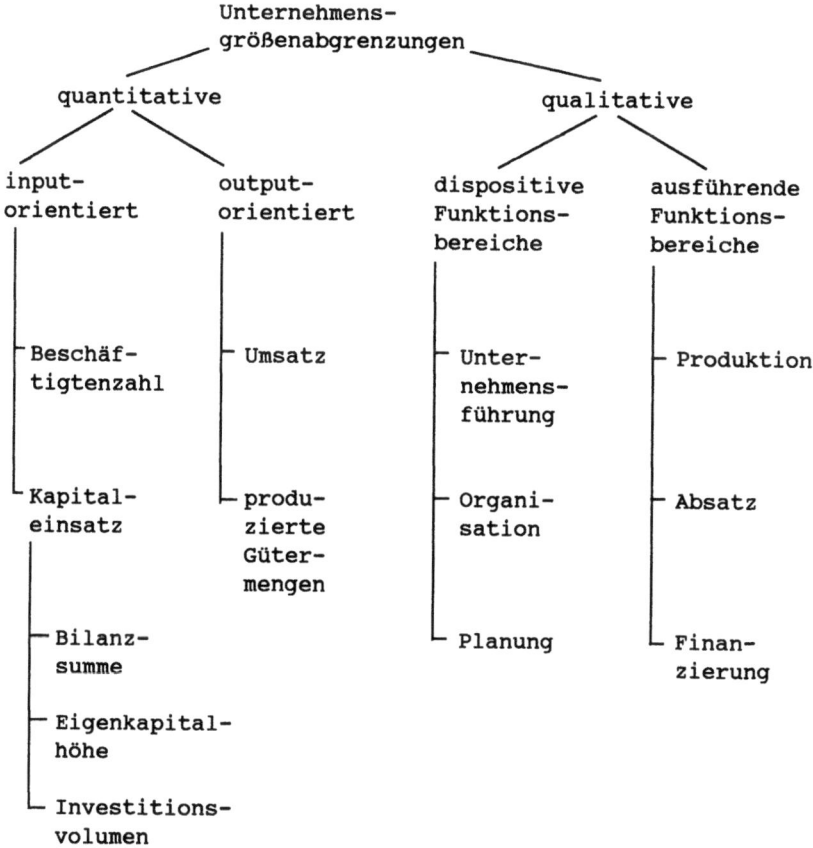

Quelle: eigene Darstellung

Neben diesen auf erhebungstechnischen Inkonsistenzen beruhenden Vergleichsproblemen bestehen aber auch grundsätzliche Einwände gegen eine Unternehmensgrößenabgrenzung ausschließlich anhand quantitativer Merkmale. Diese Einwände basieren auf dem Argument, eine undifferenzierte, rein quantitative Einteilung werde den individuellen Gegebenheiten in den einzelnen Unternehmen nicht gerecht und

führe in Einzelfällen zu Fehleinschätzungen. Quantitative
Maße müßten daher durch qualitative Kriterien ergänzt
werden.

Qualititative Maße können auf verschiedene betriebliche Teilbereiche bezogen werden; im dispositiven Bereich
werden die folgenden Merkmale als typisch für kleine und
mittlere Unternehmen betrachtet:

- eine stark personenorientierte Unternehmensführung,
- schwach ausgeprägte betriebliche Planungssysteme und
- eine relativ einfach strukturierte, flexible Organisation[1].

Aus spezifisch produktionswirtschaftlicher Sicht werden ferner die folgenden Kategorien häufig zur Größenab-
grenzung herangezogen[2]:

- der Grad der Arbeitsteilung,
- der Grad der Arbeitsintensität,
- der Fertigungstyp und
- der Organisationstyp der Fertigung.

Bei Heranziehung dieser Kriterien werden in ideal-
typischen Kleinbetrieben wenig arbeitsteilig und mit hoher
Arbeitsintensität Einzel- und Kleinserienprodukte nach dem
Werkstattprinzip produziert.

Bei Anwendung solcher qualitativer Indikatoren sind
jedoch im Einzelfall erhebliche Zuordnungsprobleme denkbar;
zudem ist mit signifikanten branchenspezifischen Unterschieden zu rechnen. So kann z.B. ein hocharbeitsteilig or-
ganisiertes, hochautomatisiertes Unternehmen der Elek-
trobranche deutlich weniger Beschäftigte haben als Handels-

---

[1] Vgl. z.B. Pfohl/Kellerwessel (1982), S. 29ff.

[2] Vgl. z.B. Hamer (1987), S. 154f.

und Dienstleistungsunternehmen mit geringer Arbeitsteilung
und niedrigem Automatisierungsgrad. Sowohl quantitative als auch qualitative Indikatoren
zur Messung der Unternehmensgröße weisen also potentiell
erhebliche Schwachstellen auf, die je nach konkreter Ausrichtung der Untersuchung mehr oder weniger deutlich zutage
treten. Dementsprechend ist nicht nach einer allgemein-
gültigen, sondern dem jeweiligen Untersuchungszweck adäqua-
ten Maßgröße oder Kombination von Maßgrößen zu suchen[1].
    Im vorliegenden Fall steht zunächst die gesamtwirt-
schaftliche Erfassung der Bedeutung kleiner und mittlerer
Unternehmen im internationalen Vergleich im Vordergrund.
Trotz der o.g. länderspezifischen Unterschiede bei der Grö-
ßenabgrenzung erscheint daher unter den Kriterien leichter
Erfaßbarkeit und intersektoraler Vergleichbarkeit die Messung mit Hilfe der in den amtlichen Statistiken zur Anwendung kommenden quantitativen Indikatoren als geboten.

**2.1.2 Die quantitative Bedeutung kleiner und mittlerer Un-
ternehmen in Japan im internationalen Vergleich**

    Wie bereits ausgeführt, bestehen zwischen einigen Län-
dern beträchtliche Differenzen in der quantitativen Abgrenzung kleiner und mittlerer Unternehmen von Großunternehmen
im Rahmen amtlicher Statistiken. In Japan gelten nach dem
"Basisgesetz für kleine und mittlere Unternehmen" von 1963
in den einzelnen Sektoren folgende Unternehmen als klein
bzw. als mittel[2]:

- im Einzelhandel- und Dienstleistungssektor: weniger als
10 Mio Yen Eigenkapital oder weniger als 50 Beschäftigte
mittel, weniger als 5 Beschäftigte klein

---

[1] Vgl. hierzu auch Busse von Colbe (1974), Sp. 571.

[2] Vgl. SMEA (1983), S. 1f.

- im Großhandelssektor: weniger als 30 Mio Yen Eigenkapital oder weniger als 100 Beschäftigte mittel, weniger als 5 Beschäftigte klein
- in allen übrigen Sektoren: weniger als 100 Mio Yen Eigenkapital oder weniger als 300 Beschäftigte mittel, weniger als 20 Beschäftigte klein.

Grundsätzlich wird also die kombinierte und sektoral differenzierte Anwendung der Abgrenzungskriterien "Beschäftigtenzahl" und "Eigenkapital" gesetzlich vorgegeben; die in den amtlichen Statistiken regelmäßig veröffentlichten Strukturdaten basieren dann aber doch überwiegend auf der Einteilung in Beschäftigtengrößenklassen.

In Deutschland ist vom Gesetzgeber keine offizielle Abgrenzung kleiner und mittlerer von großen Unternehmen vorgegeben worden. Es hat sich aber die Konvention durchgesetzt, Unternehmen mit weniger als 50 Beschäftigten als klein und mit weniger als 500 Beschäftigten als mittel einzustufen[1].

Die Schwellenwerte in den beiden Ländern weichen also nicht unbeträchtlich voneinander ab. Die Wahl von abweichenden Größeneinteilungen in verschiedenen Ländern kann dabei unter Berücksichtigung der länderspezifischen Rahmenbedingungen durchaus inhaltlich begründet sein. Letztlich muß aber jede Einteilung von Unternehmen in Größenklassen aufgrund quantitativer Kriterien als willkürlich betrachtet werden, so daß nachfolgend von weiteren Überlegungen, welche der genannten Größeneinteilungen die "richtige" sei, abgesehen werden soll. Vielmehr erscheint eine abgestufte Gegenüberstellung der aggregierten Statistiken beider Länder methodisch sinnvoll, um einen Strukturvergleich vornehmen zu können.

---

[1] Vgl. hierzu z.B. Hinderer (1984), S. 18f; Hamer (1987), S. 85.

Ein Vergleich der Daten der Arbeitsstättenzählung des
Statistischen Bundesamtes mit den Ergebnissen der Betriebs-
stättenzählung des zentralen japanischen Statistikbüros[1]
(siehe hierzu die Abbildungen 2 und 3) legt wesentliche
strukturelle Unterschiede zwischen den beiden Ländern offen. Es zeigt sich, daß der prozentuale Anteil kleiner und
mittlerer Unternehmen im verarbeitenden Gewerbe in Japan
weit größer ist als in der Bundesrepublik Deutschland. Dies
gilt sowohl für die Zahl der Beschäftigten in den einzelnen
Größenklassen als auch für die absolute Anzahl der Betriebsstätten[2]. Ein Zeitreihenvergleich mit der Situation
vor knapp 20 Jahren zeigt außerdem, daß in den letzten
Jahrzehnten die quantitative Bedeutung der kleinen und
mittleren Unternehmen in Japan noch deutlich zugenommen
hat, während in der Bundesrepublik Deutschland ein leichter
Rückgang festzustellen war. Dies gilt insbesondere für den
im Mittelpunkt der nachfolgenden Abhandlungen stehenden Bereich des verarbeitenden Gewerbes, zumal in der deutschen
Erhebung von 1970 das (überwiegend mittelständisch ge-
prägte) Handwerk noch nicht in die Statistiken für diesen
Sektor einbezogen war und von daher für diesen Zeitpunkt

---

[1] In Japan werden parallel dazu ferner jährlich Unter-
nehmensstrukturdaten durch das MITI erhoben, die sich im
Ergebnis von denen des zentralen Statistikbüros nur
geringfügig unterscheiden; vgl. z.B. Chûshô Kigyôchô
(1991), Anhang 4, S. 9. Seit 1981 sind die beiden Statistiken allerdings nicht mehr unmittelbar vergleichbar,
da Unternehmen mit weniger als vier Beschäftigten in den
MITI-Erhebungen nicht mehr erfaßt werden.

[2] Ein sektorübergreifender Vergleich zeigt, daß sich die
genannten Strukturunterschiede nicht auf den Bereich des
verarbeitenden Gewerbes beschränken. So entfielen in
Deutschland im Jahre 1987 bei gesamtwirtschaftlicher Betrachtung 57,5% der Beschäftigten und 98,7% der Betriebsstätten auf Unternehmen mit bis zu 100 Beschäftigten; vgl. StBA (1991). Die entsprechenden Anteile in Japan betrugen im Jahre 1986 bei den Beschäftigtenzahlen
74,8% und bei den Betriebsstätten 99,2% (ohne Land- und
Forstwirtschaft); vgl. Sômuchô Tôkeikyoku (1987).

Abbildung 2: Größenstruktur der bundesdeutschen und der japanischen Industrie, gemessen an den Beschäftigten: Anteil kleiner und mittlerer Unternehmen an der Gesamtbeschäftigung in Prozent (Größenmaßstab: Beschäftigtenzahl)

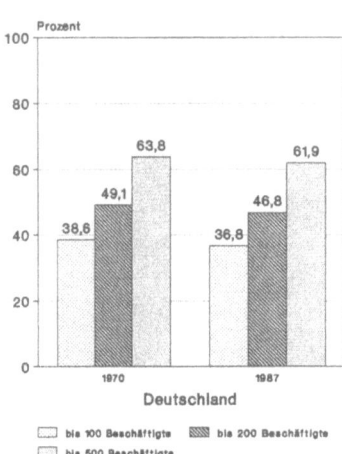

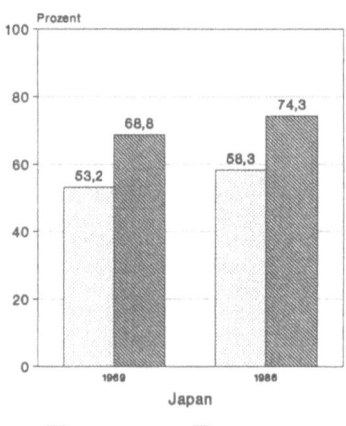

Quellen: StBA (1981); StBA (1991); Sômuchô Tôkeikyoku (1970); Sômuchô Tôkeikyoku (1987)
Bundesrepublik Deutschland: 1970 ohne Handwerk

**Abbildung 3: Größenstruktur der bundesdeutschen und der
japanischen Industrie, gemessen an den Betriebsstätten:
Anteil kleiner und mittlerer Unternehmen an allen Betriebsstätten in Prozent (Größenmaßstab: Beschäftigtenzahl)**

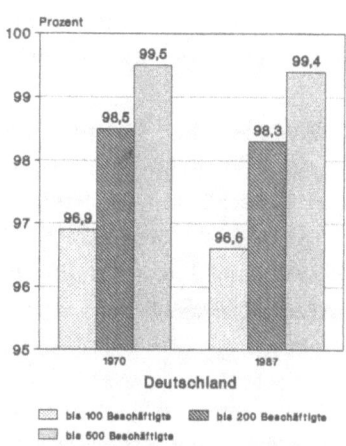

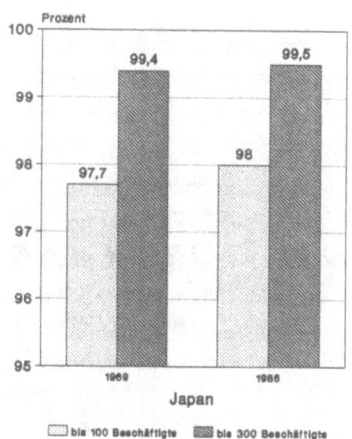

**Quellen: StBA (1981); StBA (1991); Sômuchô Tôkeikyoku
(1970); Sômuchô Tôkeikyoku (1987)
Bundesrepublik Deutschland: 1970 ohne Handwerk**

eher ein höherer Anteil von Großunternehmen zu erwarten gewesen wäre.

Die Strukturdaten von anderen großen westlichen Industrieländern wie den USA oder Großbritannien[1] deuten im
übrigen darauf hin, daß in diesen Ländern die quantitative
gesamtwirtschaftliche Bedeutung kleiner und mittlerer Unternehmen noch wesentlich geringer ist als in der Bundesrepublik Deutschland.

Insgesamt ist also festzustellen, daß bei quantitativer Messung die kleinen und mittleren Unternehmen in Japan eine weit größere Rolle spielen als in Deutschland und
anderen westlichen Industrieländern. Dies gilt sowohl bei
gesamtwirtschaftlicher Betrachtung als auch im speziellen
für den Bereich des verarbeitenden Gewerbes, der nachfolgend näher zu untersuchen ist.

2.1.3 Exkurs: Begriffsverständnis und Bedeutung mittel-
ständischer Unternehmen in Japan

Neben der unmittelbar auf der Einteilung in Größenklassen beruhenden Gegenüberstellung von kleinen, mittleren
und großen Unternehmen spielt in der wirtschaftstheoreti-
schen und -politischen Diskussion in Deutschland auch der
Begriff des Mittelstands eine bedeutende Rolle. Daher soll
an dieser Stelle kurz erörtert werden, ob und inwieweit es
in Japan eine Entsprechung zum Begriff und Phänomen des
mittelständischen Unternehmens in Deutschland gibt.

Die Vokabel "mittelständische Unternehmen" leitet sich
begrifflich unmittelbar aus dem Begriff "Mittelstand" ab,
der in Deutschland nicht nur im ökonomischen, sondern auch
im gesellschaftlichen und sozialen Kontext schon seit dem

---

[1] Vgl. z.B. die vom Chûshô Kigyôchô (1991), Anhang 4, S.
43f aufgeführten Vergleichsdaten.

19. Jahrhundert weit verbreitet ist[1]. Es sind zahlreiche
Definitionsversuche zur Abgrenzung mittelständischer Unternehmen unternommen worden, die aber inhaltlich weit aus-
einandergehen. Von einigen Autoren wird der Begriff explizit oder implizit rein größenmäßig interpretiert[2], womit
der Bedeutungsinhalt auf den Begriff des "mittelgroßen Unternehmens" in Abgrenzung zu großen und kleinen Unternehmen
reduziert wird. Von anderer Seite werden hingegen qualitative Merkmale stark betont, wobei insbesondere die Einheit
von Eigentum und Leitung des Unternehmens häufig genannt
wird[3]. Dies bedingt einerseits, daß aus dem Gewinn des
Unternehmens das Einkommen zumindest eines ausschließlich
oder vorwiegend mit dispositiven Tätigkeiten beschäftigten
Eigentümer-Unternehmers bestritten werden muß[4]. Andererseits wird mit dem Tatbestand des Familienunternehmens auch
die Nichtemissionsfähigkeit am Kapitalmarkt assoziiert[5].
Letztlich führt also auch die Definition anhand qualitativer Merkmale zu einer Abgrenzung nach oben und unten.

In Japan findet das "mittelständische Unternehmen" auf
der sprachlichen Ebene eine unmittelbare Entsprechung in
dem Begriff des *"chûken kigyô"*[6], der seit den sechziger
Jahren in der Fachliteratur zu finden ist. Es fragt sich
indes, mit welchen Inhalten der Begriff in Japan belegt
ist. Nakamura nennt folgende qualitative Merkmale zur Abgrenzung der *chûken kigyô* von anderen Unternehmen[7]:

---

[1] Vgl. hierzu ausführlich Hinderer (1984), S. 5ff.

[2] Vgl. z.B. Fröhlich/Pichler (1988); Zeitel (1982).

[3] Vgl. Hinderer (1984), S. 9; Hamer (1987), S. 51.

[4] Vgl. Hamer (1987), S. 53.

[5] Vgl. Hinderer (1984), S. 9f.

[6] Die Vokabel *"chûken kigyô"* kommt nicht nur auf seman-
tischer, sondern auch auf semiotischer Ebene dem Begriff
"mittelständische Unternehmen" sehr nahe.

[7] Vgl. Nakamura (1968), S. 12ff.

16

- wirtschaftliche Unabhängigkeit von Großunternehmen,
- Zugang zum freien Kapitalmarkt,
- starker persönlicher Einfluß des/der Eigentümer-Unternehmer auf die Unternehmensführung und
- technologische Eigenständigkeit, die den Zugang zu Endverbrauchermärkten sichert.

Das Kriterium der Emissionsfähigkeit am Kapitalmarkt steht in auffälligem Gegensatz zu der in einem Großteil der deutschsprachigen Literatur vorgenommenen Abgrenzung mittelständischer Unternehmen. Nakamura schränkt aber selbst ein, daß in Japan ein Großteil der die übrigen Kriterien erfüllenden Unternehmen nicht emissionsfähig ist[1], und auch von anderen Autoren wird dieses Kriterium bei der Definition explizit ausgeklammert[2].

Die übrigen Aspekte der obigen Abgrenzung stehen inhaltlich weitgehend im Einklang mit den Charakteristika, die in Deutschland häufig für mittelständische Unternehmen genannt werden. Auch die in anderen theoretischen Abhandlungen über *chūken kigyō* genannten Besonderheiten wie schnelle Anpassungsfähigkeit auf Umfeldveränderungen und starke persönliche Identifikation der Beschäftigen mit dem Unternehmen[3] sowie die Unternehmensprofile, die in Fallsammlungen unter dem Oberbegriff "*chūken kigyō*" beschrieben werden[4], weisen starke Parallelen zu Typisierungen mittelständischer Unternehmen im deutschsprachigen Raum auf.

Insgesamt kann also gefolgert werden, daß es zu dem deutschen Begriff des mittelständischen Unternehmens in Japan nicht nur formal, sondern auch inhaltlich eine weit-

[1] Vgl. Nakamura (1968), S. 15.

[2] Vgl. z.B. Shimizu (1986), S. 160.

[3] Vgl. z.B. Yasui (1980), S. 5ff.

[4] Vgl. z.B. Endô (1980); Sankei Shinbun Keizaibu (1980).

gehende Entsprechung gibt. Schließlich stellt sich noch die
Frage, ob den *chûken kigyô* in Japan auch gesamtwirtschaftlich eine Bedeutung zukommt, die sich mit dem Rang verglei-
chen läßt, der den mittelständischen Unternehmen in
Deutschland beigemessen wird.
Während die mittelständischen Unternehmen in Deutschland schon seit vielen Jahrzehnten als zentrale Stütze der
gewerblichen Wirtschaft betrachtet werden, herrschte in der
japanischen Industrie in der Zeit vor dem zweiten Weltkrieg
eine ausgeprägte Dichotomie zwischen leistungsfähigen, fi-
nanzstarken Großunternehmen einerseits und labilen, abhängigen Klein- und Mittelunternehmen mit niedriger Produkti-
vität andererseits[1]. Es ist davon auszugehen, daß der Begriff der *chûken kigyô* in Japan nicht zuletzt deshalb erst
in der Nachkriegszeit geprägt wurde, weil es zuvor kein
entsprechendes, gesamtwirtschaftlich signifikantes Phänomen
gab. In neueren Veröffentlichungen wird zwar einerseits betont, daß die gesamtwirtschaftliche Bedeutung der *chûken
kigyô* stark gestiegen sei[2]. Andererseits ist aber nicht
zu übersehen, daß auch heutzutage noch ein sehr großer Teil
der anhand sonstiger Merkmale den *chûken kigyô* zurechenbaren mittelgroßen Unternehmen stark von wenigen Großabneh-
mern abhängt[3] und somit ein sowohl in deutschen als auch
in japanischen Quellen oft betontes Merkmal mittelständischer Unternehmen, die weitgehende unternehmerische
Selbständigkeit des Eigentümer-Unternehmers, nicht erfüllt
ist[4].

---

[1] Vgl. hierzu Minato (1986), S. 53ff.

[2] Vgl. z.B. Nakamura et al. (1981), S. 165ff.

[3] Vgl. hierzu ausführlich die Ausführungen in Abschnitt 5
dieser Arbeit.

[4] Vgl. hierzu auch Nakayama (1983), S. 40ff, der sich
sehr kritisch mit der von Nakamura entwickelten *chûken
kigyô*-Theorie und ihren Inhalten auseinandersetzt.

Insgesamt sind damit bezüglich der Bedeutung der mittelständischen Unternehmen weitreichende Unterschiede zwischen Deutschland und Japan nicht zu übersehen. Zum einen
ist der unternehmerische Mittelstand in Japan wirtschafts-
historisch gesehen weit weniger tief verwurzelt als in
Deutschland. Darüber hinaus ist das gesamtwirtschaftliche
Gewicht der dieser Klasse zurechenbaren Unternehmen in Japan auch gegenwärtig noch vergleichsweise gering, wenn auch
zunehmend.

2.2 Zulieferungen und Zulieferunternehmen

2.2.1 Begriffliche Klärungen

Da die vorliegende Arbeit auf eine Untersuchung der
vertikalen zwischenbetrieblichen Kooperationsformen zwischen industriellen Zulieferern und Abnehmern abzielt, ist
die vorherige größenorientierte Betrachtung durch eine
funktional orientierte Strukturanalyse zu ergänzen, um die
Bedeutung von Zuliefertransaktionen in der japanischen
Industrie einschätzen zu können. Dazu sind zunächst die Begriffe der industriellen Zulieferung sowie des Zulieferunternehmens zu erörtern.

Die Auffassungen, was unter industrieller Zulieferung
zu verstehen ist, unterscheiden sich nicht nur auf internationaler Ebene; auch innerhalb Deutschlands und Japans
bestehen erhebliche Meinungsunterschiede zwischen verschiedenen Institutionen und Autoren. Nachfolgend sollen nur die
wesentlichsten Abgrenzungsfragen zu diesem Begriff komprimiert erörtert werden[1].

In Deutschland existieren keine amtlichen Statistiken
zum industriellen Zulieferwesen. Der Arbeitskreis "Zulieferwesen" des Zentralverbands des Deutschen Handwerks lie-

---

[1] Vgl. für eine ausführliche Diskussion der zahlreichen
unterschiedlichen Zulieferbegriffe in Deutschland und
Japan Rodenwaldt (1987), S. 18ff.

ferte aber bereits im Jahre 1972 einen Systematisie-
rungsansatz, nach dem Zulieferungen in Zulieferprodukte und
Zulieferleistungen unterteilt werden[1]. Zulieferprodukte
werden dabei als Teile, Aggregate und Vorrichtungen ver-
standen, die in ein Industrieprodukt eingehen oder im industriellen Produktionsprozeß verwendet werden. Zulieferleistungen umfassen demgegenüber Be- und Verarbeitungs-
leistungen, die im industriellen Produktionsprozeß in Anspruch genommen werden. Von diesen beiden Kategorien werden
die sogenannten Dienstleistungen abgegrenzt, die in diesem
Zusammenhang Montage-, Wartungs- und Reparaturarbeiten im
industriellen Produktionsprozeß umfassen.

Gegenüber dieser weit gefaßten Betrachtungsweise
grenzt Hutzel[2] in seiner Arbeitsdefinition zunächst Vor-
und Unterlieferungen von Zulieferungen ab. Während er dabei
unter Vorlieferungen die Anlieferung solcher Vorprodukte
versteht, die produktionswirtschaftlich gesehen noch nicht
reif zur unmittelbaren Verarbeitung (bzw. zum Einbau) in
das betreffende Endprodukt sind, werden als Unterlieferung
die Vergabe von Produktions- und Wartungsaufträgen aus Ka-
pazitätsgründen (sogenannte verlängerte Werkbank) aufgefaßt. Ferner werden sowohl Endprodukte als auch solche Vor-
und Zwischenprodukte ausgegrenzt, die in ihrer produktionswirtschaftlichen Verwendungsmöglichkeit noch flexibel, d.h.
noch nicht auf die Verarbeitung bzw. den Einbau in ein be-
stimmtes Zwischen- oder Endprodukt spezifiziert sind. Dieser wesentlich engere, problemorientierte Zulieferbegriff
bedingt damit auch die Ausgrenzung der Lieferung von unspe-
zifischem Fertigungsmaterial (Roh-, Hilfs- und Betriebs-
stoffe) aus dem Zulieferbereich und findet in jüngeren Veröffentlichungen - wenn auch teilweise unter Abwandlungen -

[1] Vgl. Schmidt (1972), S. 222.
[2] Vgl. Hutzel (1981a), S. 43ff.

allgemeine Verwendung[1]. Sauer und Fieten grenzen ferner
explizit das Ersatzteilgeschäft (im Gegensatz zum Erstaus-
rüstungsgeschäft) aus dem industriellen Zulieferbereich
aus[2]; auch diese Eingrenzung orientiert sich letztlich an
dem Kriterium, daß eigenständig zu vermarktende Produkte
nicht als Zulieferprodukte gelten.

Im Gegensatz zu Deutschland werden in Japan amtliche
Statistiken zum Zulieferwesen geführt, und zwar im Rahmen
der *Kôgyô jittai kihon chôsa hôkokusho* [Basisberichte zur
Lage der Industrie]. Die Berichte werden vom *Chûshô
Kigyôchô* [Amt für Mittel- und Kleinunternehmen] herausge-
geben, das eine Unterbehörde des MITI ist. Sie beruhen auf
umfassenden gesamtwirtschaftlichen Erhebungen[3] und
erscheinen seit 1960 in meist fünfjährigen Abständen. Neben
anderen Industriestrukturdaten werden dort zwei Sachverhalte erfaßt, die mit dem deutschen Zulieferbegriff vergleichbar sind: "*gaichû*" und "*shitauke*"[4]. Im 5. Basisbericht von 1979 (Stichtag 31.12.1976) finden sich Defi-
nitionsansätze für beide Begriffe.

Demnach umfaßt *gaichû* die Lieferung von Fertigungsmaterial, Vor-, Zwischen- und Endprodukten nach Spezifikationen des Abnehmers. In produktionswirtschaftlicher Sicht
wird der Bezug von Ausrüstungen und sonstigen Investitionsgütern, in transaktionsorientierter Sicht die nicht auf-

---

(1) Vgl. Hamer (1988), S. 29ff; Sauer (1990), S. 16f; Fieten (1991), S. 15ff. Demgegenüber ist Lieferung von Fertigungsmaterial bei Schmidt/Richter zumindest nicht explizit aus dem Zulieferungsbereich ausgegrenzt; vgl.
Schmidt/Richter (1990), S. 46.

(2) Vgl. Sauer (1990), S. 17; Fieten (1991), S. 16f.

(3) Im jüngsten Basisbericht von 1990 (Stichtag 31.12.1987)
sind knapp 700 000 Unternehmen aus 176 Branchen erfaßt
worden; vgl. Chûshô Kigyôchô (1990a), S. 2.

(4) *Gaichû* ist mit "Belieferung von außen" zu übersetzen,
während *shitauke* wörtlich soviel wie "Unterauftrag" bedeutet.

tragsgebundene Produktion und Lieferung über eine marktähn-
liche Beziehung ausgeschlossen[1].

Demgegenüber umfaßt *shitauke* neben den o.g. Kategorien
und im Gegensatz zu der in Deutschland vorwiegenden Auffassung[2] auch die Lieferung von Investitionsgütern und Ausrüstungen sowie Wartungs- und Reparaturleistungen. Andererseits wird auch hier und im Vergleich zur *gaichû*-Definition
noch ausführlicher darauf hingewiesen, daß zur Erfüllung
des *shitauke*-Tatbestandes die Spezifikation der anzulie-
fernden Güter durch den Auftraggeber obligatorisch ist.
Darüber hinaus wird *shitauke* explizit auf solche Lieferbeziehungen eingegrenzt, bei denen der Auftraggeber gemessen am Eigenkapital bzw. an der Beschäftigtenzahl größer
ist als der Auftragnehmer[3].

Einerseits werden also im Gegensatz zu der überwiegend
in Deutschland vertretenen Auffassung auch Vor- und Unterlieferungen sowie die Lieferung von Endprodukten, ferner
- sofern die *shitauke*-Definition zugrundegelegt wird - auch
Wartungs- und Reparaturleistungen grundsätzlich den Zulieferleistungen zugerechnet. Andererseits wird der Begriff
durch die Bedingung eingeengt, daß der Auftraggeber größer
ist als der Auftragnehmer; ein Aspekt, der nicht in Beziehung zu der Art der gelieferten Ware steht und sich insofern von den deutschen Ansätzen stark abhebt. Eine ähnliche
Klausel findet sich auch im *Shitauke Daikin Shiharai Chien
nado Bôshihô* (Gesetz zur Verhinderung verspäteter Zahlungen
von Zulieferleistungen und anderer Geschäftspraktiken) von
1956, welches auf den Schutz von Zulieferunternehmen gegenüber unfairen Geschäftspraktiken der Abnehmer abzielt.
Unabhängig von der konkreten Ausgestaltung der Transaktionsbeziehungen zwischen Zulieferer und Abnehmer kommen

---

[1] Vgl. Chûshô Kigyôchô (1979), S. 5.

[2] Vgl. hierzu auch Kubota/Witte (1990), S. 383f.

[3] Vgl. Chûshô Kigyôchô (1979), S. 6.

die Schutzbestimmungen nur zur Geltung, wenn das belieferte Unternehmen gemessen am Eigenkapital größer ist als das liefernde Unternehmen[1]. Gleiches ist zum Geltungsbereich des Gesetzes zur Förderung des Zulieferwesens in der Mittel- und Kleinindustrie von 1970 zu sagen[2]. Schließlich wird auch in nichtamtlichen japanischen Untersuchungen neben der Beschaffenheit der Zulieferwaren und -leistungen das besondere Verhältnis zwischen lieferndem und beliefertem Unternehmen als integraler Bestandteil der Zulieferbeziehung stark betont[3].

Indes beruhen die Daten der MITI-Basisberichte zur Verbreitung von *shitauke* und *gaichû* letztlich doch auf dem individuellen Begriffsverständnis der befragten Unternehmen, so daß die o.g. Definitionen des *Chûshô Kigyôchô* in ihrer praktischen Bedeutung nicht überschätzt werden sollten. Es handelt sich nicht um strenge Arbeitsdefinitionen, sondern lediglich um eine Explikation des Begriffsverständnisses der Verfasser des Berichts[4]. Auch diese begriffliche Unschärfe hat eine Entsprechung bei nichtamtlichen japanischen Untersuchungen zum Zulieferwesen: Die Autoren heben bestimmte Merkmale der Zulieferbeziehung hervor, die ihnen wesentlich erscheinen, verzichten aber auf eine klare Definition[5].

Grundsätzlich wird sowohl in den MITI-Basisberichten als auch im allgemeinen Sprachgebrauch der Begriff *gaichû*

---

[1] Vgl. hierzu ausführlich SMEA (1983), S. 45f; Dolles/Jung (1990), S. 18ff.

[2] Vgl. Rodenwaldt (1987), S. 24f.

[3] Vgl. z.B. Satô (1983); Ikeda (1988b).

[4] Die den Unternehmen zugesandten Fragebögen des Chûshô Kigyôchô enthalten weder Definitionen noch sonstige nähere Erläuterungen zu den Begriffen *gaichû* und *shitauke*, so daß die genannten Statistiken letztlich auf dem subjektiven Begriffsverständnis der Verantwortlichen in den Unternehmen beruhen.

[5] Vgl. hierzu ausführlich Rodenwaldt (1987), S. 30ff.

vorwiegend aus Abnehmer-, *shitauke* hingegen aus Zulieferersicht angewandt. Vom Standpunkt des Abnehmers aus wird zwischen nicht abnehmerspezifischen Beschaffungsgütern
(*kônyûhin*) und Zuliefergütern (*gaichûhin*) unterschieden.
Die Zulieferunternehmen teilen ihren Umsatz demgegenüber in
selbst vermarktete Güter und *shitauke* ein.

Die von den verschiedenen Autoren und Institutionen
genannten Kriterien zur Abgrenzung der Zulieferungen von
anderen Transaktionen zwischen Industrieunternehmen können
wie folgt zusammengefaßt werden:

- repetitiver Charakter der Transaktionen (Abgrenzung von
einmalig oder unregelmäßig erfolgenden Transaktionen wie
die Lieferung von Ausrüstungen)
- Abnehmerspezifität der gelieferten Güter (Abgrenzung von
vermarkteten Gütern)
- Größenverhältnis zwischen Zulieferer und Abnehmer
(Abgrenzung von den Fällen, in denen der Zulieferer gleich
groß oder größer ist als der Abnehmer)
- Verwendungszweck der gelieferten Güter (Abgrenzung von
Ersatzteiltransaktionen)
- produktionswirtschaftlicher Reifegrad der gelieferten Güter (Abgrenzung gegenüber Endprodukten einerseits, Vorprodukten sowie Roh-, Hilfs- und Betriebsstoffen andererseits)
- Materialität der gelieferten Güter (Abgrenzung gegenüber
Dienstleistungen)
- produktionswirtschaftliche Eigenständigkeit des Zulieferers (Abgrenzung gegenüber Unterlieferungen)

Es gibt also sowohl in Deutschland als auch in Japan
ein breites Spektrum von Begriffsauffassungen der industriellen Zulieferung, die sich teilweise überschneiden, teilweise eher widersprechen. Dies ist insofern nicht weiter
erstaunlich, als die Untersuchungsziele im Einzelfall voneinander abweichen und dementsprechend auch die Definiti-
onserfordernisse nicht einheitlich sind. Im Fall der vor-

liegenden Arbeit besteht das Untersuchungsziel darin, vertikale zwischenbetriebliche Kooperationsformen zwischen Industrieunternehmen im weitesten Sinne zu analysieren. Einziges konstitutives Merkmal der zu betrachtenden Lieferbeziehungen ist damit zunächst ihr aus produktionswirtschaftlicher Sicht repetitiver Charakter[1]. Da hiermit das gesamte materialwirtschaftliche Spektrum abgedeckt wird, erscheint es im vorliegenden Fall als inhaltlich nicht
gerechtfertigt, Vor- und Unterlieferungen, Endprodukte oder
unspezifische Materialien von vornherein aus der Betrachtung auszuschließen. Bei einem solchen Vorgehen würde
der Untersuchungsrahmen stark eingeengt werden; es müßte
damit gerechnet werden, daß ein Großteil der in Japan
anzutreffenden Formen zwischenbetrieblicher Kooperation von
der Betrachtung ausgeschlossen würde. Zulieferleistungen
wie Reparaturen und Wartungen sind produktionswirtschaftlich als Zusatzfaktoren zu klassifizieren, aber ebenfalls
mit in Betracht zu ziehen, sofern sie regelmäßig vorgenommen werden. Schließlich fallen Ausrüstungsgegenstände und
Investitionsgüter im Gegensatz zu materialwirtschaftlichen
Faktoren zunächst in den Bereich der Potentialwirtschaft;
im Falle regelmäßigen Bedarfs bestimmter Ausrüstungsgüter
und Ersatzteile (insbesondere bei Großunternehmen) nehmen
die entsprechenden Lieferungen aber doch repetitiven
Charakter an, so daß es im Einklang mit den obigen Überlegungen steht, sie ebenfalls in die Betrachtung miteinzu-
beziehen.

Schließlich bleibt der Begriff des Zulieferunternehmens zu klären, der von vielen Autoren nicht explizit erörtert wird. Nach der Auffassung von Fieten sind nur solche
Unternehmen als Zulieferer zu betrachten, die ihren Umsatz

---

[1] Vgl. zur Abgrenzung produktionswirtschaftlicher Poten-
tial- und Repetierfaktoren Kern (1990), S. 14ff.

"zum überwiegenden Teil oder sogar vollständig"[2] aus Zulieferungen bestreiten.

Dieser Auffassung ist zuzustimmen. Es mag formal zutreffend sein, auch solche Unternehmen als Zulieferunternehmen zu bezeichnen, bei denen der Anteil des Zulieferumsatzes am Gesamtumsatz nur geringfügig ist. Da aber die Art
der von ihnen überwiegend durchgeführten Transaktionen sowie das Verhältnis zu ihren Abnehmern grundverschieden von
solchen Unternehmen ist, die einen Großteil ihres Umsatzes
aus Zulieferungen bestreiten, sollten sie mit letzteren
nicht in eine Reihe gestellt werden. Dies bedeutet indes
nicht, daß es keinen Sinn macht, auch solche Unternehmen in
empirische Untersuchungen des Zulieferwesens einzubeziehen,
wie z.B. bei den MITI-Basisberichten oder bei Schmidt/Rich-
ter (1991) geschehen. Der o.g. wesentliche Unterschied
zwischen beiden Kategorien sollte dabei jedoch nicht
vergessen werden.

**2.2.2 Die Bedeutung des Zulieferwesens in der japanischen
Industrie im internationalen Vergleich**

Wie bereits ausgeführt, wird das Zulieferwesen in Japan im Rahmen der MITI-Basisberichte in mehrjährigen Abständen regelmäßig erfaßt. Ein Blick auf die langfristige
Entwicklung in den letzten Jahrzehnten (siehe hierzu Abbildung 4) zeigt, daß seit den sechziger Jahren stets mehr als
die Hälfte der befragten Unternehmen im Zuliefergeschäft
engagiert waren. Bis Anfang der achtziger Jahre hat dabei
der Gesamtanteil der Zulieferunternehmen noch stetig zugenommen; erst in der letzten Erhebung von 1987 ergab sich
ein deutlicher Rückgang.

In den westlichen Industrieländern gibt es keine
unmittelbar vergleichbaren amtlichen Statistiken. Indes

---

[2] Fieten (1991), S. 15.

Abbildung 4: Entwicklung des Prozentanteils der Zuliefer-unternehmen an allen Industrieunternehmen in Japan, 1966-1987

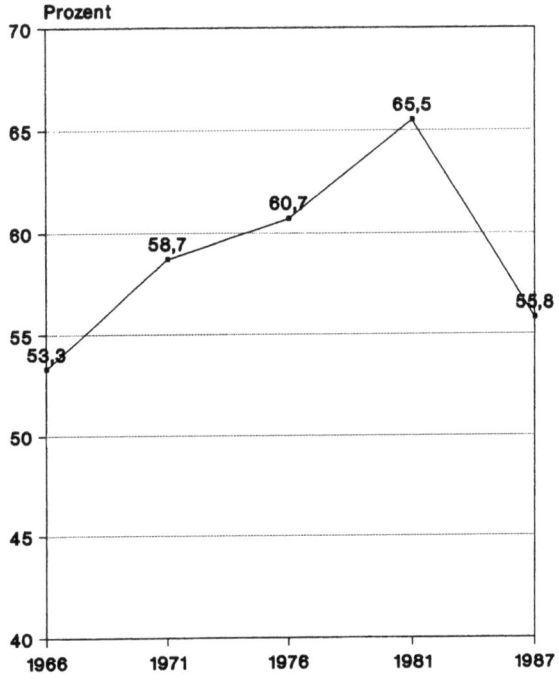

Quellen: Chûshô Kigyôchô (1969);Chûshô Kigyôchô (1974);
Chûshô Kigyôchô (1979); Chûshô Kigyôchô (1984); Chûshô
Kigyôchô (1990a)

wurden im Jahre 1985 im Rahmen eines internationalen For-schungsprojekts in insgesamt acht europäischen Industrie-ländern mehr als 1100 kleine und mittlere Unternehmen aus drei Branchen u.a. dazu befragt, ob sie im Zuliefergeschäft engagiert sind[1]. Der dabei ermittelte Gesamtdurch-

---

[1] Vgl. hierzu Fröhlich/Pichler (1988); The STRATOS Group (1990).

schnittswert von 41,4%[1] liegt deutlich unter dem entsprechenden Anteil in Japan. Bei Spezifikation der Betrachtung auf die deutschen Unternehmen ergibt sich ein Anteil von 46,0%, der damit zwar über dem europäischen Durchschnittswert liegt, aber an das japanische Niveau ebenfalls
nicht heranreicht.

Eine branchenspezifische Aufschlüsselung der Ergebnisse beider Untersuchungen zeigt, daß in Japan vor allem
in klassischen Industriebranchen wie der Textilindustrie,
dem Fahrzeugbau oder der elektronischen Industrie der Anteil der Zulieferunternehmen besonders hoch ist. Demgegenüber liegen die Anteilswerte in rohstoffintensiven
Branchen wie der Nahrungsmittelindustrie, der chemischen
Industrie oder der holzverarbeitenden Industrie deutlich
niedriger (siehe hierzu Abbildung 5). Die Ergebnisse der
STRATOS-Erhebung zeigen demgegenüber deutliche Abweichungen
für den europäischen Raum (siehe hierzu Abbildung 6). Während parallel zu den japanischen Daten der Anteil der Zulieferunternehmen in der Elektroindustrie überdurchschnittlich hoch ist, liegt der Anteilswert der Bekleidungsindustrie im Gegensatz zu Japan unter dem Durchschnitt. Im Falle der Nahrungsmittelindustrie ist die Verbreitung von Zulieferunternehmen ebenfalls unterdurchschnittlich, aber nicht so extrem niedrig wie in Japan.

Die Differenzierung der Ergebnisse nach Unternehmensgröße (siehe hierzu Abbildung 7) zeigt ferner, daß in Japan
insbesondere bei den Kleinunternehmen mit weniger als zehn
Beschäftigen der Anteil der Zulieferunternehmen besonders
hoch ist. Demgegenüber sind in Europa die entprechenden Anteilswerte in den mittleren Größenklassen zwischen 20 und
100 Beschäftigen am höchsten. Bei den Unternehmen ab 100
Beschäftigten ist hingegen sowohl in Japan als auch in Europa der Anteil der Zulieferunternehmen deutlich niedriger.

---

[1] Vgl. The STRATOS Group (1990), S. 66.

Abbildung 5: Branchenspezifische Verbreitung von Zuliefer-unternehmen in der japanischen Industrie, 1987

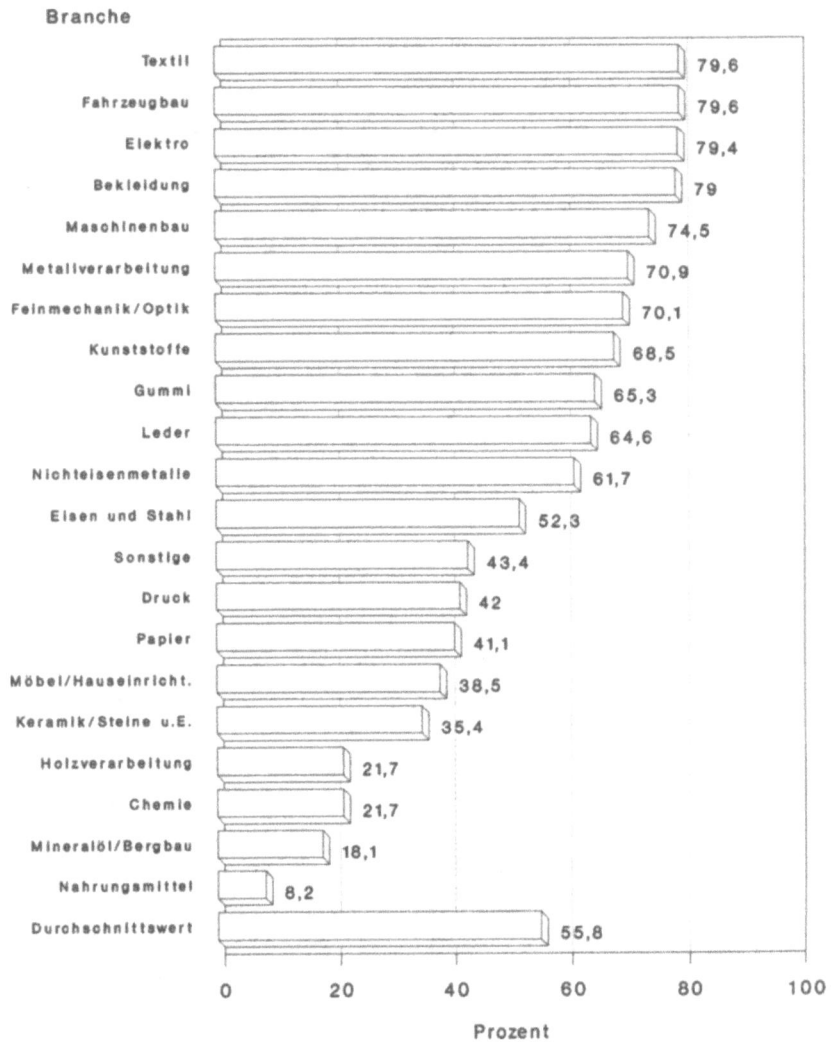

Quelle: Chûshô Kigyôchô (1990a)

Abbildung 6: Branchenspezifische Verbreitung von Zuliefer-unternehmen in der europäischen Industrie, 1985

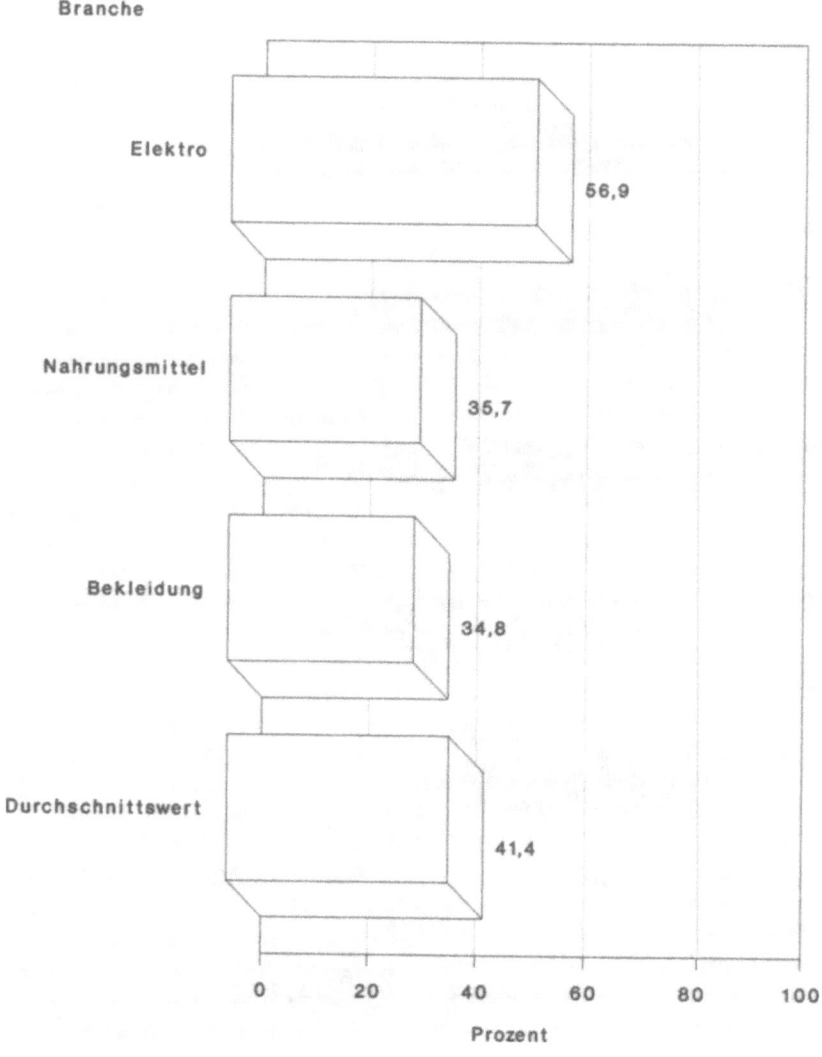

Quelle: The STRATOS Group (1990)

Abbildung 7: Größenklassenspezifische Verbreitung von Zulieferunternehmen in der japanischen und der europäischen Industrie (Größenmerkmal: Beschäftigtenzahl)

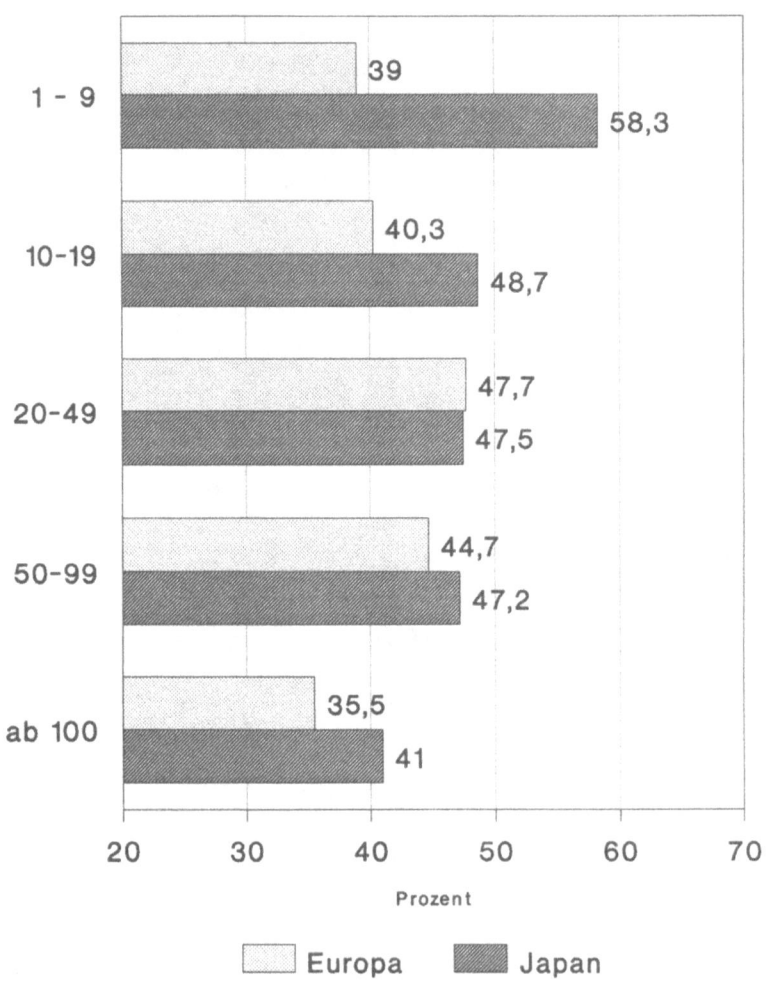

Quellen: Chûshô Kigyôchô (1990a); The STRATOS Group (1990)

Gegen den hier vorgenommenen direkten Vergleich der
Ergebnisse der beiden Studien läßt sich eine Reihe von Ein-
wänden geltend machen. So ist zunächst auf die bereits im
vorigen Abschnitt ausgeführte Tatsache hinzuweisen, daß der
Terminus "Zulieferung" auf internationaler Ebene mit teilweise stark abweichenden Begriffsinhalten belegt ist. Dies
ist insofern von Bedeutung, als in beiden hier in Betracht
gezogenen Erhebungen die befragten Unternehmen - soweit erkennbar - zum Verständnis des Zulieferbegriffs nicht speziell angeleitet wurden. Die resultierenden Daten sind daher
das Ergebnis der subjektiven Begriffsauffassung der Befragten bzw. summarisch betrachtet des vorherrschenden Zulieferbegriffs in den betreffenden Ländern.

Zumindest im Vergleich zu Deutschland muß der japanische Zulieferbegriff jedoch als insgesamt relativ eng betrachtet werden. Wie bereits ausgeführt, wird nach der in
Japan vorherrschenden Auffassung für ein Zulieferverhältnis
nicht nur eine vertikale produktionswirtschaftliche Verknüpfung, sondern auch ein größenspezifisches Gefälle zwischen Zulieferer und Abnehmer sowie ein hoher Spezifikati-
onsgrad der Zuliefertransaktionen vorausgesetzt. Demgegenüber erscheint der in Deutschland übliche Ausschluß der
Lieferung von Endprodukten aus dem Zulieferbegriff quantitativ weniger bedeutend zu sein. Die teilweise vertretene
Auffassung, auch Vor- und Unterlieferungen nicht als Zulieferungen zu betrachten, dürfte schließlich nicht unbedingt
deckungsgleich mit dem Begriffsverständnis eines Großteils
der Akteure in den betroffenen Unternehmen sein. Letztlich
ist somit davon auszugehen, daß durch den Verzicht auf eine
begriffliche Festlegung in beiden Erhebungen die Unterschiede in der Verbreitung von Zulieferunternehmen zwischen
Japan und Europa, zumindest aber Deutschland eher unter-
als überzeichnet wurden.

Ein weiterer Schwachpunkt des obigen Zahlenvergleichs
liegt darin begründet, daß mit der Klassifizierung von Unternehmen als Zulieferer noch keine Aussage darüber getrof-

fen ist, wie hoch der Anteil des Zulieferumsatzes am Gesamtumsatz liegt, wie stark also die wirtschaftliche Abhängigkeit der Unternehmen vom Zuliefergeschäft ausgeprägt
ist. Im Falle der jüngsten japanischen Untersuchung wurde
ermittelt, daß insgesamt 81,3% der Zulieferunternehmen
ihren Umsatz zu 100% mit dem Zuliefergeschäft bestreiten.
Sofern auch die Unternehmen mit einer Umsatzabhängigkeit
zwischen 70% und 100% miteinbezogen werden, ergibt sich für
die stark abhängigen Zulieferunternehmen ein Anteilswert
von 88,5%[1]. Auch im STRATOS-Fragebogen findet sich eine
Frage zum Anteil des Zulieferumsatzes am Gesamtumsatz[2];
indes sind in beiden genannten Veröffentlichungen, die auf
dieser Erhebung beruhen, hierzu keine Ergebnisse ausgewiesen. Demgegenüber sind in der allerdings auf Deutschland
beschränkten Untersuchung von Schmidt/Richter diesbezüglich
folgende Resultate gewonnen worden: Mit einem Anteil von
43,7% bestritten fast die Hälfte der befragten Zulieferunternehmen mehr als die Hälfte ihres Umsatzes aus dem
Absatz von Endprodukten (der in dieser Untersuchung explizit aus dem Zulieferbegriff ausgegrenzt wurde); nur 31,5%
aller Zulieferunternehmen sind zu mehr als 90% vom Zulieferumsatz abhängig[3]. Auch bei Berücksichtigung der Tatsache, daß die Lieferung von Endprodukten in Japan unter
bestimmten Voraussetzungen als Zulieferung betrachtet wird,
ist nach diesen Ergebnissen davon auszugehen, daß der
durchschnittliche Abhängigkeitsgrad der betroffenen Unternehmen vom Zuliefergeschäft in Japan deutlich höher ist als
in Deutschland. Damit würde auch in dieser Hinsicht die
Differenz in der Bedeutung des Zulieferwesens zwischen
beiden Ländern durch den vorherigen Direktvergleich eher
als zu gering denn als zu hoch ausgewiesen.

---

[1] Vgl. Chûshô Kigyôchô (1990a), S. 45.

[2] Vgl. The STRATOS Group (1990), S. 111.

[3] Vgl. Schmidt/Richter (1991), S. 52f.

Schließlich ist noch darauf hinzuweisen, daß sich das Sample der STRATOS-Erhebung auf Unternehmen mit bis zu 500 Beschäftigen beschränkt[1], während in die amtlichen japanischen Statistiken Unternehmen aller Größenklassen einbezogen sind. Indes entfallen auch bei den japanischen Daten 99,5% der befragten Unternehmen auf den Bereich mit bis zu 300 Beschäftigten[2]. Eine Bereinigung der Ergebnisdaten um die wenigen Großunternehmen ließe daher keinesfalls signifikante Änderungen erwarten.

Trotz alledem muß der Aussagegehalt des hier vorgenommenen Vergleichs als beschränkt eingestuft werden. Dies liegt neben der oben ausgeführten begrifflichen Unschärfe auf beiden Seiten vor allem in der Tatsache begründet, daß die STRATOS-Studie ingesamt von weit geringerer Erfassungsbreite ist als die amtlichen Statistiken in Japan, insbesondere nur drei Branchen berücksichtigt wurden. Dennoch wird die oft geäußerte Behauptung, das Zulieferwesen sei in der japanischen Industrie von weit größerer Bedeutung als in westlichen Industrieländern, durch die vorliegenden Ergebnisse eher unterstützt als widerlegt.

2.3 Zusammenfassung

Im zurückliegenden Abschnitt wurden die Begriffe des kleinen und mittleren Unternehmens sowie des mittelständischen Unternehmens einerseits, der industriellen Zulieferung sowie des Zulieferunternehmens andererseits erörtert. Davon ausgehend wurde die gesamtwirtschaftliche Bedeutung kleiner und mittlerer Zulieferunternehmen in Japan im Vergleich zu Deutschland und anderen westlichen Industrieländern evaluiert.

---

[1] Vgl. Fröhlich/Pichler (1988), S. 4.

[2] Vgl. Chûshô Kigyôchô (1990a), S. 23.

Zur Abgrenzung kleiner und mittlerer Unternehmen von
Großunternehmen sind zahlreiche quantitative und qualita-
titve Kriterien entwickelt worden; beim Vergleich aggregierter Daten beschränken sich die analytischen Möglichkeiten indes auf quantitative Gegenüberstellungen anhand
von Kenngrößen wie Beschäftigtenzahlen, Umsatzgrößen und
Anzahl von Betriebsstätten. Bei Zugrundelegung dieser Kriterien wird deutlich, daß die Bedeutung kleiner und mittlerer Unternehmen in der japanischen Industrie weit größer
ist als in Deutschland.

Auch der Begriff der industriellen Zulieferung wird
von verschiedenen Seiten sehr unterschiedlich interpretiert; unter anderem sind große Auffassungsunterschiede
zwischen deutschen und japanischen Beobachtern zu erkennen.
Zur Durchführung eines internationalen Vergleichs erscheint
es vorteilhaft, den Zulieferbegriff zunächst sehr weit zu
fassen, um den Untersuchungsrahmen nicht von vornherein zu
sehr einzuengen und nach Möglichkeit Daten aus verschiedenen Ländern in die Betrachtung einbeziehen zu können.
Eine Gegenüberstellung aggregierter Daten aus Europa und
Japan ist u.a. aufgrund der genannten begrifflichen Differenzen problematisch. Die vorliegenden Daten liefern dennoch deutliche Hinweise, daß das industrielle Zulieferwesen
in Japan wesentlich verbreiteter ist als in Deutschland und
anderen europäischen Ländern. Außerdem sind sowohl in Japan
als auch in Europa große branchenspezifische Unterschiede
bei der Verbreitung von Zulieferunternehmen festzustellen.

Insgesamt kann als Zwischenergebnis festgehalten werden, daß kleine und mittlere industrielle Zulieferunternehmen in Japan gesamtwirtschaftlich von weit größerer Bedeutung sind als in Deutschland. Um die Bedeutung dieser
strukturellen Unterschiede für die Ausgestaltung der zwischenbetrieblichen Kooperationsformen ermessen zu können,
bedarf es eines Instrumentariums zur Analyse vertikaler industrieller Arbeitsteilungsstrukturen, das sowohl die in
Japan und in anderen Ländern anzutreffenden Phänomene

zwischenbetrieblicher Kooperation zu erfassen vermag als
auch Erklärungsansätze für die ausgeprägten sektoralen Unterschiede in den vertikalen Arbeitsteilungsstrukturen liefert. Ein solcher weitgefaßter Bezugsrahmen soll im nachfolgenden Abschnitt entwickelt werden.

3 Die Analyse vertikaler produktionswirtschaftlicher Arbeitsteilungsstrukturen als betriebswirtschaftliches Aufgabenfeld - theoretische Überlegungen

3.1 Der Ausgangspunkt: Umfeldwirkungen auf vertikale Arbeitsteilungsstrukturen

Nachfolgend soll ein Bezugsrahmen zur Erklärung vertikaler Arbeitsteilungsstrukturen in der Produktionswirtschaft unter verschiedenen Umfeldbedingungen erstellt werden. Der Ausgangspunkt der Überlegungen besteht also darin, eine Kausalbeziehung zwischen dem Umfeld, das das produktionswirtschaftliche System umgibt und auf dieses einwirkt, und der vertikalen Arbeitsteilungsstruktur im produktionswirtschaftlichen Bereich zugrundezulegen (siehe hierzu Abbildung 8).

Dieser Ansatz ist insofern erläuterungsbedürftig, als er die Assoziation nahelegt, die Entscheidungsträger in den Unternehmen würden nur auf die sie umgebenden Umstände reagieren und hätten keinen eigenen Handlungsspielraum, was in dieser Form unrealistisch ist. Die Ausklammerung des unternehmerischen Handlungsspielraums aus dem Modell erscheint aber dann als legitim, wenn eine einheitliche Zielfunktion der Entscheidungsträger zugrundegelegt wird.

Sowohl Deutschland und die anderen westlichen Industrieländer als auch Japan gelten als marktwirtschaftlich orientierte Länder, in denen vorherrschend unter dem Primat des erwerbswirtschaftlichen Prinzips gewirtschaftet wird. In starker Verbindung hierzu steht die Orientierung der Unternehmen am Ziel der Gewinnmaximierung[1]; damit wäre prinzipiell eine länderübergreifende, gemeinsame Hand-

---

[1] Vgl. Gutenberg (1983), S. 464ff. Im vorliegenden Fall ist dabei von langfristiger Gewinnmaximierung auszugehen, da die Gestaltung der vertikalen Arbeitsteilungsstrukturen ein Problem der strategischen Verfahrenswahl ist.

Abbildung 8: Grundmodell des Bezugsrahmens

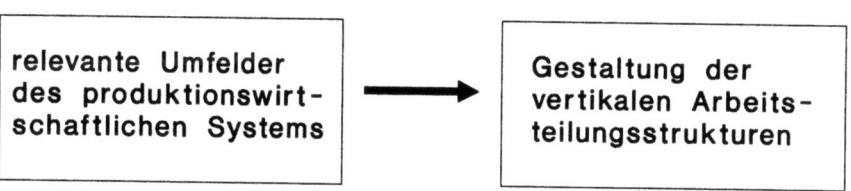

relevante Umfelder des produktionswirtschaftlichen Systems ➡ Gestaltung der vertikalen Arbeitsteilungsstrukturen

Quelle: eigene Darstellung

lungsmaxime für unternehmerisches Handeln gegeben. Indes gibt es Hinweise darauf, daß das Verhalten japanischer Unternehmen in dieser Hinsicht wesentlich von dem in westlichen Ländern abweicht[1].

Die sich aus diesen Abweichungen ergebenden Vergleichsprobleme können jedoch umgangen werden, wenn anstelle des Gewinnmaximierungsprinzips das Wirtschaftlichkeitsprinzip als Oberziel der zu betrachtenden Unternehmen zugrundegelegt wird. Letzeres gilt als systemindifferentes Prinzip, für das länderspezifische Besonderheiten nicht relevant sind[2]. Da sich die vorliegende Untersuchung grundsätzlich auf den produktionswirtschaftlichen Bereich beschränkt und das oft mit Terminus Effizienz belegte Wirtschaftlichkeitsprinzip in diesem Bereich als übergreifende

---

[1] Vgl. hierzu z.B. Abegglen/Stalk (1985).

[2] Vgl. Gutenberg (1983), S. 9f.

Handlungsmaxime betrachtet wird[1], ist die o.g. Vorgehensweise hier anwendbar.

Damit sollen weder die Interdependenzen des produktionswirtschaftlichen Bereichs mit anderen betriebswirtschaftlichen Teilbereichen noch die Möglichkeit abweichenden Handelns verschiedener Entscheidungsträger unter hypo-
thetisch gleichen Umständen negiert werden; der zugrundeliegende Modellansatz erscheint jedoch auch schon dann anwendbar, wenn zumindest bei langfristiger Betrachtung von
einem weitgehend gleichgerichteten Verhalten der verschiedenen betrachteten Unternehmen ausgegangen werden kann. Da
die Gestaltung der vertikalen Arbeitsteilungsstrukturen als
spezielles Problem der Verfahrenswahl ein langfristiges betriebswirtschaftliches Optimierungsproblem ist, kann hier
von einer Konvergenz der individuellen Zielfunktionen ausgegangen werden.

Im übrigen ist darauf hinzuweisen, daß der unternehmerische Handlungsspielraum in der modernen Wirtschaft ohnehin zahlreichen Einschränkungen unterworfen ist, so daß von
einer freien Orientierung an selbstgewählten Optimierungs-
kriterien keine Rede sein kann[2]. Diesem Umstand wird mit
dem hier gewählten Reaktionsmodell der Unternehmen auf Um-
feldwirkungen Rechnung getragen.

Nachfolgend sollen zunächst die für die Gestaltung der
vertikalen Arbeitsteilungsstrukturen relevanten Umfeldfaktoren analysiert werden. Daran anschließend sind die
Gestaltungsparameter der vertikalen Arbeitsteilung zu beschreiben. Durch die Zuweisung von Ursache-Wirkungs-Zusam-
menhängen zwischen den Bestimmungsgrößen und den abhängigen
Variablen sollen schließlich der Bezugsrahmen konkretisiert
und entsprechende Hypothesen für die nachfolgende Untersuchung aufgestellt werden.

---

(1) Vgl. Kern (1992a), S. 66.

(2) Vgl. hierzu z.B. Kern (1986).

3.2 Determinanten vertikaler Arbeitsteilungsstrukturen im produktionswirtschaftlichen System

3.2.1 Einleitende Bemerkungen

Die Gestaltung der vertikalen Arbeitsteilungsstrukturen ist aus produktionswirtschaftlicher Sicht ein Hauptfaktor in dem Streben nach verfahrenstechnischer Adäquanz[1], das unmittelbarer Ausdruck des o.g. Wirtschaftlichkeitsprinzips im produktionswirtschaftlichen Bereich ist. Zur Beschreibung der hierfür maßgeblichen Einflußgrößen sind dementsprechend umfassende Überlegungen erforderlich.

Aus betriebswirtschaftlicher Sicht ist dieser Problemkreis vor allem durch die Analyse des Auswahlproblems zwischen den produktionswirtschaftlichen Alternativen und Fremdbezug beleuchtet worden. Da das zugrundeliegende Problem sehr komplex ist, ist eine Vielzahl von Einflußgrößen identifiziert worden, die für das Optimierungskalkül als Gestaltungsparameter oder Nebenbedingungen relevant sind[2]. Dabei ist aber nicht zu übersehen, daß vor allem das Problem der langfristigen Optimierung der Fertigungstiefe[3] von der betriebswirtschaftlichen Fachliteratur

---

[1] Vgl. Gutenberg (1983), S. 111.

[2] Vgl. hierzu im Überblick Männel (1981), S. 35ff; Männel (1982), S. 18ff; Kern (1992a), S. 57f. Der Problemkreis der optimalen Gestaltung vertikaler Arbeitsteilungsstrukturen wird außerdem auch im Rahmen der Strategie- und Managementlehre bisweilen angerissen; vgl. etwa Porter (1980), S. 300ff; Harrigan (1983).

[3] Demgegenüber ist das kurzfristige Entscheidungsproblem der Wahl zwischen Eigenfertigung und Fremdbezug (d.h. bei gegebener Faktorkombination) vergleichsweise ausführlich diskutiert worden; vgl. z.B. Ferner/Lindner/Sträßer (1968); Kilger (1973), S. 271ff und Hilke (1986), S. 120ff. Auch in der Abhandlung von Männel (1981) nehmen kurzfristige gegenüber langfristigen Optimierungserwägungen wesentlich breiteren Raum ein. In jüngster Zeit ist allerdings die Tendenz zu beobachten,

bislang weitgehend vernachlässigt wurde; zudem mangelt es
den wenigen Abhandlungen zu diesem Thema teilweise an analytischer Stringenz[1]. Es stellt sich daher die Frage, ob
nicht auch andere theoretische Ansätze in den Bezugsrahmen
eingehen können.

Ein Hauptzweig der in den letzten Jahrzehnten entwik-
kelten Neuen Institutionenökonomik, der schon häufig zur
Analyse vertikaler Arbeitsteilungsstrukturen verwendet
wurde, besteht in der ökonomischen Transaktionskostentheorie. Von Williamson als Hauptvertreter dieser Richtung werden als Basisdeterminanten der vertikalen Kooperationsstrukturen die Spezifität der produktionswirtschaftlichen
Anlagen, das Ausmaß der die Transaktionen umgebenden Unsicherheit sowie die Häufigkeit[2] und neuerdings auch die
Meßbarkeit[3] der ausgetauschten Leistungen genannt.

Die gleichzeitige Einbeziehung betriebswirtschaftlicher und mikroökonomischer Ansätze in einen gemeinsamen
Bezugsrahmen erscheint zunächst problematisch. Ein erster
Haupteinwand könnte darin gesehen werden, daß einzel- und
gesamtwirtschaftliche Optimierungskalküle in ihrer Ausrichtung nicht notwendig deckungsgleich sein müssen. Dieses Argument kann jedoch mit dem Hinweis entkräftet werden, daß
die Problemsicht hier langfristig orientiert ist. In einem
marktwirtschaftlich orientierten Umfeld ist grundsätzlich

---

daß dem langfristigen Entscheidungsproblem mehr Beachtung gewidmet wird; vgl. Dichtl (1993), Sp. 3520ff.

[1] Vgl. hierzu auch die nach Ansicht des Verfassers sehr
treffenden Ausführungen bei Picot (1991), S. 340ff.

[2] Vgl. Williamson (1985), S. 52ff. Mit dem Kriterium der
Häufigkeit werden jedoch letztlich nur repetitive von
einmaligen Transaktionen abgegrenzt. Da der repetitive
Charakter von Zuliefertransaktionen in der vorliegenden
Untersuchung aber als konstitutives Merkmal derselben
begriffen wird, kann von einer weiteren Erörterung
dieser Dimension abgesehen werden; alle hier zu
betrachtenden Transaktionen sind in diesem Sinne
"häufig".

[3] Vgl. Williamson (1991), S. 16.

davon auszugehen, daß das Bestreben der Akteure auf lange
Sicht darauf ausgerichtet sein wird, die Gestaltungsalter-
native zu wählen, die *insgesamt* mit den geringsten Kosten
verbunden ist[1]. Ein Unternehmen, das immer nur nach
Gewinnmaximierung zu Lasten seiner Geschäftspartner strebt,
müßte auf die Dauer damit rechnen, gegenüber effizienz-
orientierten Konkurrenzunternehmen ins Hintertreffen zu
geraten. Während also kurzfristig betrachtet betriebswirtschaftliche von gesamtwirtschaftlichen Optimierungskalkülen
klar unterschieden werden sollten, besteht langfristig
gesehen eine deutliche Konvergenz.

Ein zweiter Einwand könnte in der speziellen Ausrichtung der Transaktionskostentheorie gesehen werden. Der Begriff legt nahe, daß im Rahmen dieses Ansatzes ausschließlich die Bedingungen für die Minimierung der Kosten von
Transaktionen zwischen den einzelnen Unternehmen, nicht
aber die aus betriebswirtschaftlicher Sicht im Vordergrund
stehenden Interdependenzen zu den produktionswirtschaftlichen Systemen der beteiligten Unternehmen analysiert
werden. Bei näherer Betrachtung zeigt sich jedoch, daß die
obige Begriffsinterpretation irreführend ist; der Ansatz
zielt letztlich darauf ab, optimale (= kostenminimale)
Kooperationsstrukturen unter verschiedenen Umfeldbedingungen zu bestimmen, und bezieht dabei auch die unternehmensinternen Produktionskosten in das Optimierungskalkül
ein[2]. Es handelt sich also um nichts anderes als die Analyse des gleichen Problems aus einem anderen Blickwin-

---

[1] Vgl. mit ähnlicher Argumentation auch Richter (1992),
S. 48.

[2] Deutlich wird dies schon aus der Abhandlung von Coase
(1937), welche die geistigen Grundlagen der ökonomischen
Transaktionskostentheorie schuf. Er stellt die unternehmensinterne der unternehmensexternen Koordination gegenüber und liefert damit letztlich nichts anderes als eine
allgemeine Formulierung des Entscheidungsproblems "Eigenfertigung oder Fremdbezug"; vgl. Coase (1937), S.
340f.

kel[1]; das ökonomische Postulat der Suche nach der effi-
zientesten Kooperationsstruktur und das betriebswirtschaftliche Streben nach verfahrenstechnischer Adäquanz
sind im Falle der hier zu untersuchenden Problemstellung
langfristig weitgehend deckungsgleich.

Damit erscheint es grundsätzlich legitim, beide genannten Richtungen in den theoretischen Bezugsrahmen zu in-
tegrieren. Um die aus verschiedenen Blickwinkeln und mit
unterschiedlichem Abstraktionsniveau vorgetragenen Argu-
mente möglichst umfassend berücksichtigen zu können, ist
allerdings ein breiter analytischer Ansatz unverzichtbar.
Außerdem wirkt es vorteilhaft, die für Ländervergleiche relevanten vorwiegend regionalspezifischen Faktoren und die
für Branchen- und mikroanalytische Vergleiche im Vordergrund stehenden vorwiegend sektoralspezifischen Faktoren
getrennt zu erörtern.

Für den regionalspezifischen Vergleich sollen nachfolgend die ökonomischen, rechtlichen und gesellschaftlich-
kulturellen[2], für die sektoralspezifische Analyse die
technologisch-betriebswirtschaftlichen und marktumfeldbe-

---

(1) Siehe hierzu z.B. auch Picot (1991), der die Transaktionskostentheorie explizit als Ansatz zur betriebswirtschaftlichen Leistungstiefenoptimierung auffaßt.

(2) Im Rahmen der vorwiegend regionalspezifischen Umfeldfaktoren werden vereinzelt auch die politischen Rahmenbedingungen als Determinante der Arbeitsteilungsstrukturen genannt; vgl. Contractor (1990), S. 46f. Drastische Investitionsrisiken wie etwa die Möglichkeit der
Enteignung infolge politischer Umstürze erscheinen aber
sowohl in Japan als auch in den großen westlichen
Industrieländern als vernachlässigbar. Ferner werden
graduelle Unterschiede im wirtschaftspolitischen Umfeld
nachfolgend im Rahmen der ökonomischen und rechtlichen
Rahmenbedingungen mit abgehandelt, so daß eine eigen-
ständige Erörterung politischer Umfeldfaktoren nicht als
notwendig erscheint.

dingten Rahmenbedingungen und deren Auswirkungen auf die
vertikalen Arbeitsteilungsstrukturen betrachtet werden[1].

3.2.2 Regionalspezifische Rahmenbedingungen
3.2.2.1 Ökonomische Rahmenbedingungen

Das ökonomische Umfeld ist für die Gestaltung vertikaler produktionswirtschaftlicher Strukturen insofern relevant, als hierüber sowohl die Versorgung mit den produktionswirtschaftlichen Potentialfaktoren Personal und Anlagen (bzw. aus gesamtwirtschaftlicher Sicht Arbeit und Kapital) als auch der Entwicklungsstand der Märkte für industrielle Vor-, Zwischen- und Endprodukte determiniert
werden.

Zunächst ist das Ausmaß der unternehmensgrößen-
spezifischen Diskriminierung auf dem Arbeitsmarkt als
Einflußfaktor für die Wahl der vertikalen produktionswirtschaftlichen Gestaltungsalternativen in Betracht zu ziehen.
Je größer die Unterschiede im Arbeitsentgelt für gleiche
Arbeitsleistungen zwischen großen und kleinen Unternehmen
sind, desto stärker ist der Anreiz für die Unternehmen, die
Fertigungstiefe zu verringern[2]. Dieser Zusammenhang
erklärt sich aus der Tatsache, daß eine Verringerung der
Fertigungstiefe ceteris paribus auch immer eine Herabset-
zung der Unternehmensgröße impliziert. Durch Reduzierung
der Fertigungstiefe können daher die Unternehmen langfristig auch relativ ihre Arbeitskosten senken. Der Anreiz,
dies zu tun, wird umso stärker, je größer die unternehmensgrößenspezifische Diskriminierung auf dem
Arbeitsmarkt eines Landes oder einer Region ist.

---

[1] In der vorliegenden Arbeit werden dabei die Probleme
der Produzentenhaftung sowie der informationstechnischen
Schnittstellen zwischen den einzelnen Fertigungsstufen
von der Betrachtung ausgenommen.

[2] Vgl. auch Männel (1981), S. 43.

Ein analoges Argument läßt sich für den Zusammenhang
zwischen der Struktur des Anlagen- bzw. Kapitalmarktes und
der Gestaltung der vertikalen Arbeitsteilungsstrukturen anführen, hier aber mit umgekehrten Vorzeichen. Je stärker
kleine gegenüber großen Unternehmen auf dem Kapitalmarkt
diskriminiert werden, desto größer sind die Kostenerspar-
nisse bei Erhöhung der Fertigungstiefe und Bildung großer
Unternehmenseinheiten.

Der Zusammenhang zwischen dem Entwicklungsstand der
Märkte für industrielle Vor- und Zwischenprodukte und der
Gestaltung der vertikalen Arbeitsteilungsstrukturen ist unmittelbar: Weiter oben wurde bereits die Existenz solcher
Märkte als Vorbedingung dafür erwähnt, daß den Entscheidungsträgern in den Unternehmen überhaupt die Möglichkeit
des Fremdbezugs als Alternative zur Eigenfertigung zur Verfügung steht. Allgemeiner kann formuliert werden: Je enger
der Markt für die Vor- und Zwischenprodukte, desto geringer
ist die Anzahl verfügbarer Transaktionspartner und desto
größer ist der Anreiz zu engen zwischenbetrieblichen Kooperationsformen bzw. im Extremfall zur vertikalen Integration, d.h. zur Eigenfertigung[1].

In unmittelbar marktanalytischer Betrachtung bestimmt
sich das Volumen eines Marktes aus der Anzahl der Anbieter
und Nachfrager sowie der von den einzelnen Akteuren angebo-
tenen bzw. nachgefragten Mengen. Die kürzere Marktseite bestimmt dann das Transaktionsvolumen. Es bleibt indes zu
klären, welche sekundären Ursachen maßgeblich für das
Marktvolumen sind.

---

[1] Vgl. hierzu z.B. Williamson (1975), S. 26ff; Picot
(1982), S. 271f. Die Validität der sogenannten "small-
numbers-Hypothese" wurde durch die Ergebnisse empirischer Untersuchungen schon mehrfach bestätigt; vgl. Levy
(1984); Caves/Bradburd (1988); Provan/Skinner (1989). Im
übrigen ist hier eine starke inhaltliche Überschneidung
mit dem in betriebswirtschaftlichen Abhandlungen erwähnten Aspekt der Bezugssicherheit zu erkennen; siehe
auch Ramser (1979), Sp. 441f.; Männel (1981), S. 58ff.

Im hier zu betrachtenden Fall von industriellen Vor-
und Zwischenprodukten ist eine entscheidende Einflußgröße
das Volumen auf den nachgelagerten Märkten für Fertiger-
zeugnisse[1]. Je weniger auf diesen Märkten umgesetzt wird,
desto geringer sind auch die hergestellten und gehandelten
Volumina der Vor- und Zwischenprodukte. Dieser Faktor ist
grundsätzlich sowohl regional als auch sektoral bestimmt;
angesichts der Ausweitung der internationalen Handelsströme
in den letzten Jahrzehnten erscheint es aber gerade im
Falle industrieller Fertigprodukte nicht mehr als adäquat,
das Marktvolumen noch auf regionaler bzw. auf Länderebene
zu definieren. Es verbleibt daher die Marktumfeldanalyse
unter sektoralspezifischen Gesichtspunkten, welche in Abschnitt 3.2.3.2 vorgenommen wird.

Für den Entwicklungsstand der Märkte für Vor- und Zwischenprodukte sind ferner technologische und betriebswirtschaftliche Faktoren relevant, die ebenfalls nicht als
regionalspezifisch einzustufen sind und in Abschnitt
3.2.3.1 betrachtet werden.

3.2.2.2 Rechtliche Rahmenbedingungen

Eine weitere Kategorie von Einflußfaktoren der vertikalen Arbeitsteilungsstrukturen bilden die für die
Gestaltung von Kooperationsalternativen relevanten Rechtsnormen, welche in Form von Restriktionen, aber auch von An-

---

[1] Systematisch betrachtet ist auch der Umfang der vorgelagerten Rohstoffmärkte als Einflußgröße in Betracht zu
ziehen. In den hochentwickelten Ökonomien der Industrieländer ist aber die Versorgung mit Rohstoffen heutzutage
in der Regel kein im Vordergrund stehendes Problem mehr;
vielmehr wird das Volumen der Endproduktmärkte nicht nur
für die hier betrachteten Zwischenstufen, sondern auch
für die Rohstoffmärkte als maßgeblich betrachtet. Auch
Standortunterschiede beim Zugang zu Rohstoffen haben
durch die Verbesserung der logistischen Systeme wesentlich an Bedeutung verloren. Der genannte Aspekt wird daher nachfolgend nicht näher erörtert.

reizen die Kalküle der Entscheidungsträger in den Unternehmen beeinflussen können. Die Gestaltung von Transaktionen
zwischen Unternehmen wird durch vertragsrechtliche
Bestimmungen, insbesondere zwingendes Vertragsrecht
restringiert[1]. Je stärker allerdings die vertikalen
Arbeitsteilungsstrukturen hierachienah gestaltet werden,
desto vernachlässigbarer werden die vertragsrechtlichen
Bestimmungen[2]. Dieser Zusammenhang erklärt sich zum einen
aus der Tatsache, daß schuldrechtliche Normen auf enge,
hochspezifische Kooperationsformen praktisch kaum mehr
anwendbar sind[3]. Außerdem dürften bei Arbeitsteilungen
mit hohem Internalisierungsgrad die Interessensgegensätze
zwischen den Beteiligten und damit auch die Bereitschaft
zur gerichtlichen Auseinandersetzung weitgehend schwinden.
Dafür werden andererseits bei langfristigen Unternehmenskooperationen, vor allem aber bei Fusionen wettbewerbsrechtliche Bestimmungen wirksam, welche den Handlungsspielraum der Unternehmen ebenfalls einengen können[4].
Als eine weitere relevante Dimension der rechtlichen
Rahmenbedingungen sind schließlich noch die steuer- und
subventionsrechtlichen Bestimmungen zu nennen, welche Anreize sowohl zu einer Erhöhung als auch zu einer Verringerung der Eigenfertigungstiefe schaffen können[5]. Dabei
sind auch staatliche Förderprogramme für kleine und mittlere Unternehmen in Betracht zu ziehen; sofern Anreize zur
Verringerung der Unternehmensgröße geschaffen werden, ist

---

[1] Vgl. Hax (1991), S. 60.

[2] Vgl. Williamson (1991), S. 29ff sowie ausführlich zu
den verschiedenen Vertragsrechtssystemen Macneil (1978).

[3] Vgl. hierzu ausführlich Zirkel (1990).

[4] Vgl. z.B. Williamson (1975), S. 115f.; Williamson
(1987), S. 55ff.

[5] Vgl. Männel (1982), S. 21.

von einem negativen Zusammenhang zur Fertigungstiefe auszugehen.

3.2.2.3 Gesellschaftlich-kulturelle Rahmenbedingungen

Die Existenz von signifikanten Zusammenhängen zwischen
dem gesellschaftlich-kulturellen Hintergrund eines Landes
und der Art und Weise, wie Transaktionen zwischen den Wirtschaftssubjekten des betreffenden Landes vonstatten gehen,
ist ein unbestrittenes Faktum. In diesem Zusammenhang sind
insbesondere zur Herausstellung und Erklärung der Unterschiede der Wirtschaftsmentalität in westlichen und
fernöstlichen Ländern schon zahlreiche Schriften verfaßt
worden[1].

Diese allgemeinwirtschaftlichen Kausalzusammenhänge
können auch auf die hier relevante spezielle Fragestellung
nach den maßgeblichen Einflußfaktoren auf vertikale
Arbeitsteilungsstrukturen angewendet werden. Ohne eine möglichst weitgehende Konkretisierung der Bestimmungsgrößen
besteht jedoch große Gefahr, in nicht verifizierbare
Allgemeinbehauptungen zu verfallen und im Zusammenhang damit ungeklärte Phänomene verschiedenster Art undifferen-
ziert mit derartigen "allgemeinen gesellschaftlich-kulturellen Hintergründen" möglicherweise unzutreffend zu begründen.

Ein Ansatz zur konkreten Benennung von Einflußgrößen
besteht in der Analyse der bereits genannten Variable
"Unsicherheit" der ökonomischen Transaktionskostentheorie,
wobei zwischen allgemeiner Umfeldunsicherheit einerseits
und strategischer Unsicherheit hinsichtlich des Verhaltens

---

[1] Die Bedeutung von kulturellen Einflußfaktoren wird insbesondere im Bereich der Organisationstheorie und Managementlehre häufig angesprochen; vgl. hierzu exempla-
risch Abegglen/Stalk (1985), Kagono et.al. (1985), Lin-
coln/Kalleberg (1990), Hayashi (1991).

der Transaktionspartner andererseits zu unterscheiden
ist[1]. Während die erstgenannte sich in einer Reihe technologischer und marktumfeldbedingter Faktoren ausdrückt,
die nachfolgend in Abschnitt 3.2.3 zu erörtern sind, kann
das Ausmaß der Verhaltensunsicherheit als Folge der gesellschaftlichen und kulturellen Besonderheiten eines Landes
bzw. einer Region betrachtet werden. Individuelle Unterschiede in den Verhaltensweisen der Akteure sind damit
selbstverständlich nicht ausgeschlossen; es können aber
Aussagen darüber getroffen werden, welche Arten von Verhaltensweisen in bestimmten Ländern oder Regionen vorherrschend sind.

Als Grunddeterminanten des Verhaltens der Akteure können im hier interessierenden Zusammenhang ihre Informati-
onsaufnahme- und -verarbeitungskapazitäten einerseits und
ihre persönliche Präferenzstrukturen andererseits ausgemacht werden[2]. Der erstgenannte Faktor wird von
Williamson mit dem Begriff der beschränkten Rationalität
umschrieben und bildet eine in diesem Zusammenhang wesentliche Einschränkung der ökonomischen Theorien allgemein
zugrundeliegenden Rationalitätsprämisse[3]. Beschränkte
Rationalität der Akteure ist allerdings für die Gestaltung
vertikaler Arbeitsteilungsstrukturen nur dann als relevant
zu betrachten, wenn die für die Transaktion bestimmenden
Faktoren spezifisch sind und außerdem allgemeine Um-

---

[1] Vgl. Williamson (1975), S. 24 einerseits; Williamson
(1985), S. 57 andererseits. Siehe auch sehr instruktiv
zur Differenzierung der beiden Arten von Unsicherheit
Richter (1992), S. 55ff.

[2] Vgl. Williamson (1985), S. 43ff; Michaelis (1985), S.
101ff. Diese analytische Aufteilung der Verhaltensannah-
men der Beteiligten findet im übrigen in der Betriebswirtschaftslehre ein weitgehendes Äquivalent in der von
Gutenberg vorgenommenen Unterscheidung zwischen der Wil-
lens- und der Könnenssphäre menschlicher Arbeit; vgl.
Gutenberg (1983), S. 11ff.

[3] Vgl. zum Begriff der beschränkten Rationalität ausführlich Simon (1972).

feldunsicherheit vorliegt[1]. Dies liegt in der Beobachtung
begründet, daß bei unspezifischen und/oder von wenig Unsicherheit geprägten Transaktionen der Anreiz zu kurzfristig
orientierten, marktnahen Austauschformen sehr stark ist. Da
bei idealtypischen Markttransaktionen die Informationsübertragung ausschließlich über den Preis geschieht und im Zusammenhang damit vollständige Information der Beteiligten
unterstellt wird, sind in solchen Fällen die hier zu betrachtenden Rationalitätsschranken vernachlässigbar.

Ein Faktor, der auf die Bedeutung beschränkter Rationalität für ökonomische Transaktionen einwirkt, ist in dem
Ausmaß an gesellschaftlicher und kultureller Homogenität
eines Landes zu erblicken. Dies drückt sich in der Überlegung aus, daß die Kosten der Informationsübertragung und
der Korrektur falscher Informationen im Austausch zwischen
den Wirtschaftssubjekten ceteris paribus um so niedriger
sind, je homogener die Kultur und Gesellschaft des betreffenden Landes ist. Die Schlußfolgerung lautet, daß der Einfluß beschränkter Rationalität auf das Wirtschaftsleben eines Landes um so geringer ist, je höher dessen gesell-
schaftliche und kulturelle Homogenität ist, d.h. je stärker
die Wertvorstellungen der Individuen in dieser Gesellschaft
einander ähneln[2].

Es bleibt der Einfluß kultur- und gesellschafts-
spezifischer Faktoren auf die Präferenzen, also in ökonomischer Betrachtung auf die Nutzenfunktionen der Akteure zu
untersuchen. Williamson unterstellt pauschal eine

---

[1] Vgl. Williamson (1985), S. 59f.

[2] Michaelis spricht in diesem Zusammenhang zutreffend vom
transaktionskostensenkenden Wertkonsens der Beteiligten;
vgl. Michaelis (1985), S. 126f. Die genannten Zusammenhänge werden ferner auch andeutungsweise von Ouchi und
Williamson angesprochen. Ouchi nennt gemeinsame Wertvorstellungen und Harmonie der Interessen, Williamson Konvergenz der Erwartungen der Transaktionspartner als Bedingung dafür, daß Verhaltensunsicherheit für die Kooperationsgestaltung nicht relevant wird; vgl. Ouchi
(1980), S. 138; Williamson (1986), S. 96.

opportunistische, also eigennutzmaximierende Haltung der
Beteiligten und bezieht dabei Verhaltensweisen wie
Täuschungsversuche, Vertragsbruch oder einseitige Ausnut-
zung von Informationsvorsprüngen ein[1]. Der Auffassung von
Michaelis, daß die Reduzierung der Vielzahl menschlicher
Verhaltensweisen auf einen in diesem Sinne verstandenen Op-
portunismus zu kurz greift, ist zuzustimmen; von ihr werden
als alternative Verhaltensformen Altruismus und das Streben
nach Anerkennung in den Augen anderer genannt[2]. Zwischen
opportunistischem bzw. altruistischem Individualverhalten
und den Besonderheiten einer Kultur oder Gesellschaft sind
allerdings keine unmittelbar nachvollziehbaren Zusammenhänge auszumachen. Das letztgenannte Anerkennungsstreben
kann hingegen zu dem Ausmaß der Individual- oder Kollek-
tivorientierung, das in einer Gesellschaft besteht, wie
folgt in Bezug gesetzt werden: Je stärker Erfolg oder Miß-
erfolg nicht am Individuum, sondern an einer Gruppe gemessen wird, desto stärker führt das Anerkennungsstreben
der Beteiligten zu Kooperationsformen mit hohem Internalisierungsgrad. Individuelles Streben nach Anerkennung dürfte
hingegen marktnahe Arbeitsteilungsstrukturen begünstigen.
Dies beruht auf der Überlegung, daß in einer kollektivori-
entierten Gesellschaft weniger der Erfolg des Einzelakteurs
(hier des Unternehmens) als vielmehr der in Kooperation mit
dem Transaktionspartner erzielte Gesamterfolg im Vordergrund steht. In Gesellschaften mit vorherrschend individua-
listischen Wertvorstellungen dürfte hingegen der Erfolg des
Einzelnen (bzw. des einzelnen Unternehmens) höher bewertet
werden. Entsprechend bestehen Anreizwirkungen hin zu engen
bzw. weniger engen Kooperationsformen im Spektrum zwischen
Markttransaktionen und vertikaler Integration.

Insgesamt lassen sich die vorgetragenen Überlegungen
wie folgt zusammenfassen: Je homogener die Kultur bzw. die

---

(1) Vgl. Williamson (1991), S. 34.

(2) Vgl. Michaelis (1985), S. 122ff.

Gesellschaft eines Landes ist, desto geringer sind bei
spezifischen und von hoher allgemeiner Unsicherheit geprägten Transaktionen die Anreize zu hierarchienahen Kooperationsformen bis hin zur vertikalen Integration. Je kollek-
tivistischer hingegen eine Kultur bzw. Gesellschaft ist,
desto stärker ist die Tendenz zu hierarchienahen Formen der
Arbeitsteilung.

3.2.3 Sektoralspezifische Rahmenbedingungen
3.2.3.1 Technologische und betriebswirtschaftliche Rahmen-
bedingungen

Ein Ausgangspunkt der Überlegungen liegt hier in der
Spezifität der Produktionseinsatzfaktoren, die im Rahmen
der ökonomischen Transaktionskostentheorie als zentrale
Einflußgröße betrachtet wird. Spezifische Faktoren können
dabei sowohl im Produktionsstandort als auch in Anlagen
oder Humankapital bestehen. Als eine weitere Kategorie werden außerdem noch spezifische Erweiterungsinvestitionen in
ursprünglich unspezifische Faktoren genannt[1].
Das Basisargument der Transaktionskostentheorie besteht in diesem Zusammenhang darin, daß vertikale produktionswirtschaftliche Integration oder enge zwischenbetriebliche Kooperationen um so vorteilhafter werden, je spezifischer die der Produktion zugrundeliegenden Einsatzfakto-
ren[2] und je schwerer die Leistungsbeiträge der Vor- und
Zwischenprodukte zu messen sind[3]. Es bleibt zu klären,
welche Determinanten für das Ausmaß an Faktorspezifität und

---

[1] Vgl. Williamson (1984), S. 214f.

[2] Vgl. Williamson (1985), S. 78f.; siehe auch Rasch
(1968), S. 40.

[3] Vgl. Barzel (1982), S. 41 sowie inhaltlich ähnlich Al-
chian/Demsetz (1972).

die Meßprobleme der Leistungsbeiträge letztlich ausschlaggebend sind.

Ein von Williamson angeführter Faktor ist die Schnel-
ligkeit des technischen Fortschritts im zu betrachtenden
produktionswirtschaftlichen System[1]. Es wird argumentiert, daß der Einsatz spezifischer Faktoren relativ um so
vorteilhafter wird, je höher die technologische Unsicherheit ist, von der die Unternehmen umgeben sind[2]. Diese
Überlegung ist insofern plausibel, als eine hohe Technologieintensität auch immer mit hochspezifischem Know-how in
Verbindung zu bringen ist[3]. Die Technologieintensität ist
allerdings weniger ein produkt- als vielmehr ein prozeßspezifisches Phänomen. In Einzelfallbetrachtungen ist daher
zu prüfen, wie dynamisch die Entwicklung der Prozeßtechnologie auf den einzelnen für die Herstellung eines Produktes
erforderlichen Produktionsstufen ist. Je höher diese
Dynamik, mit desto engeren vertikalen Kooperationsformen
ist zu rechnen[4].

---

[1] Vgl. z.B. Williamson (1991), S. 35.

[2] Bei einer empirischen Untersuchung in der Automobilindustrie konnte allerdings kein signifikanter Zusammenhang festgestellt werden; vgl. Walker/Weber (1984), S.
386; die Autoren weisen aber selbst darauf hin, daß ihr
Untersuchungssample zu klein ist, um von einer überzeu-
genden Falsifizierung der Hypothese sprechen zu können.
Das Argument ist ferner auch theoretisch nicht unum-
stritten. So wird von anderer Seite argumentiert, ein
hohes Ausmaß an technologischen Diskontinuitäten führe
zu hohen Hierarchiekosten, die eine Verringerung der
vertikalen Fertigungstiefe begünstigten; vgl. Siebert
(1989), S. 108ff.

[3] Gleichgerichtete Überlegungen aus betriebswirtschafts-
theoretischer Sicht unter dem Vorzeichen der Produktqualität führen zu ähnlichen Schlußfolgerungen; vgl. Männel
(1981), S. 49ff.

[4] Picot spricht diesen Faktor indirekt unter der Bezeichnung "strategische Bedeutung" (der Zulieferlei-
stung) an; vgl. Picot (1991), S. 346f. sowie mit inhaltlich ähnlicher Ausssage Walker (1988), S. 66. Der Aufbau
spezifischen Wissens auf den einzelnen Produktionsstufen

Im Zusammenhang mit der Meßbarkeit der Leistungsbeiträge kann die Anzahl der vertikalen Produktionsstufen vom
Rohstoff bis zum Endprodukt als Einflußgröße in Betracht
gezogen werden. So wird die Überlegung vorgetragen, daß bei
einer steigenden Anzahl von vertikalen Produktionsstufen
die Leistungsbeiträge der Zwischenprodukte für den Käufer
immer schwieriger nachvollziehbar werden[1]. Je mehr Arbeitsschritte zur Fertigung von Vor- und Zwischenprodukten
benötigt werden, desto schlechter kann der Abnehmer beurteilen, welche Kosten mit deren Produktion tatsächlich verbunden sind und wie die Preisforderung des Zulieferers von
daher zu beurteilen ist. Dies führt zu steigenden Transaktionskosten und begünstigt enge Kooperationsformen bzw.
eine Erhöhung der Eigenfertigungstiefe der Unternehmen[2].

Ein weiterer Faktor besteht im Ausmaß der technologischen Homogenität der einzelnen produktionswirtschaftlichen
Stufen. Es kann die Überlegung angestellt werden, daß der
Einsatz spezifischer Faktoren relativ um so vorteilhafter
wird, je homogener die in den verschiedenen produktionswirtschaftlichen Stadien zur Anwendung kommende Technologie
ist. Umgekehrt wird die Entwicklung von Märkten für industrielle Vor- und Zwischenprodukte für um so wahr-

---

führt zu einem Spezialfall des in vielen Zusammenhängen
erörterten Grundproblems asymmetrischer Informations-
verteilung. Williamson argumentiert, daß simultanes
Auftreten von allgemeiner Umfeldunsicherheit, opportunistischem Verhalten und geringer Anbieter- und Nach-
fragerzahl auf dem Zuliefermarkt zu einer Situation der
"information impactedness" führt, in der vertikale
Integration gegenüber anderen Kooperationsformen vorteilhaft wird; vgl. Williamson (1975), S. 31ff.

[1] Vgl. Barzel (1982), S. 41.

[2] Dieser Zusammenhang ist allerdings nur dann von
Bedeutung, wenn die vorgelagerten Produktionsprozesse
aus Sicht des Abnehmers grundsätzlich technologisch
beherrschbar sind; andernfalls wären die Leistungsbeiträge für den letzteren von vornherein nicht meßbar.
Insofern liegt hier eine Interdependenz zu dem an
nächster Stelle genannten Faktor "technologische
Homogenität" vor.

scheinlicher gehalten, je weniger Schnittstellen zwischen
dem auf den einzelnen Produktionsstufen jeweils benötigten
technologischen Know-how bestehen[1].

Teilweise in Zusammenhang mit der technologischen Separabilität der vertikalen Produktionsstufen steht schließlich die Bedeutung der von den logistischen Aktivitäten unmittelbar beeinflußten Kostenarten an den Gesamtkosten
als produktionswirtschaftlich bestimmte Determinante der
vertikalen Arbeitsteilungsstruktur. Unter dieser Kategorie
sind vor allem die Lager- und die Transportkosten zu nennen[2]. Falls die Vor- und Zwischenprodukte nicht lager-
fähig bzw. die Lagerkosten prohibitiv hoch sind, können für
sie keine Märkte entstehen, und die Unternehmen sind aufgrund dieser Restriktion zur Eigenerstellung bzw. zur äußerst engen Kooperation mit dem Vorprodukthersteller gezwungen[3]. Die gleiche Überlegung kann analog für die
Transportfähigkeit bzw. Transportkosten der Güter angestellt werden. Umgekehrt wird die Entstehung von Märkten
für industrielle Vor- und Zwischenprodukte durch relativ
niedrige Lager- und Transportkosten wesentlich begünstigt.
Zu berücksichtigen sind dabei sowohl die direkten Kosten,

---

[1] Diese Schlußfolgerung wurde sowohl aus transaktionsko-
stentheoretischer als auch aus betriebswirtschaftlicher
Sichtweise getroffen; vgl. Mariti/Smiley (1983), S.
441f. sowie ausführlich Siebert (1989), S. 127ff einerseits, Kern (1992a), S. 58 andererseits.

[2] Vgl. zur Beeinflußbarkeit dieser Kostenarten durch die
Gestaltung der zwischenbetrieblichen Kooperation auch
Wildemann (1990).

[3] Williamson nennt als klassisches Beispiel für diesen
Zusammenhang die integrierte Eisen- und Stahlproduktion;
vgl. Williamson (1987), S. 85. Ferner stellte sich auch
bei einer empirischen Untersuchung der Zusammenarbeit
zwischen Minen und Kohlekraftwerken in den USA dieser
Faktor als bedeutsam heraus; vgl. Joskow (1985). Unter
finanzwirtschaftlichen Vorzeichen werden die Lagerkosten
schließlich auch in der betriebswirtschaftlichen Literatur als ein entscheidungsrelevanter Aspekt problemati-
siert; vgl. Männel (1981), S. 46.

die sich aus der produktionswirtschaftlichen Beschaffenheit
der Güter ergeben, als auch die kalkulatorischen Kosten als
Funktion der Höhe des in den Vor- und Zwischenprodukten ge-
bundenen Kapitals.

Zusammenfassend sind also die folgenden Zusammenhänge
in Betracht zu ziehen: Je technologieintensiver die für die
Fertigung der Güter relevanten Produktionsprozesse sind, je
größer die Anzahl der vertikalen Produktionsstufen ist, je
homogener das technologische Know-how auf den einzelnen
Produktionsstufen ist und je höher die Lager- und die
Transportkosten für die Vor- und Zwischenprodukte sind,
desto vorteilhafter ist die vertikale Integration oder eine
enge Kooperation zwischen den Vor-, Zwischen- und Endproduktherstellern gegenüber marktnahen Kooperationsformen.

3.2.3.2 Marktumfeldspezifische Rahmenbedingungen

Es bleiben Zusammenhänge zwischen den Besonderheiten
der Endproduktmärkte und den vertikalen Arbeitsteilungsstrukturen in der Produktion aufzuzeigen. Auf das absolute
Volumen der Endproduktmärkte als unmittelbare Determinante
des Volumens der Märkte für Vor- und Zwischenprodukte wurde
bereits in Abschnitt 3.2.2.1 hingewiesen. Der negative
Zusammenhang zwischen der Fertigungstiefe und der Größe der
Endproduktmärkte wird von Stigler als eine spezielle Aus-
prägung des Smithschen Arbeitsteilungstheorems interpretiert[1]. Diese Überlegung läßt sich auch aus dem Zusammenhang zwischen dem Marktvolumen und der Unternehmensgröße
begründen: Je größer das Volumen auf den Endproduktmärkten,
desto bedeutender werden Skaleneffekte in der Fertigungstechnologie, was wiederum die Mindestgröße der Unternehmen
anhebt, die die Produkte für diesen Markt fertigen. Die

---

[1] Vgl. Stigler (1951); Blois (1971), S. 265; Waldenberger
(1991), S. 60ff.

Überlegung lautet nun, daß mit zunehmender Unternehmens-
(mindest)größe die Kosten hierarchischer Organisation über-
proportional steigen. Dies verstärkt die Anreize, zur
Unterbindung dieses Effekts die Fertigungstiefe zu
verringern[1].

Eine weitere Einflußgröße ist in der Stärke der Nachfrageschwankungen auf den Endproduktmärkten zu sehen, welche sich ebenfalls auf die vorgelagerten Märkte übertragen.
Grundsätzlich gilt dabei die Überlegung, daß Kooperationen
mit hohem Externalisierungsgrad um so vorteilhafter werden,
je stärker diese Bedarfsschwankungen sind[2]. Diese Überlegung ist vor allem bei vertikaler Integration leicht nachvollziehbar: In diesem Fall führen Nachfrageschwankungen
schnell zu Kapazitätsanpassungsproblemen und Leerkosten.
Auch bei einer engen Kooperation mit den Zulieferunternehmen sind die Folgen problematisch, da in diesem Fall mit
erhöhten Transaktionskosten zu rechnen ist und auch beim
Zulieferer wiederum Leerkosten entstehen, sofern er sich
nicht Ersatzaufträge verschaffen kann.

Zusammenfassend werden also die folgenden Zusammenhänge in Betracht gezogen: Je größer das Marktvolumen der

---

[1] Vgl. Williamson (1975), S. 126ff sowie Levy (1985), S.
443, der den Zusammenhang empirisch bestätigt fand.

[2] Vgl. dazu auch Männel (1981), S. 266ff; Waldenberger
(1991), S. 63ff. Teilweise wird in der Literatur auch
die gegenteilige Ansicht vertreten: Demnach bedeuten
Nachfrageschwankungen erhöhte Umfeldunsicherheit, die
wiederum zu Marktversagen führe und von daher eine Erhöhung der Fertigungstiefe begünstige; vgl. Walker/Weber
(1984), S. 385f.; Siebert (1989), S. 78ff. Nach Auffassung des Verfassers dürften solche Transaktions-
kostenvorteile vertikaler Integration aber durch erhöhte
Produktionskosten oft überkompensiert werden, so daß er
sich dieser Auffassung nicht anzuschließen vermag. Ausnahmen mögen in solchen Fällen bestehen, wo die Bezugssicherheit der Vor- und Zwischenprodukte ein wesentliches Problem darstellt. Unter diesen Umständen liegt
es nahe, den Grundbedarf durch Eigenfertigung zu decken
und nur beim Spitzenbedarf zum Fremdbezug überzugehen;
vgl. auch Männel (1981), S. 64; Waldenberger (1991), S.
66.

Endproduktmärkte ist und je stärker die Nachfrageschwankungen auf diesen Märkten sind, desto größer werden für den
Endhersteller die Anreize zu einer Verringerung der Fertigungstiefe bzw. zu stark externalisierten Kooperationsformen.

3.3 Ausprägungstypen vertikaler Arbeitsteilungsstrukturen im produktionswirtschaftlichen System

3.3.1 Einleitende Bemerkungen

Im vorigen Abschnitt wurden zahlreiche Umfeldfaktoren
erörtert, die für die Gestaltung vertikaler Arbeitsteilungsstrukturen als maßgeblich betrachtet werden können.
Um zu verifizierbaren Kausalaussagen zu kommen, bleibt
ergänzend zu klären, welche Ausprägungsformen der vertikalen Arbeitsteilung unterscheidbar und für die nachfolgende
Analyse relevant sind.

Die betriebswirtschaftliche Literatur konzentriert
sich fast ausschließlich auf die Analyse der beiden Alternativen Eigenfertigung und Fremdbezug[1]. Auch die ökonomische Transaktionskostentheorie hatte ihren Ausgangspunkt
in der Unterscheidung zwischen nur zwei Koordinationstypen:
Coase wandte in seiner bereits genannten grundlegenden Abhandlung das ökonomische Gleichgewichtsdenken auf die Kosten der Organisation des Produktionsprozesses an und argu-
mentierte, die Grenzen zwischen unternehmensinterner und
-externer Organisation lägen dort, wo die Grenzkosten der
beiden Koordinationsformen gleich sind[2]. Williamson hat
diesen Grundgedanken dann fast 50 Jahre später nahezu

---

[1] Vgl. z.B. Männel (1981).

[2] Vgl. Coase (1937), S. 350.

unverändert mit dem von ihm vorgetragenen Konzept der
"effizienten Grenzen" wieder aufgegriffen[1].

Die beiden genannten Ausprägungsformen der rein unternehmensexternen (marktbestimmten) und rein unternehmensinternen (hierarchischen) Koordination stellen zwei Extreme
ökonomischer Organisation dar. Die Abstraktion der Realität
auf diese beiden Pole hat sich für die Entwicklung der
ökonomischen Gleichgewichtstheorie als sehr hilfreich erwiesen; der in der Gegenwart zu beobachtenden Vielfalt vertikaler Arbeitsteilungsstrukturen wird diese Reduktion auf
zwei Grundformen jedoch nicht mehr gerecht.

Die Notwendigkeit zur Beschreibung von intermediären
Arbeitsteilungsformen zwischen Markt und Hierarchie ist in-
des schon vor einiger Zeit erkannt worden. Eine Reihe von
Autoren versuchte dieser Anforderung durch die Einführung
dreistufiger Modelle gerecht zu werden: Ouchi spricht von
"Clans"[2], Williamson von einer "Hybridform"[3], Imai von
"Netzwerken"[4] als Zwischenform externer und interner
Organisation.

Die Erweiterung des Bezugsrahmens von zwei auf drei
Ausprägungsformen bleibt jedoch inhaltlich unergiebig, wenn
die Analyse bei der Feststellung stehenbleibt, daß es sich
bei dem neu hinzugefügten Typus eben um eine Zwischenform
von Markt und Hierarchie handelt[5]. Um den Bezugsrahmen
auf reale Phänomene in verifizierbarer Form anwenden zu
können, ist es notwendig, diskrete und in der Wirklichkeit
nachvollziehbare Merkmale der verschiedenen vertikalen
Arbeitsteilungstypen zu benennen. Dies ist der Ausgangs-

---

(1) Vgl. Williamson (1985), S. 96ff.

(2) Vgl. Ouchi (1980), S. 137.

(3) Vgl. Williamson (1991), S. 22ff.

(4) Vgl. Imai (1992), S. 4f.

(5) Vgl. auch die Netzwerksdefinition bei Semlinger (1993),
S. 51.

punkt für die anschließende Erörterung: Durch die Beschreibung von relevanten Eigenschaften der Kooperationsstrukturen soll die Grundlage dafür geschaffen werden, eine
inhaltlich gehaltvolle Typologie vertikaler produktionswirtschaftlicher Arbeitsteilungsformen zu erstellen.

3.3.2 Merkmale zur Beschreibung und Abgrenzung von vertika- len Arbeitsteilungsstrukturen

Um die Unterschiede zwischen vertikalen Kooperationstypen beschreiben zu können, ist zunächst zu überlegen,
durch welche konkreten Merkmale sich externe (marktbestimm-
te) von internen (hierarchischen) Kooperationen unterscheiden. Zu dieser Frage sind von verschiedenen Autoren eine
Reihe von Argumenten vorgebracht worden. Nachfolgend sollen
diese Kriterien dahingehend differenziert betrachtet werden, welches Ausmaß an externer bzw. interner Kooperation
sich in den einzelnen Merkmalsausprägungen widerspiegelt.

Ein erstes Abgrenzungsmerkmal liegt in der Fristigkeit
der Zusammenarbeit zwischen den Kooperationspartnern[1],
wobei allerdings das zugrundeliegende Unterscheidungskrite-
rium streng genommen nicht in der Zeitdauer, sondern im
Kontinuitätsgrad der Kooperation besteht. In diesem Sinne
ist grundsätzlich zwischen einmaligen und auf Wiederholung
ausgerichteten vertikalen Kooperationen zu unterscheiden.
Während diskontinuierliche Austauschbeziehungen als ein
deutliches Indiz für eine stark externalisierte, dem
idealtypischen Marktaustausch nahekommende Arbeitsteilung
betrachtet werden können, bedeuten andererseits auf
Wiederholung ausgerichtete Austauschbeziehungen noch nicht,
daß die Transaktionspartner in ein hierarchisches Verhältnis eingebunden sind. Unter die Kategorie kontinuierlicher

---

[1] Vgl. z.B. Klein/Crawford/Alchian (1978), S. 261; Richter (1992), S. 65.

Kooperationsformen fallen daher nicht nur internalisierte Transaktionen, sondern auch ein breites Spektrum an Zwischenformen. Bei der Messung des Kontinuitätsgrades der Zusammenarbeit wird realiter im allgemeinen auf die o.g. Fristigkeit des Austauschverhältnisses zurückgegriffen.

Ein weiteres Kriterium zur Abgrenzung vertikaler Arbeitsteilungsformen ist die Existenz von Ein- und Austrittsbarrieren; ein Aspekt, der sowohl von Hauptvertretern der Netzwerktheorie[1] als auch der Transaktionskostentheorie[2] stark betont wird. Williamson spricht in diesem Zusammenhang von der "fundamentalen Transformation" des Austauschverhältnisses und nennt als Hauptindikator dafür spezifische Investitionen der Transaktionspartner[3]. So lange keine spezifischen Investitionen getätigt werden, ist es für beide Partner prinzipiell möglich, das Austauschverhältnis ohne größere Kosten zu beenden; mit deren Durchführung begibt sich jedoch mindestens einer der Partner in Abhängigkeit von dem anderen (Austrittsbarrieren), und es ist für Dritte nicht mehr möglich, ohne größere Kosten einen der beiden Partner zu verdrängen (Eintrittsbarrieren). Auch wenn ex ante eine Vielzahl von Transaktionspartnern zur Verfügung gestanden hat, wandelt sich die Kooperationsform ex post in ein geschlossenes bilaterales Verhältnis.

Neben der Abnehmerspezifität der Investitionen, die empirisch schwer meßbar ist, sind auch eine Reihe weiterer Indikatoren für die Existenz von Ein- und Austrittsbarrieren denkbar: Letztere können auch daran gemessen werden, ob die Vor- und Zwischenprodukte oder sogar auch das Vormaterial abnehmerspezifisch sind. Neben den eher qualitativen

---

[1] Vgl. Imai/Itami/Koike (1982), S. 139; Imai/Itami (1984), S. 287f.

[2] Vgl. Williamson (1985), S. 62.

[3] Vgl. Williamson (1979), S. 241; Williamson (1985), S. 61ff.

Spezifitätsaspekt tritt außerdem noch der quantitative Konzentrationsgrad der Transaktionen. Je höher der Anteil eines bestimmten Abnehmers am Umsatz eines Zulieferers bzw. je geringer die Zahl der Zulieferer ist, von der ein Abnehmer ein Vor- und Zwischenprodukt bezieht, desto eher kann davon ausgegangen werden, daß im bilateralen Verhältnis Ein- und Austrittsbarrieren bestehen.

Während bei Nichtexistenz von Ein- und Austrittsbarrieren sowohl kurz- als auch langfristige, jedenfalls aber marktnahe Transaktionsformen als vorherrschend zu vermuten sind, sind im umgekehrten Fall ausschließlich langfristige bilaterale Verhältnisse denkbar, wobei aber eine große Bandbreite zwischenbetrieblicher Kooperationen bis hin zur vertikalen Integration abgedeckt wird.

Ein in diesem Zusammenhang häufig diskutiertes Problem[1] ist das Phänomen der Beherrschung im bilateralen Transaktionsverhältnis: Die Errichtung von Austrittsbarrieren bedeutet, daß sich mindestens einer der Transaktionspartner in Abhängigkeit zu seinem Gegenüber begibt. In der angeblich ungenügenden Berücksichtigung der genannten Beherrschungsphänomene und der daraus entstehenden Probleme bei der Abbildung des realen Wirtschaftslebens liegt daher auch ein Hauptkritikpunkt an der ökonomischen Transaktionskostentheorie[2].

Die vorgetragene Kritik erweist sich jedoch letztlich nicht als zutreffend. Erstens läßt sich ökonomische Macht sehr wohl in effizienzorientierte Transaktionskostenmodelle endogenisieren. Klein/Crawford/Alchian haben dies mit ihrem

---

[1] Grundsätzlich ist davon auszugehen, daß der Abhängigkeitsgrad gegenüber dem Kooperationspartner sich nicht ausschließlich aus der Existenz von Ein- und Austrittsbarrieren bzw. spezifischen Investitionen ergibt, sondern über das gesamte Spektrum von externer zu interner Kooperation schrittweise zunimmt. Im Falle von Ein- und Austrittsbarrieren wird die Beherrschungsproblematik aber besonders deutlich.

[2] Vgl. hierzu z.B. Francis (1983) und Willman (1983).

62

Modell der "enteignungsfähigen Quasi-Renten" auch bereits getan[1].

Zweitens wird kein Unternehmen ex ante dazu gezwungen, sich in ein Abhängigkeitsverhältnis zu begeben. Die Durchführung spezifischer Investitionen, welche zu diesem Umstand führt, wird als ein Kalkül rational handelnder Akteure interpretiert; die Alternative "Abhängigkeit" wird gegenüber dem Zustand der Unabhängigkeit als vorteilhaft oder zumindest nicht als nachteilig betrachtet. Fraglich ist nur, wie groß der Fehler in der Voraussicht der Entscheidungsträger, wie beschränkt ihre Rationalität ist.

Drittens sind die Abhängigkeiten zwischen den Transaktionspartnern keineswegs immer unilateral; vielmehr kann der Standpunkt vertreten werden, daß in den meisten Fällen zumindest in begrenztem Grad bilaterale Abhängigkeiten entstehen[2]. Der Abnehmer eines Zulieferers, der spezifische Investitionen für ersteren tätigt, richtet sich auch seinerseits auf enge Geschäftsbeziehungen mit diesem Zulieferer ein; bei einem Wechsel des Zulieferers ist zumindest vorübergehend mit einem signifikanten Ansteigen der Beschaffungskosten zu rechnen, da andere potentielle Zulieferer die abnehmerspezifischen Investitionen in diesem Falle erneut tätigen müßten, um die Spezialisierungsgewinne bei den Produktionskosten ein weiteres Mal zu realisieren. Die Abhängigkeit ist also zumindest teilweise ein bilaterales Phänomen; die Beherrschungsproblematik wird allerdings um so bedeutender, je stärker sich die beiderseitigen Abhängigkeiten im Ungleichgewicht befinden. Das Verhältnis der Abhängigkeitsgrade zueinander kann dabei als Ergebnis der die Unternehmen umgebenden ökonomischen Rahmenbedingungen interpretiert werden. Die Beidseitigkeit der Austrittsbarrieren ist eine Voraussetzung für die Stabilität der

---

(1) Vgl. Klein/Crawford/Alchian (1978).

(2) Vgl. auch Williamson (1985), S. 62 und speziell zu den Kooperationsformen in Japan Ernst (1989), S. 15.

Kooperation: Wenn ein Partner sich in signifikante Abhängigkeit von dem anderem begibt, letzterer aber seinerseits Alternativen zur Verfügung hat, ist das Austauschverhältnis aus seiner Sicht stets aufkündbar und damit insta-
bil.

Ein drittes Kriterium zur Abgrenzung von vertikalen
Kooperationsformen ist die Form der Informationsübermittlung und der Entscheidungsfindung zwischen den Akteuren[1];
beide Funktionen stehen hier in engem Zusammenhang zueinander. Bei Markttransaktionen werden idealtypisch alle relevanten Informationen durch den Preis übermittelt; darüber
hinausgehende formalisierte Prozesse der Entscheidungsfindung sind nicht erforderlich. Demgegenüber entsteht bei
durch Ein- und Austrittsbarrieren gekennzeichneten Kooperationsformen eine Situation, die dem bilateralen Monopol äh-
nelt; die relevanten Informationen werden aus der jeweils
eigenen Sicht nutzenmaximierend übermittelt und die Konditionen der Austauschbeziehungen in Verhandlungen festgelegt. Im Falle vertikaler Integration und hierarchienaher
bilateraler Arbeitsteilungsformen ändert sich der Charakter
der Informationsflüsse und Entscheidungsmechanismen nochmals, und zwar diesmal grundlegender: Die Entscheidungen
über das Transaktionsverhältnis werden weitgehend von nur
noch einer Instanz zentral bestimmt.

Als ein Indikator für den Entscheidungsfindungsmodus
im Kooperationsverhältnis kann die Form des Eigentums bzw.
der Verfügungsrechte an den transaktionsrelevanten Produktionsmitteln in Betracht gezogen werden[2]. Letztere sind
im Falle marktnaher, aber grundsätzlich auch noch bei durch
Ein- und Austrittsbarrieren bestimmten Kooperationsformen
klar auf die beiden Akteure verteilt. Bei vertikaler Inte-

---

[1] Vgl. Ouchi (1980), S. 137; Imai/Itami/Koike (1982), S.
62; Picot (1982), S. 273; Imai/Itami (1984), S. 287f.

[2] Vgl. Picot (1982), S. 273; Grossman/Hart (1986), S.
716.

gration sowie sehr stark internalisierten Formen der Zusammenarbeit sind sie hingegen verschmolzen, d.h. liegen in
den Händen nur noch eines Akteurs. Picot nennt daneben noch
den Aspekt der Zurechnung des transaktionsspezifischen Er-
folgs[1], der ebenfalls als Ausdruck des Entscheidungsfindungsmodus betrachtet werden kann: Bei marktnahen, aber
auch bei durch bilaterale Entscheidungsfindung bestimmten
Arbeitsteilungen wird dieser auf die beiden Akteure verteilt, während bei zentraler, hierarchischer Koordination
keine getrennte Zurechnung mehr erfolgt. Hierarchienahe
Arbeitsteilungsstrukturen mit weitgehend unilateraler
Entscheidungsfindung und verschmolzener Eigentums- und
Erfolgszurechnung sind realiter daran zu erkennen, daß sich
ein Unternehmen bei seinen Geschäftspartnern mit personellen, finanziellen und technologischen Ressourcen kontinuierlich engagiert.

Als ein viertes, bislang in der Fachliteratur noch
nicht erörtertes Kriterium zur Abgrenzung von Arbeitsteilungsstrukturen ist die Repräsentationform der Kooperati-
onsart gegenüber Dritten zu nennen. Nicht nur bei marktnahen, sondern auch bei durch Ein- und Austrittsbarrieren,
gepoolte Entscheidungskompetenzen und verschmolzene Verfügungsrechte gekennzeichneten Kooperationsformen treten die
Transaktionspartner grundsätzlich gegenüber Dritten als
selbständige Akteure auf. Demgegenüber bedeutet die geschlossene Repräsentation nach außen als nur noch eine unternehmerische Einheit de facto den Übergang zu vollständig
internalisierter und hierarchiebestimmter Arbeitsteilung.
Dieses Kriterium kann schon beim Verhältnis zwischen einer
Muttergesellschaft und einer rechtlich selbständigen, aber
durch Mehrheitsbeteiligung oder Beherrschungsvertrag kontrollierten Tochtergesellschaft als erfüllt betrachtet werden; die rechtliche Verschmelzung zu nur noch einem Unternehmen ist hierzu nicht erforderlich. In diesem Zusam-

---

[1] Vgl. Picot (1982), S. 273.

menhang relevante Drittparteien sind vor allem die Beschäftigten der Unternehmen und der Staat: Es sind Fälle zu beobachten, wo trotz weitgehend hierarchischer Kooperation
die Entlohnungssysteme der beiden unternehmerischen Einheiten getrennt geführt werden und die Unternehmen auch gegenüber staatlichen Stellen nicht als Konzern auftreten.

Die vier genannten Kriterien stehen in einer erkennbaren Reihenfolge und kennzeichnen signifikante Merkmalsübergänge im Spektrum zwischen externer und interner Arbeitsteilung. Daneben ist noch die Intensität der Transaktionen
zwischen den Unternehmen als fünfter Aspekt zu nennen. Dieser Parameter zeigt keine diskreten Merkmalsübergänge und
läßt sich daher in die obige Skala nicht sinnvoll einrei-
hen. Vielmehr kann gesagt werden, daß die Intensität der
zwischenbetrieblichen Kooperation auf der gesamten Bandbreite zwischen Markt und Hierarchie stetig zunimmt[1]. Sie
äußert sich auf zwei Ebenen: einerseits in dem Ausarbei-
tungs- und Abstimmungsgrad der zwischenbetrieblichen Vereinbarung, andererseits in dem Intensitätsgrad der realen
Gütertransaktionen.

Dazu muß gesagt werden, daß der Ausarbeitungsgrad der
zwischenbetrieblichen Vereinbarung einen Doppelcharakter
hat: Er ist einerseits Ausdruck des rechtlichen Absiche-
rungsbedürfnisses der Parteien gegeneinander, andererseits
aber auch - wie oben angeführt - ein Indikator der Intensität der Kooperation. Hinsichtlich der rechtlichen Absiche-
rungsfunktion können drei Stufen unterschieden werden:
Vollständige, unvollständige und relationale Vereinbarungen[2]. Während bei als marktnah einzustufenden Arbeitsteilungsformen alle wesentlichen Konditionen ex ante festgelegt werden (vollständige Verträge), ist bei durch Ein- und

[1] Vgl. zum Kausalzusammenhang zwischen der Enge der
zwischenbetrieblichen Kooperation und der Intensität der
Lieferbeziehungen auch Kern (1989), S. 289ff.

[2] Vgl. hierzu auch ausführlich Macneil (1978).

Austrittsbarrieren geprägten engeren Kooperationsformen mit
der Einbeziehung von Anpassungsklauseln zu rechnen (unvollständige Verträge). Bei hierarchienahen Kooperationsformen
kann schließlich sowohl auf eine förmliche ex-ante-Vereinbarung als auch auf institutionalisierte Anpassungen im
Zeitablauf ganz verzichtet werden. Da nur noch eine Instanz
maßgeblich für den Fortgang der Transaktionen ist, können
diese jederzeit informell abgeändert und der transaktions-
bedingte Erfolg ex post verteilt werden (relationales Austauschverhältnis). Unter dem rechtlichen Absicherungs-
aspekt nimmt also der Ausarbeitungsgrad der Vereinbarung
mit zunehmender Hierarchienähe ab. Sofern hingegen die
Informations- und Koordinationsfunktion betrachtet wird,
ist die Tendenz genau umgekehrt. Je stärker internalisiert
die Kooperationsform ist, desto größer ist der Koordina-
tions- und Informationsbedarf, so daß mit einem steigenden
Detaillierungsgrad der zwischenbetrieblichen Vereinbarung
zu rechnen ist. Als Gradmesser für die Koordinationsinten-
sität kann die Häufigkeit des Informationsaustauschs oder
auch der Grad der zwischenbetrieblichen Vernetzung betrachtet werden.

Bei den realwirtschaftlichen Transaktionen liegen die
Dinge einfacher: Je enger die Zusammenarbeit, desto höher
wird ceteris paribus auch deren Intensität sein. Ein einfacher Indikator hierfür ist die Häufigkeit der Anlieferung
von Vor- und Zwischenprodukten.

3.3.3 Typologie vertikaler Arbeitsteilungsstrukturen im Spektrum zwischen externer und interner Kooperation

Ausgehend von der Überlegung, daß bei einer Kategorisierung nach den o.g. Abgrenzungsmerkmalen diskrete Übergänge zwischen verschiedenen Kategorien vertikaler Arbeitsteilungsstrukturen erkennbar sind, soll nachfolgend eine
geordnete Reihenfolge der Kooperationstypen im Spektrum

zwischen externer und interner Arbeitsteilung aufgestellt
werden. Im einzelnen sind die folgenden Typen voneinander
zu unterscheiden (siehe hierzu auch Tabelle 1):

1.) externe Kooperation: Diese Kategorie umfaßt idealtypischen Markttransaktionen angenäherte Austauschbeziehungen
kurzfristiger Art ohne Ein- und Austrittsbarrieren, bei
denen der Informationsaustausch zwischen den Akteuren über
den Preis vollzogen wird.

2.) offen-bilaterale Kooperation: Gegenüber der rein externen Kooperation grenzt sich dieser Typ durch die Lang-
fristigkeit der Austauschbeziehungen ab, wobei aber noch
keine signifikanten Ein- und Austrittsbarrieren durch spezifische Investitionen errichtet werden. Die Transaktionspartner vereinbaren formell oder informell, Transaktionen
über einen längeren Zeitraum hinweg wiederkehrend vorzuneh-
men, um die bei externer Kooperation anfallenden Such- oder
Anbahnungskosten einzusparen[1]; das Austauschverhältnis
bleibt jedoch offen, die Vereinbarungen haben die Form
vollständiger Verträge, und der Informationsaustausch geschieht weiterhin im wesentlichen über den Preis.

3.) geschlossen-bilaterale Kooperation: Durch eine erhöhte
Spezifität des Austauschverhältnisses entstehen im Gegensatz zu den vorgenannten Kategorien Ein- und Austrittsbarrieren im bilateralen Verhältnis. Der Informations- und
Entscheidungsfindungsprozeß ist daher nicht mehr marktge-
steuert, sondern geht auf der Basis bilateraler Verhandlungen vonstatten. Die Vereinbarungen sind mit Anpassungsklauseln versehen und haben daher die Form unvollständiger Verträge. Die Eigentums- und Verfügungsrechte an den transaktionsrelevanten Produktionsmitteln bleiben getrennt.

---

[1] Vgl. zur Kategorisierung der Transaktionskosten in An-
bahnungs-, Vereinbarungs-, Kontroll- und Anpassungsko-
sten Picot (1982), S. 270.

Tabelle 1: Zuordnung von Abgrenzungsmerkmalen und Grundtypen vertikaler Arbeitsteilungen

Grundtypen Merkmals- ausprä- gungen	externe	offen- bila- terale	geschlos- sen-bila- terale	verbun- dene	interne
Konti- nuitäts- grad	gering	ex ante gering; ex post hoch	hoch	hoch	hoch
Ein-/Aus- tritts- barrieren	nein	nein	ja	ja	ja
Form der Entschei- dungsfin- dung	markt- orien- tiert	markt- orien- tiert	dezen- tral	zentral	zentral
Repräsen- tation nach außen	ge- trennt	ge- trennt	ge- trennt	ge- trennt	ver- eint

Quelle: eigene Darstellung

4.) verbundene Kooperation: Im Vergleich zur geschlossen-bilateralen Kooperation werden die Form der Informationsflüsse und der Entscheidungsfindung nicht mehr durch bilaterale Verhandlungen, sondern auf der Basis der unilateralen Willensbildung nur noch eines Akteurs bestimmt. Die Verfügungsrechte an den transaktionsrelevanten Produktionsmitteln sind verschmolzen. Das Kooperationsverhältnis ist hierarchisch geprägt, die beiden Partner treten nach außen hin aber nicht als geschlossene Einheit auf.

5.) interne Kooperation: Unter diese Kategorie fallen schließlich Arbeitsteilungsformen, deren verbundener Cha-

rakter auch gegenüber Dritten offengelegt wird. Die vertikale Integration wird nicht nur im Innen-, sondern auch
im Außenverhältnis vollzogen.

Die Intensität der zwischenbetrieblichen Transaktionen
nimmt dabei - wie bereits ausgeführt - sowohl auf disposi-
tiver als auch auf realwirtschaftlicher Ebene mit wachsen-
dem Internalisierungsgrad der Arbeitsteilung stetig zu. Außerdem kann grundsätzlich gesagt werden, daß mit zunehmender Hierarchienähe der Arbeitsteilungsstruktur die versun-
kenen Kosten relativ betrachtet stetig zunehmen, die
laufenden Kosten hingegen rückläufig sind. Dies gilt sowohl
für die Produktions- als auch für die Transaktionskosten[1]. Der Verfasser stimmt mit Okamuro überein, daß
die von Williamson vorgetragene Behauptung eines Tradeoffs
zwischen Produktions- und Transaktionskosten bei evolu-
tionärer Betrachtung der Austauschbeziehung keinen Sinn
macht[2]. Die Transaktions- und Produktionskosten entwickeln sich vielmehr bei einer Änderung des Internalisie-
rungsgrades der Arbeitsteilung unter dem Aspekt ihrer
Beeinflußbarkeit gleichgerichtet.

Mit der obigen Typologisierung ist ein wesentlicher
Differenzierungsfortschritt gegenüber den zuvor genannten
zwei- oder dreistufigen Modellen erreicht. Dabei ist nicht
zu übersehen, daß die Übergänge zwischen den einzelnen
Kategorien fließend sind; die Vielschichtigkeit der verti-
kalen Arbeitsteilungsstrukturen legt es nahe, auf eine
Kategorisierung ganz zu verzichten und die zahlreichen
Übergangsformen zwischen externer und interner Kooperation

---

[1] Vgl. ausführlich Okamuro (1992), S. 45ff und zur
    Abgrenzung von laufenden und versunkenen Kosten Wege-
    henkel (1981), S. 20ff.

[2] Vgl. Okamuro (1992), S. 48.

auf einer kontinuierlichen Skala abzubilden[1]. In diesem
Fall könnten aber keine eindeutigen Aussagen mehr darüber
getroffen werden, welche der zuvor erörterten Einflußfaktoren für welchen Teil des Spektrums von Bedeutung sind. Die
Analyse der zahlreichen realen Erscheinungsformen vertikaler Arbeitsteilung würde unübersichtlich, und überprüfbare
Hypothesen für den Geltungsbereich einzelner Kausalzusammenhänge könnten kaum mehr formuliert werden. Aus Gründen
der Klarheit und Verifizierbarkeit soll daher den weiteren
Ausführungen statt eines unbestimmten Kontinuums das o.g.
fünfstufige Modell mit diskreten Übergängen zwischen den
Merkmalsausprägungen zugrundegelegt werden. Im folgenden
Schritt sind die Zusammenhänge zwischen den zuvor erörterten Einflußfaktoren und den einzelnen Typen vertikaler Arbeitsteilungsstrukturen aufzuzeigen.

**3.4 Zusammenhänge zwischen Umfeldfaktoren und Kooperations-
typen: Ein Erklärungsmodell vertikaler Arbeitsteilungsstrukturen**

**3.4.1 Kausalverknüpfung der Einflußfaktoren mit den Ausprä-
gungsformen**

Es wird angenommen, daß die Einflußfaktoren der vertikalen Arbeitsteilung auf diskrete Übergänge im Spektrum
zwischen externer und interner Kooperation wie folgt ein-
wirken:
Bei den regionalspezifischen Einflußfaktoren sind
zunächst die ökonomischen Rahmenbedingungen zu betrachten.
Sowohl die Struktur des Arbeitsmarktes als auch die des Kapitalmarktes nehmen Einfluß auf die Entscheidung, ob eine
verbundene Kooperation auch als solche gegenüber den Ar-
beitnehmern, d.h. nach außen hin, repräsentiert wird. Der

---

[1] Vgl. z.B. die Darstellung als Kontinuum bei Picot
(1982), S. 274.

relevante Übergang liegt also zwischen verbundenen und internen Kooperationen.

Bei den rechtlichen Rahmenbedingungen ist zu differen-
zieren: Die Bestimmungen des Vertragsrechts tangieren die
Übergänge zwischen offen-bilateraler, geschlossen-bilateraler und verbundener Kooperation, da vor hiervon vor allem
die Vereinbarungsform zwischen den Akteuren (vollstän-
dig/unvollständig/relational) betroffen ist. Wettbewerbsrechtliche Restriktionen determinieren hingegen den Übergang zwischen verbundener und interner Kooperation, da hier
erneut die Repräsentation der Arbeitsteilungsstruktur nach
außen maßgeblich ist. Gleiches gilt für steuerrechtliche
Bestimmungen und Investitionsanreize: Das Auftreten gegenüber dem Staat als verbundene bzw. nicht verbundene Unternehmen ist ausschlaggebend.

Die gesellschaftlich-kulturellen Rahmenbedingungen
schließlich nehmen primär Einfluß auf die Form der Vereinbarung und Entscheidungsfindung. Dementsprechend sind
sowohl der Homogenitätsgrad der Gesellschaft als auch die
vorherrschende Form des Sozialverhaltens bestimmend für die
Übergänge zwischen offen-bilateralen, geschlossen-bilateralen und verbundenen Kooperationen.

Bei den sektoralspezifischen Rahmenbedingungen stehen
die technologisch-betriebswirtschaftlichen Einflußfaktoren
im Vordergrund. Die Technologieintensität der Produktionsprozesse und die Anzahl der vertikalen Produktionsstufen
können als maßgebliche Faktoren für die Vereinbarungsform
und die Art der Entscheidungsfindung betrachtet werden und
sind damit relevant für die Übergänge zwischen offen-bilateraler, geschlossen-bilateraler und verbundener Kooperation. Dies kann auch für die Kriterien der technologischen
Homogenität der Produktionsstufen und die Lagerfähigkeit
bzw. die Höhe der Lagerkosten der Vor- und Zwischenprodukte
angenommen werden; bei diesen Faktoren ist zusätzlich die
Fristigkeit der Kooperation als beeinflußte Größe in
Betracht zu ziehen. Dementsprechend erstreckt sich das von

diesen Faktoren tangierte Spektrum auch noch auf den Übergang von der externen zur offen-bilateralen Kooperation.

Schließlich kann argumentiert werden, daß das Volumen
der Endproduktmärkte sowie die Stärke der Nachfrageschwankungen auf diesen Märkten maßgeblich für das gesamte Spektrum an Kooperationsformen im Innenverhältnis der Akteure
ist, da hier ein Einfluß sowohl auf die Existenz von Ein-
und Austrittsbarrieren als auch auf die Vereinbarungs- und
Entscheidungsfindungsform unterstellt wird. Die marktum-
feldspezifischen Faktoren nehmen also Einfluß auf die Übergänge zwischen externer, offen-bilateraler, geschlossen-bilateraler und verbundener Kooperation.

Damit ist der theoretische Bezugsrahmen für die nachfolgenden Untersuchungen vervollständigt (siehe auch Abbildung 9, wo allerdings aus Übersichtlichkeitsgründen auf
eine differenzierte Abbildung der von den einzelnen
Faktoren beeinflußten Übergänge verzichtet wurde). Zu den
Problembereichen und der Anwendungsweise dieses Modells
sind indes noch die folgenden Anmerkungen zu treffen:

Erstens wird mit dem vorgestellten Modell zunächst von
Interdependenzen zwischen den einzelnen Einflußfaktoren ab-
strahiert, um ein Mindestmaß an Übersichtlichkeit zu bewahren. Damit soll keinesfalls unterstellt werden, es gäbe
keine solchen Zusammenhänge; vielmehr sind diese bei der
Anwendung des Bezugsrahmens auf reale Sachverhalte im Anschluß an die Primäranalyse individuell zu überprüfen. Auf
einige als häufig anzunehmende Interdependenzen wurde in
den vorhergehenden Einzelbetrachtungen bereits hingewiesen.

Zweitens erscheint es nicht sinnvoll, den Einfluß der
einzelnen Faktoren generell zu gewichten. Die in Betracht
zu ziehenden Zusammenhänge sind zu komplex, um eine allgemeine Quantifizierung zuzulassen. Grundsätzlich soll von
einem einfach additiven Zusammenwirken der einzelnen Determinanten ausgegangen werden, wobei aber der Einfluß einzelner Faktoren bei extremen Merkmalsausprägungen den der
übrigen dominieren kann. Das Zusammenwirken der einzelnen

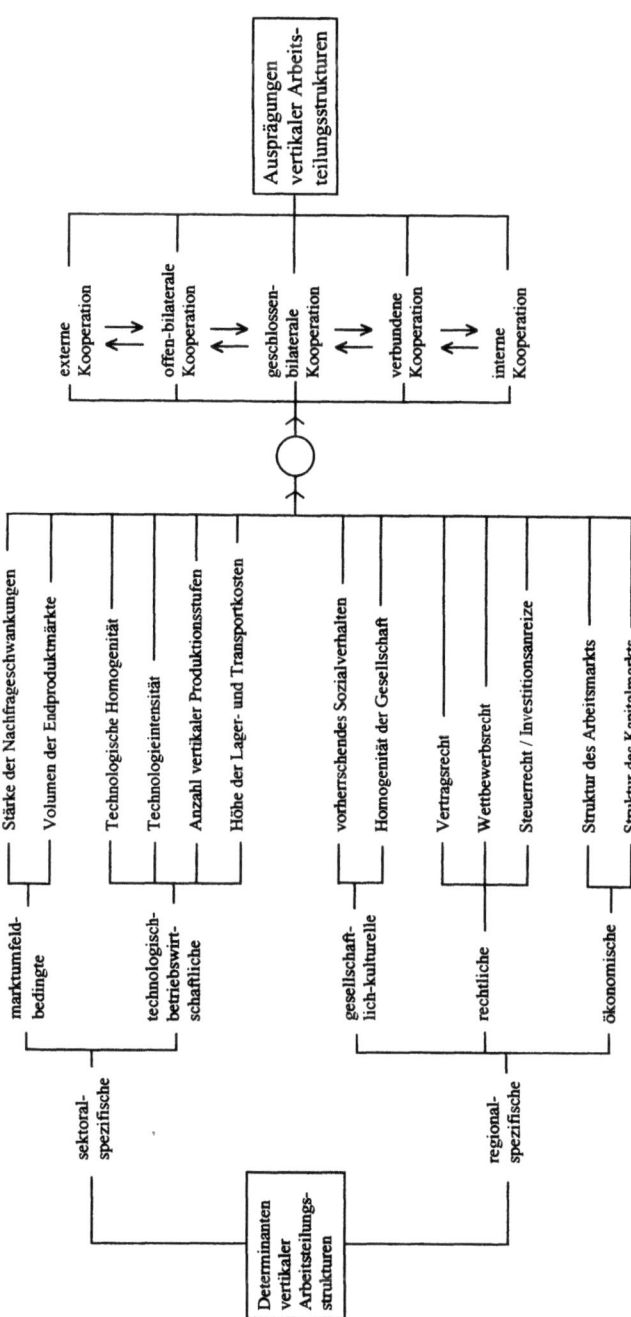

Abbildung 9: Bezugsrahmen der Untersuchung im Überblick

Quelle: eigene Darstellung

Einflußgrößen ist auch in dieser Hinsicht bei Anwendung des
Bezugsrahmens auf reale Sachverhalte fallweise zu prüfen.
Drittens ist die hypothetisierte diskrete Abfolge einzelner Merkmalsausprägungen im Spektrum zwischen externer
und interner Kooperation nicht als ein theoretisch exakt
bewiesener Sachverhalt, sondern als eine gedankliche Struktur zu verstehen, die sich aus Plausibilitätserwägungen ergibt. So ist es z.b. nicht vorstellbar, daß bei verschmol-
zenen Verfügungsrechten und unilateraler Entscheidungsfindung keine Ein- oder Austrittsbarrieren bestehen. Der
niedrige Formalisierungsgrad des Bezugsrahmens läßt es
indes ratsam erscheinen, die Validität der unterstellten
Abfolge bei empirischen Anwendungen kritisch zu überprüfen.
Viertens wird die zeitpunktbezogene Darstellung der
gegenwärtigen Kooperationsformen um eine zeitraumorien-
tierte Betrachtung der Entwicklung in den letzten Jahrzehnten ergänzt. Damit wird dem Umstand Rechnung getragen, daß
sich die relevanten Umfeldfaktoren wandeln und daher auch
die Optimierungskalküle der Akteure in den Unternehmen
Änderungen unterworfen sind[1].

3.4.2 Komprimierung zu Untersuchungshypothesen

Aus Übersichtlichkeits- und Klarheitsgründen sollen
die Ergebnisse der vorangehenden Analyse schließlich the-
senartig komprimiert werden. Zur Erklärung der Ausprägungsformen zwischenbetrieblicher Kooperationen zwischen vorwiegend kleinen und mittleren Vor- und Zwischenproduktherstel-
lern und vorwiegend großen Endproduktherstellern in der japanischen Industrie werden den nachfolgenden Betrachtungen
die folgenden Hypothesen zugrundegelegt:

---

[1] Vgl. zur Relevanz der Zeitdimension für betriebswirtschaftliche Entscheidungen ausführlich Kern (1992b).

1.) Je stärker die größenspezifische Diskriminierung auf
dem Arbeitsmarkt ist, desto größer wird der Anreiz zu
nicht-internen Kooperationen. Je stärker hingegen die
Diskriminierung auf dem Kapitalmarkt ist, desto eher sind
interne Kooperationen zu erwarten.

2.) Je schärfer die die Unternehmen umgebenden vertragsrechtlichen Restriktionen sind, in desto größerem Ausmaß
kommt es zu verbundenen gegenüber geschlossen-bilateralen
und zu geschlossen-bilateralen gegenüber offen-bilateralen
Kooperationen.

3.) Je schärfer die die Unternehmen umgebenden wettbewerbsrechtlichen Bestimmungen und je größer die größenbedingten
Steuer- und Investitionsanreize für Klein- und Mittelunternehmen sind, desto mehr kommt es zu nicht-internen gegenüber internen Kooperationen. Je stärker hingegen die
steuerrechtlichen Anreize für Großunternehmen sind, desto
mehr interne Kooperationen sind zu erwarten.

4.) Je gruppenorientierter das Sozialverhalten in einer Gesellschaft ist, desto stärker wird die Tendenz zu offen-
bilateralen gegenüber marktorientierten, zu geschlossen-
bilateralen gegenüber offen-bilateralen und zu verbundenen
gegenüber geschlossen-bilateralen Kooperationen. Je höher
hingegen der Homogenitätsgrad der Gesellschaft, desto eher
kommt es zu geschlossen-bilateralen gegenüber verbundenen
Kooperationen.

5.) Je technologieintensiver die Produktionsprozesse sind
und je mehr vertikale Produktionsstufen es gibt, desto mehr
kommt es zu verbundenen gegenüber geschlossen-bilateralen
und zu geschlossen-bilateralen gegenüber offen-bilateralen
Kooperationen.

6.) Je größer die technologische Homogenität zwischen den
vertikalen Produktionsstufen und je höher die Bedeutung der
Lager- und Transportkosten der Vor- und Zwischenprodukte
ist, desto stärker wird die Tendenz zu verbundenen gegenüber geschlossen-bilateralen, zu geschlossen-bilateralen
gegenüber offen-bilateralen und zu offen-bilateralen gegenüber externen Kooperationen.

7.) Je geringer das Marktvolumen und je geringer die Nachfrageschwankungen auf den Endproduktmärkten sind, desto
mehr kommt es zu verbundenen gegenüber geschlossen-bilateralen, zu geschlossen-bilateralen gegenüber offen-bilateralen und zu offen-bilateralen gegenüber externen Kooperationen.

3.5 Zusammenfassung

Im vorangegangenen Teil der Arbeit wurde ein Bezugsrahmen zur Analyse vertikaler Arbeitsteilungsformen in der
Produktionswirtschaft unter verschiedenen Umfeldbedingungen
ausgearbeitet. Die Analyse ging von einem allgemeinen
Reaktionsmodell aus, in dem die Unternehmen in Anpassung an
die sie umgebenden Umfelder effiziente Kooperationsformen
anstreben. Dabei wurden sowohl produktionswirtschaftliche
als auch transaktionskostentheoretische Ansätze berücksichtigt.

Bei der Analyse der Einflußfaktoren vertikaler Arbeitsteilungsstrukturen wurde vor dem Hintergrund der Ausrichtung der vorliegenden Arbeit zunächst eine Grobeinteilung in regionalspezifische Faktoren, die für Ländverver-
gleiche relevant sind, und sektoralspezifische Faktoren,
die für Branchen- und Einzelfallvergleiche relevant sind,
vorgenommen. Die regionalspezifischen Faktoren wurden in
ökonomische, rechtliche und gesellschaftlich-kulturelle
Rahmenbedingungen, die sektoralspezifischen Determinanten

in technologisch-betriebswirtschaftliche und marktumfeldbe-
dingte Rahmenbedingungen unterteilt. Die Einzelanalyse ergab ein Spektrum von insgesamt 13 Einflußfaktoren der vertikalen Arbeitsteilungsstrukturen.

Die Überlegungen zu den Ausprägungsformen vertikaler
Kooperation nahmen ihren Ausgangspunkt in den zwei- bzw.
dreistufigen Modellen der betriebswirtschaftlichen und ökonomischen Theorie, deren Differenzierungsgrad aber als ver-
besserungsbedürftig angesehen werden muß. Die Abbildung der
zahlreichen realen Erscheinungsformen als Kontinuum zwischen externer und interner Kooperation trägt dem zwar
Rechnung; ein solcher Bezugsrahmen ist aber im Falle empirischer Untersuchungen schlecht verifizierbar. Die Abstraktion auf diskret abgegrenzte Ausprägungstypen vertikaler
Kooperation wurde daher beibehalten, aber anhand der Ausprägungen von vier Abgrenzungsmerkmalen auf insgesamt fünf
Kategorien erweitert. Die Analyse führte im einzelnen zur
Unterscheidung zwischen externen, offen-bilateralen, geschlossen-bilateralen, verbundenen und internen Kooperationen.

Der Bezugsrahmen wurde dann durch die Verknüpfung der
Einflußfaktoren mit den Ausprägungstypen vertikaler Arbeitsteilungsstrukturen vervollständigt. Dabei waren jeweils die relevanten Übergänge im Spektrum zwischen externer und interner Kooperation zu benennen, für die ein
signifikanter Einfluß der einzelnen Faktoren angenommen
wird. Um ein Mindestmaß an Übersichtlichkeit zu bewahren,
wurde dabei zunächst sowohl von Interdependenzen zwischen
den Einflußfaktoren abgesehen als auch auf eine generelle
Gewichtung der Determinanten verzichtet. Die Implikationen
und Interdependenzen und Unterschieden in der relativen Bedeutung von Faktoren sind daher bei der empirischen Anwendung des Modells fallweise zu prüfen.

Schließlich wurde der Bezugsrahmen nochmals zu insgesamt sieben Hypothesen verdichtet, welche den nachfolgenden
Ausführungen zugrundeliegen. Damit ist ein Instrumentarium

sowohl für den Ländervergleich als auch für den branchenspezifischen und mikroanalytischen Vergleich vertikaler
Arbeitsteilungsstrukturen zwischen Industrieunternehmen bereitgestellt.

4 Einflußfaktoren der vertikalen Arbeitsteilung: Regionale und sektorale Umfelder der japanischen Industrie

4.1 Einleitende Bemerkungen

Der im vorigen Abschnitt ausgeführte Bezugsrahmen soll nunmehr auf das Untersuchungsobjekt der vorliegenden Arbeit, die japanischen Industrieunternehmen angewandt werden. Um Aussagen darüber treffen zu können, welche vertikalen Kooperationsformen bei Zugrundelegung dieses Bezugsrahmens in den einzelnen Sektoren und in der japanischen Industrie insgesamt zu erwarten sind, ist zu untersuchen, wie die zuvor genannten Einflußfaktoren im vorliegenden Falle ausgeprägt sind.

Zunächst sollen also in regionalspezifischer Sicht die ökonomischen, rechtlichen und gesellschaftlich-kulturellen Rahmenbedingungen in Japan im Vergleich zu anderen Industrieländern analysiert und die daraus für die vertikalen Arbeitsteilungformen in der Produktionswirtschaft entstehenden Konsequenzen aufgezeigt werden.

Anschließend sind dann in sektoralspezifischer Sicht die technologisch-betriebswirtschaftlichen und marktumfeldbedingten Determinanten zu betrachten. Die Analyse dieser Einflußfaktoren ermöglicht Vorhersagen zur Beantwortung der Frage, in welchen Teilbereichen der japanischen Industrie welche vertikalen Kooperationsformen häufig vorzufinden sein müßten und bildet damit auch die Grundlage für spätere Einzelbetrachtungen.

4.2 Länderspezifische Einflußfaktoren: Die regionalbedingten Umfelder der japanischen Industrie

4.2.1 Das ökonomische Umfeld

Zunächst stellt sich die Frage, in welchem Ausmaß auf dem japanischen Arbeitsmarkt unternehmensgrößenspezifische

Diskriminierungen bei der Entlohnung und den Arbeitszeiten
gegeben sind. Einen genauen Überblick hierzu bieten die
laufenden Monatsstatistiken des Arbeitsministeriums, innerhalb derer die Arbeitskosten der Unternehmen aller Sektoren
ab fünf Beschäftigten größenspezifisch ermittelt werden[1].
Die Zusammenfassung der Daten für das Jahr 1990 führte zu
folgenden Ergebnissen für die einzelnen Unternehmensgrößenklassen des verarbeitenden Gewerbes[2]: Bei den Unternehmen
mit 500 oder mehr Beschäftigten belief sich das durchschnittliche Bruttojahresgehalt (einschließlich Bonuszah-
lungen und sonstigen Nebenzuwendungen) auf 5.329.000 Yen
und die Jahresarbeitszeit (geleistete Stunden einschließlich Überstunden) erreichte 2124 Stunden. Die Vergleichswerte für die Unternehmen mit 100 bis 499 Beschäftigten
beliefen sich auf 4.105.000 Yen und 2098 Stunden, für die
Unternehmen mit 30 bis 99 Beschäftigten auf 3.216.000 Yen
und 2138 Stunden sowie für die Unternehmen mit fünf bis 29
Beschäftigten schließlich auf 2.941.000 Yen und 2125 Stunden. Während also bei den offiziell ausgewiesenen Arbeitszeiten[3] in jüngster Zeit keine signifikanten Unterschiede

---

[1] Vgl. Rôdôshô Seisaku Chôsabu (1991). Größenspezifische
Arbeitskostenstatistiken mit hohem gesamtwirtschaftlichen Repräsentationsgrad finden sich außerdem noch im
Rahmen des jährlichen Lohn- und Gehaltszensus des Arbeitsministeriums sowie des Industriezensus des MITI;
vgl. Rôdôshô Seisaku Chôsabu (1992); Tsûshô Sangyôshô
(1992a). Die Ergebnisse bei den größenspezifischen Arbeitskostendifferenzen weisen jedoch im Vergleich zu den
Daten der Monatsstatistiken keine wesentlichen Unterschiede auf, so daß eine zusätzliche nähere Analyse dieser Daten nicht als notwendig erscheint.

[2] Ermittelt vom Verfasser auf der Basis von Daten aus Rôdôshô Seisaku Chôsabu (1991), S. 90, S. 131.

[3] In Japan dürften die unbezahlten und unregistrierten
"Service-Überstunden" noch immer eine wesentliche Rolle
spielen, so daß die offiziellen Statistiken hinsichtlich
der Arbeitszeiten nicht unbedingt die volle Wirklichkeit
widerspiegeln. Es gibt deutliche Hinweise darauf, daß
die tatsächlichen Arbeitszeiten in den einzelnen Unter-

mehr zwischen den einzelnen Größenklassen bestehen, sind
die Differenzen bei den absoluten Arbeitskosten zwischen
großen und kleinen Unternehmen eklatant. Dies gilt auch für
den aus betriebswirtschaftlicher Sicht relevanten Quotien-
ten zwischen den beiden Kennzahlen, die Arbeitskosten je
geleisteter Stunde. Eine Umrechnung dieser Kennzahl in
Prozentwerte (siehe Abbildung 10) zeigt, daß die Arbeitskosten je Stunde in der untersten Größenklasse unter 60%,
aber auch bei den mittelgroßen Unternehmen noch unter 80%
im Vergleich zu den Großunternehmen ab 500 Beschäftigten
ausmachen.

Gegen die Aussagekraft dieser Ergebnisse lassen sich
allerdings verschiedene Einwände geltend machen. Erstens
ist zu bedenken, daß in der obigen summarischen Betrachtungsweise der möglicherweise unterschiedliche Qualifika-
tionsgrad der Beschäftigten in den einzelnen Größenklassen
unberücksichtigt bleibt. Nach den Berechungen von
Ernst/Laumer, die auf dem Lohn- und Gehaltszensus des
Arbeitsministeriums beruhen, verringern sich die größenspezifischen Differenzen jedoch auch bei Standardisierung
des Bildungsstandes nur geringfügig, während eine Anglei-
chung der Verweildauer im Unternehmen (Seniorität) die
Abstände bei den Arbeitskosten deutlich geringer werden
läßt[1].

In diesem starken Einfluß der Senioritätskomponente
kommt vor allem zum Ausdruck, daß die Löhne und Gehälter
mit zunehmender Seniorität in Japan stark ansteigen,
gleichzeitig aber die durchschnittliche Verweildauer parallel zu der Unternehmensgröße stark zunimmt[2]. Das Prinzip

---

nehmensgrößenklassen weiterhin deutlich auseinander-
liegen; vgl. o.V. (1992a); o.V. (1992c).

[1] Vgl. Ernst/Laumer (1989), S. 31.

[2] Nach der jüngsten Erhebung betrug die durchschnittliche
Verweildauer bei den Unternehmen mit 1000 oder mehr Beschäftigten 15,1 Jahre, bei den Unternehmen mit 100 bis
999 Beschäftigten 11,5 Jahre, bei den Unternehmen mit

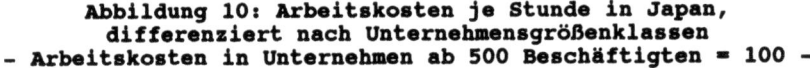

Abbildung 10: Arbeitskosten je Stunde in Japan, differenziert nach Unternehmensgrößenklassen
- Arbeitskosten in Unternehmen ab 500 Beschäftigten = 100 -

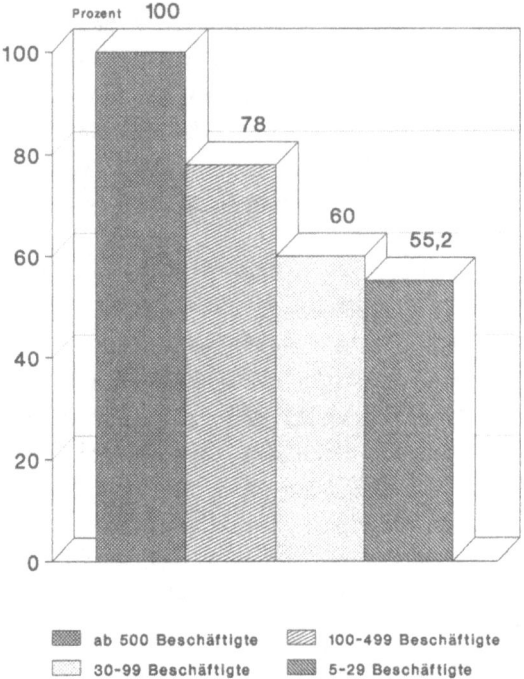

Quelle: eigene Berechnungen nach Daten aus Rôdôshô Seisaku Chôsabu (1992)

der lebenslangen Beschäftigung mit weitgehender Arbeitsplatzsicherheit ist in den Großunternehmen weit stärker
verbreitet als in den kleinen und mittleren Unternehmen;
dies sagt aber noch nichts über die Qualifikation der Beschäftigten aus.

Zweitens ließe sich anführen, daß unternehmensgrößenspezifische Unterschiede bei den Arbeitskosten kein japan-
spezifisches, sondern ein generelles Phänomen sind. In der

10-99 Beschäftigten 10,2 Jahre; vgl. Rôdôshô Seisaku
Chôsabu (1992), statistischer Teil, S. 28f.

Tat belegen die Ergebnisse der bundesdeutschen Arbeitsko-
stenerhebung für das Jahr 1988, daß auch hier erhebliche
Unterschiede zwischen den Unternehmensgrößenklassen bestehen[1]: Im produzierenden Gewerbe betrugen die Arbeitskosten je Beschäftigtem bei den Unternehmen mit zehn bis 49
Beschäftigten 68%, mit 50-99 Beschäftigen 73%, mit 100-199
Beschäftigten 75%, mit 200-499 Beschäftigten 80% und mit
500-999 Beschäftigten 83% des Kostensatzes in den Großunternehmen ab 1000 Beschäftigten. Insgesamt sind damit die
größenspezifischen Differenzen in Deutschland doch noch
wesentlich geringer als in Japan. In die gleiche Richtung
weist eine allerdings nicht mehr ganz aktuelle Untersuchung
der OECD, wonach zumindest in den europäischen Industrieländern die Größendiskriminierung weit weniger stark ausgeprägt ist als in Japan[2].

Für die ausgeprägten unternehmensgrößenspezifischen
Differenzen bei den Arbeitskosten lassen sich eine Reihe
von Strukturbesonderheiten des japanischen Arbeitsmarktes
wie das System der Betriebsgewerkschaften, der hohe Anteil
der Randbelegschaft in den kleinen und mittleren Unternehmen sowie eben das starke Gewicht der Senioritätskomponente
in der Entlohnung ausmachen[3]. Im Rahmen dieser Untersuchung besteht aber keine Notwendigkeit, der relativen
Bedeutung dieser Einzelfaktoren nachzugehen; allein der
Tatbestand starker Unterschiede in der Entlohnung zwischen
den Unternehmensgrößenklassen ist unmittelbar relevant[4].

---

[1] Vgl. Kaukewitsch (1990), S. 474.

[2] In den Vergleich wurden neben den USA und Japan sieben
europäische Industrieländer einbezogen, bei denen die
größenspezifischen Differenzen mit Ausnahme Luxemburgs
deutlich schwächer ausgeprägt waren als in Japan; vgl.
OECD (1985), S. 78.

[3] Vgl. Ernst/Laumer (1989), S. 30ff.

[4] Vgl. ausführlich zum größenbezogenen Dualismus des japanischen Arbeitsmarktes Ernst (1986), S. 11ff; 114ff
sowie zur langfristigen Entwicklung Odaka (1984).

Insgesamt kann festgehalten werden, daß die Struktur des japanischen Arbeitsmarktes aus betriebswirtschaftlicher Sicht starke Anreize zur Verringerung der unternehmensinternen Fertigungstiefe im produktionswirtschaftlichen Bereich setzt, um durch die Bildung kleinerer Unternehmenseinheiten zu niedrigeren Arbeitskosten zu gelangen. Diese Anreize sind in Japan deutlich stärker ausgeprägt als in europäischen Industrieländern[1].

Es bleibt das Ausmaß der Diskriminierung von Klein- gegenüber Großunternehmen auf dem japanischen Kapitalmarkt zu untersuchen. Kleine und mittlere Unternehmen sind im Finanzierungsbereich generell gegenüber Großunternehmen benachteiligt, da ihnen der Zugang zum freien Kapitalmarkt im allgemeinen nicht möglich, die Emission von Aktien und Obligationen als Finanzierungsalternative verwehrt ist. Sie sind in weit höherem Maße als Großunternehmen auf die Eigenkapitalbildung aus Gewinnen, vor allem aber auf die Aufnahme von Fremdmitteln über Finanzierungsinstitute angewiesen. Damit rückt die Frage in den Mittelpunkt, ob und in welchem Ausmaß in Japan bei der Mittelvergabe an Unternehmen durch Kreditinstitute Größendiskriminierungen existieren.

In den Nachkriegsjahrzehnten wurden die Klein- und Mittelunternehmen gegenüber den Großunternehmen bei der Finanzierung durch die Kreditinstitute sowohl quantitativ als auch qualitativ, d.h. bei der Fristigkeit der Mittelvergabe und der Höhe der Kreditzinsen, eklatant benachteiligt[2]. Dieses Phänomen läßt sich u.a. mit horizontalen Verflechtungen in der japanischen Wirtschaft erklären: Die

---

[1] Die größenspezifischen Unterschiede sind im übrigen nicht nur bei den Arbeitskosten, sondern auch bei den Arbeitsbedingungen auszumachen. So ist die Anzahl der Betriebsunfälle bei kleinen und mittleren Unternehmen verglichen mit den Großunternehmen um ein Vielfaches höher; vgl. Ernst (1986), S. 17.

[2] Vgl. hierzu Matsuoka (1968), S. 272ff.

meisten Großbanken sind im Rahmen von Unternehmensgruppen
(*keiretsu*) mit bestimmten großen Industrieunternehmen eng
verbunden und räumen diesen bei ihrer Kreditvergabe gegenüber anderen Unternehmen hohe Priorität ein. In Reaktion
auf die daraus resultierenden Finanzierungsengpässe für
kleine und mittlere Unternehmen wurden von staatlicher
Seite besondere Kreditinstitute gegründet, die sich ausschließlich auf die Mittelvergabe an Klein- und Mittelunternehmen konzentrierten: Das *Shôkô Chûkin* [Zentralfonds
der Handels- und Industrieverbände], das *Chûshô Kigyô
Kin'yû Kinko* [Finanzierungsfonds für Mittel- und Kleinun-
ternehmen] und das *Kokumin Kin'yû Kôko* [Öffentlicher
Volksfinanzierungsfonds]. Diese Institute waren neben den
von den *keiretsu* unabhängigen kleineren Privatbanken sowie
den Spar- und Darlehenskassen jahrzehntelang die Hauptkre-
ditgeber der Klein- und Mittelunternehmen.

In den letzten Jahrzehnten änderte sich diese Situation jedoch deutlich; insbesondere steigerten die Großbanken den Anteil ihrer Ausleihungen an die kleinen und mittleren Unternehmen mit weit überproportionalen Zuwächsen[1].
Übereinstimmend mit diesen Beobachtungen belegen die Ergebnisse des jüngsten MITI-Basisberichts (siehe hierzu Abbildung 11), daß die staatlichen Institute sowie die Spar- und
Darlehenskassen in jüngerer Zeit nur noch bei der Mittelvergabe an Kleinstunternehmen mit bis zu zehn Beschäftigten
im Vordergrund stehen. Demgegenüber entfällt inzwischen
auch in den unteren und mittleren Unternehmensgrößenklassen
der größte Anteil der Fremdmittel auf die Geschäftsbanken.

---

[1] Vgl. hierzu Shôkô Chûkin (1991), S. 43, wonach die
Großbanken ihre Kreditvergaben an Klein- und Mittelunternehmen in den achtziger Jahren fast durchgängig mit
zweistelligen Jahreszuwachsraten steigerten, während die
entsprechenden Steigerungsraten gegenüber den Großunternehmen weit geringer waren. Siehe zur langfristigen Entwicklung auch Ueda (1988); Chûshô Kigyôchô (1990c), S.
13ff.

Abbildung 11: Größte Kreditgeber der japanischen Industrieunternehmen, differenziert nach Größenklassen, 1987 - Prozentanteil der Unternehmen, deren größte Kreditgeber Geschäftsbanken, Spar- und Darlehenskassen, staatliche Kreditgeber (staatliche Kreditinstitute und Gebietskörperschaften) und sonstige Kreditgeber waren -

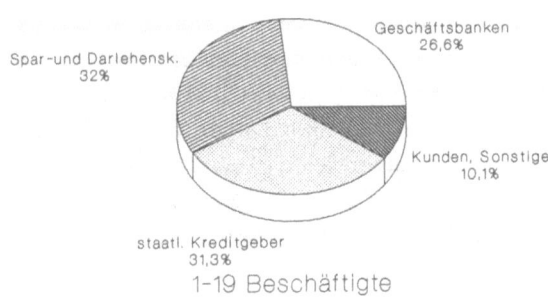

Spar-und Darlehensk.
32%

Geschäftsbanken
26,6%

Kunden, Sonstige
10,1%

staatl. Kreditgeber
31,3%

1-19 Beschäftigte

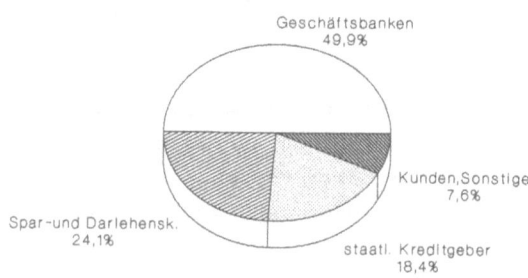

Geschäftsbanken
49,9%

Kunden,Sonstige
7,6%

Spar-und Darlehensk.
24,1%

staatl. Kreditgeber
18,4%

20-299 Beschäftigte

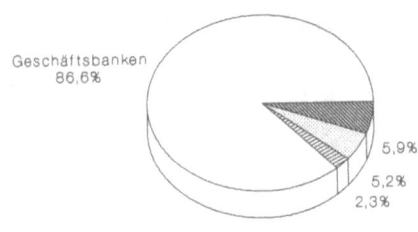

Geschäftsbanken
86,6%

5,9%

5,2%

2,3%

ab 300 Beschäftigte

Quelle: eigene Berechungen nach Daten aus Chûshô Kigyôchô (1990a)

Insgesamt gibt es starke Anzeichen dafür, daß die größenbe-
dingte Benachteiligung der Klein- und Mittelunternehmen im
Finanzierungsbereich inzwischen stark an Bedeutung verloren
hat.

Weitere Hinweise auf die Finanzierungssituation der
Unternehmen ergeben sich aus deren Jahresabschlüssen. Eine
größenspezifische summarische Bilanzanalyse der Kapitalgesellschaften[1] im verarbeitenden Gewerbe (siehe hierzu Tabelle 2) zeigt zwar einerseits, daß die Eigenkapitalquote
der Großunternehmen weit höher ist als bei den kleinen und
mittleren Unternehmen. Andererseits kann aber auch bei den
unteren Unternehmensgrößenklassen die Vermögens- und Kapi-
talstruktur insgesamt nicht als ungünstig bezeichnet werden. Das Umlaufvermögen übersteigt in allen Größenklassen
deutlich die kurzfristigen Verbindlichkeiten. Diese zumindest bei aggregierter Betrachtung entspannte Finanzlage
kann u.a. auf die aus Nachfragersicht günstige Gesamt-
situation des japanischen Kapitalmarkts in den achtziger
Jahren betrachtet werden[2].

Wird schließlich noch die Zahl der Unternehmenszusammenbrüche betrachtet, so zeigt sich, daß in der zweiten
Hälfte der achtziger Jahre ein starker Rückgang stattgefunden hat und in den Jahren 1989 und 1990 jeweils nur noch

---

[1] In Japan sind die formellen Anforderungen zur Gründung
und Unterhaltung von Kapitalgesellschaften, insbesondere
von Aktiengesellschaften weit geringer als in Deutschland und anderen Industrieländern. Daher besteht auch
ein sehr großer Teil der kleinen und mittleren Unternehmen in einer dieser Rechtsformen, und aggregierte
Daten der Kapitalgesellschaften haben im Gegensatz zu
Deutschland auch bei den unteren Größenklassen einen hohen Repräsentationsgrad; vgl. auch Rodatz (1986), S.
10ff.

[2] Vgl. hierzu auch Chūshō Kigyōchō (1990c), S. 19, wonach
sich die Finanzierungsstruktur der kleinen und mittleren
Industrieunternehmen seit der zweiten Hälfte der siebziger Jahre deutlich verbessert hat. In jüngster Zeit haben sich allerdings mit dem Zusammenbruch der Börsen-
und Immobilienspekulationen die Rahmenbedingungen wieder
deutlich verschlechtert; vgl. auch o.V. (1993a).

Tabelle 2: Bilanzstruktur der japanischen Industrieunternehmen (Kapitalgesellschaften), differenziert nach Größenklassen, 1991

Größen-klasse	bis zu 10 Mio. Yen Nominal-kapital	10 - 100 Mio. Yen Nominal-kapital	100 Mio. - 1 Mrd. Yen Nominal-Kapital	ab 1 Mrd. Yen Nominal-Kapital
Aktiva:				
Anlage-vermögen	39,8%	37,9%	39,0%	41,8%
Umlauf-vermögen	60,2%	62,1%	61,0%	58,2%
Passiva:				
Eigen-kapital	16,8%	21,1%	23,3%	37,3%
lang-fristiges Fremdkapital	32,6%	28,7%	22,4%	21,5%
kurz-fristiges Fremdkapital	50,6%	50,2%	54,3%	41,2%

Quelle: Ōkurashô (1991)

deutlich weniger als 10.000 Insolvenzen zu verzeichnen waren; im Jahr 1991 gab es allerdings wieder einen deutlichen Anstieg. Im Vergleich zu Deutschland ist die Zahl der Unternehmenszusammenbrüche unter Berücksichtigung der weit größeren Grundgesamtheit an Unternehmen als relativ niedrig einzustufen. Die Höhe der Forderungsausfälle ist allerdings aggregiert betrachtet in Japan wesentlich höher[1].

Die Analyse des japanischen Kapitalmarkts führt insgesamt zu der Feststellung, daß die systematische Benachtei-

---

[1] Vgl. zu den Insolvenzstatistiken ausführlich Chûshô Kigyô Jigyôdan (1992), S. 38f. und für die deutschen Vergleichswerte z.B. Angele (1990).

ligung kleiner und mittlerer gegenüber großen Unternehmen
im Finanzierungsbereich auch in Japan deutlich erkennbar
ist, aber in den letzten Jahrzehnten stark an Bedeutung
verloren hat. Das noch verbleibende Maß an Größendiskriminierung dürfte jedenfalls im Vergleich zu anderen Industrieländern kaum mehr als herausragend einzustufen sein,
zumal die kleinen und mittleren Unternehmen von staatlicher
Seite nicht nur über die o.g. besonderen Finanzierungsinstitute, sondern auch noch mit zahlreichen anderen Vergünstigungen im finanziellen Bereich unterstützt werden[1].
Die Anreize zur Verringerung der Kapitalkosten und
Verbesserung der finanziellen Lage durch Erhöhung der
Fertigungstiefe und Bildung großer Unternehmenseinheiten
sind aus betriebswirtschaftlicher Sicht nicht sehr stark.

Eine zusammenfassende Evaluierung der gegenläufigen
Effekte auf dem Arbeits- und dem Kapitalmarkt führt zu dem
Ergebnis, daß die Arbeitskostendifferenzen zwischen den Unternehmensgrößenklassen in Japan weit stärker ausgeprägt
sind, als dies von der Diskriminierung der kleinen und
mittleren gegenüber den Großunternehmen im finanzwirtschaftlichen Bereich gesagt werden könnte. Insgesamt werden
damit durch das ökonomische Umfeld in Japan deutliche Anreize zur Auslagerung von Fertigungsschritten aus den Unternehmen, d.h. zur Verringerung der Eigenfertigungstiefe,
gesetzt. Die Alternative der internen Kooperation durch
vertikale Integration erscheint ceteris paribus unvorteil-
haft.

4.2.2 Das rechtliche Umfeld

Wie im Bezugsrahmen der Arbeit ausgeführt, sind die
rechtlichen Rahmenbedingungen als ein weiterer maßgeblicher

---

[1] Vgl. hierzu ausführlich Ernst/Laumer (1989), S. 122ff
sowie auch den folgenden Unterabschnitt dieser Arbeit.

Faktor für die Gestaltung von vertikalen zwischenbetrieblichen Kooperationen in Betracht zu ziehen. Zunächst soll
dabei das japanische Vertragsrecht unter diesem Blickwinkel
betrachtet werden.

In Japan wurden die zivil- wie auch die verwaltungs-
und strafrechtlichen Normen in den Jahrzehnten nach der
Meiji-Restauration von 1868 in Anlehnung an die Rechtssy-
steme westlicher Länder völlig neu erarbeitet. Bei der Formulierung des allgemeinen Zivilrechts um die Jahrhundert-
wende, aber auch bei der Ausarbeitung spezieller vertrags-
rechtlicher Normen war der Einfluß deutscher Rechtsnormen
vorherrschend[1]; entsprechend ist der Grundsatz der
Vertragsfreiheit auch im japanischen Zivilrecht fest veran-
kert, und zwingende Spezialvorschriften bilden grundsätzlich die Ausnahme[2]. Für die hier zu betrachtenden vertikalen Kooperationsformen zwischen Produktionsunternehmen
ist unter den Spezialnormen insbesondere das bereits auf S.
21 erwähnte *Shitauke Daikin Shiharai Chien nado Bôshihô*
[Gesetz zur Verhinderung verspäteter Zahlungen von Zulieferleistungen und anderer Praktiken] von 1956 relevant. Es
schreibt die schriftliche Fixierung der Vertragsbestimmun-
gen sowie die Bezahlung von Zulieferwaren spätestens 60
Tage nach der Anlieferung vor und verbietet die ungerecht-
fertigte Zurückweisung angelieferter Waren, nachträgliche
Preissenkungen und andere diskriminierende Geschäftspraktiken[3]. Verstöße können anonym angezeigt werden; in
Verdachtsfällen werden von der Wettbewerbsschutzkommission
und der SMEA des MITI Untersuchungen bei den betreffenden
Unternehmen durchgeführt. Dabei ist aber zu betonen, daß
das genannte Gesetz auch für den Fall von Verstößen gegen
die Schutzvorschriften anstelle von Strafen "administrative

---

[1] Vgl. Takayanagi (1984), S. 182; Rahn (1990), S. 106ff.

[2] Vgl. Tanikawa (1984), S. 132ff.

[3] Vgl. SMEA (1983), S. 46f; Kôsei Torihiki Iinkai (1991),
S. 131; Chûshô Kigyôchô (1992d), S. 65ff; o.V. (1992d).

Anleitungen" der Unternehmen durch die genannten Behörden
vorsieht[1]. Außerdem geht aus den Jahresberichten der
Wettbewerbsschutzkommission hervor, daß nur ein verschwin-
dend geringer Anteil der eingeleiteten Verfahren auf Anzei-
gen von außen beruht. In den allermeisten Fällen wird die
Kommission aufgrund von Angaben tätig, die die stichproben-
artig befragten *Abnehmer*unternehmen selbst gemacht haben.
Der größte Teil der auf diesem Gesetz basierenden behörd-
lichen Aktivitäten beruht also quasi auf "Selbstanzeigen".
Insofern gibt es auch Indizien dafür, daß der praktische
Wirkungsgrad dieses Spezialgesetzes begrenzt ist. Es bleibt
aber anzuerkennen, daß es einen sehr viel weitgehenderen
Schutz der Zulieferunternehmen vor Machtmißbrauch der
Nachfrager gewährleistet als allgemeine schuldrechtliche
Vorschriften.

Der von der Rechtsordnung bereitgestellte Rahmen für
die Gestaltung von Verträgen für vertikale Austauschbeziehungen bewegt sich stets im Spannungsfeld zwischen der Anforderung, den Partnern unter dem Kriterium der ökonomischen Optimierung möglichst weitreichende Spielräume für
die Vertragsgestaltung zu belassen und der Notwendigkeit,
den wirtschaftlich schwächeren Partner durch zwingendes
Recht zu schützen[2]. Unter dieser Sichtweise kann festgestellt werden, daß die Bestimmungen des o.g. Gesetzes gegen
verspätete Zahlungen den Anforderungen, die sich aus der
speziellen Gestaltung von Zuliefertransaktionen ergeben,
grundsätzlich in hohem Maße entsprechen. Dies gilt insbesondere im Vergleich etwa zu den deutschen Rechtsnormen[3].
Neben dem legislativen Rahmen ist aber auch die rechtspro-

---

[1] Vgl. SMEA (1983), S. 47f.

[2] Vgl. Hax (1991), S. 58ff.

[3] Vgl. Zirkel (1990), S. 347ff, der klar heraustellt, daß
die Normen des deutschen Schuldrechts den Anforderungen,
die sich aus spezifischen Zulieferverträgen ergeben,
kaum gerecht werden.

zessuale Wirklichkeit in Betracht zu ziehen. Eine An-
spruchsgrundlage verschafft nur dann Rechtssicherheit, wenn
sie auch durchsetzbar ist.

Wie bereits ausgeführt, werden in der japanischen
Rechtswirklichkeit zur Regulierung von spezifizierten Zulieferbeziehungen, bei denen aber noch eine getrennte Willensbildung zwischen den Transaktionspartnern erfolgt
(geschlossen-bilateralen Kooperationen) in Anwendung des
o.g. Spezialgesetzes weniger formale Rechtsverfahren als
vielmehr administrative Anleitungen durchgeführt. Angesichts der Tatsache, daß bei einem hohen Spezifizierungs-
grad der Vereinbarungen ein formeller Anspruch gerichtlich
ohnehin nur schwer durchsetzbar wäre[1], erscheint diese
Gestaltung insgesamt angemessen und der effizienten
Vertragsgestaltung förderlich. Für weniger enge (externe
und offen-bilaterale) Kooperationen sind hingegen vor allem
die Bedingungen maßgeblich, die das Rechtssystem eines Landes zur gerichtlichen Durchsetzung von Ansprüchen setzt.
Die Kontrahenten dürften hier im Konfliktfall ein geringeres Interesse an der Fortführung der Geschäftsbeziehungen
haben, dafür umso mehr die uneingeschränkte Durchsetzung
ihres Anspruches anstreben.

In der japanischen Rechtswirklichkeit besteht ein
großes Problem in der Überlastung der juristischen Institutionen, für die als Hauptursache vor allem die Zulassungs-
kontingentierung für juristische Berufe anzuführen ist. Nur
wenige hundert Nachwuchsjuristen werden jedes Jahr zu dem
vom Justizministerium kontrollierten Institut für juristische Ausbildung und Forschung zugelassen, welches die Mono-
polrechte zur Ernennung von Rechtsanwälten, Richtern und
Staatsanwälten innehat; die Anzahl von Juristen pro Kopf
der Bevölkerung beträgt nur ein Bruchteil der Vergleichs-

---

[1] Vgl. hierzu Macneil (1978).

werte in westlichen Industrieländern[1]. Diese institutio-
nellen Restriktionen, außerdem die sehr weitgehenden Frei-
heiten beim Einbringen von Einsprüchen und Revisionen im
Rahmen von Prozessen tragen dazu bei, daß die durchschnittliche Verhandlungsdauer für zivilrechtliche Fälle in
Japan mehrere Jahre beträgt[2]. Schließlich sind die Ver-
fahrenskosten sehr hoch: Rechtsanwälte fordern schon zu
Beginn des Verfahrens zehn bis 30 Prozent des Streitwertes
als Honorar[3]. Diese Ineffizienzen im judikativen System
dürften oftmals zu prohibitiv hohen Kosten bei der Durchsetzung auch offensichtlich berechtigter Ansprüche führen;
die Rahmenbedingungen für die Gestaltung externer und
offen-bilateraler Kooperationen sind damit in dieser Hinsicht ausgesprochen ungünstig[4].

Die wettbewerbsrechtlichen Bestimmungen beziehen sich
im Gegensatz zu den bisher betrachteten vertragsrechtlichen
Normen nicht auf das Innenverhältnis zwischen den Transaktionspartnern, sondern auf den Schutz von Drittparteien
gegenüber Unternehmenskonzentrationen. Daher ist zu prüfen,
ob in diesem Zusammenhang möglicherweise restriktive Wirkungen auf verbundene und interne Kooperationen vorliegen.

Die grundlegende Funktion des Wettbewerbsrechts besteht darin, monopolistische Strukturen, welche als nicht

---

[1] Vgl. Wolferen (1990), S. 281. Danach entfielen Mitte
der achtziger Jahre in Japan auf jeden Rechtsanwalt 9294
Einwohner. Die Vergleichszahlen für die USA, Großbritannien und die Bundesrepublik Deutschland betrugen 360,
872 und 1486.

[2] Vgl. Tanaka (1984), S. 476f; Rahn (1981), S. 10 sowie
auch Smitka (1991), S. 161.

[3] Vgl. Rahn (1981), S. 10.

[4] Die japanische Rechtswirklichkeit muß auch vor dem Hintergrund betrachtet werden, daß das Rechtsdenken in diesem Land von demjenigen etwa in Deutschland weit entfernt ist. Vgl. zu diesen Zusammenhängen ausführlich
Rahn (1990), S. 369ff. sowie die Ausführungen in
Abschnitt 4.2.3.

vereinbar mit der marktwirtschaftlichen Ordnung gelten, zu
unterbinden. Das Augenmerk liegt dabei in erster Linie auf
horizontalen Unternehmenskonzentrationen; daneben sind aber
auch vertikale Konzentrationsprozesse in Betracht zu ziehen. So kann ein Unternehmen durch die vertikale Fusion mit
Zulieferern oder die Vereinbarung von Ausschließlichkeits-
klauseln bei der Lieferung von Zulieferwaren seine nicht-
integrierten Konkurrenten von wirtschaftlich bedeutenden
Bezugsquellen abschneiden und auf diese Weise im Extremfall
aus dem Markt drängen. Dieser Gefahr von Wettbewerbsbeschränkungen wird sowohl im deutschen Gesetz gegen Wettbewerbsbeschränkungen als auch in der US-amerikanischen Anti-
Trust-Gesetzgebung Rechnung getragen, wobei die US-amerikanischen Vorschriften noch wesentlich schärfer als die deutschen sind[1].

Demgegenüber findet sich im ansonsten umfangreichen
Jahresbericht der japanischen Wettbewerbsschutzkommission
kein einziger Hinweis auf die Überwachung und Unterbindung
von vertikalen Wettbewerbsbeschränkungen[2]. Sofern im
japanischen Recht auf solche Tatbestände anwendbare
Vorschriften bestehen, werden sie zumindest nicht aufgegriffen. Das japanische Wettbewerbsrecht setzt also realiter keine erkennbaren Restriktionen für verbundene und interne vertikale Kooperationen zwischen Industrieunternehmen. Ob dies aus gesamtwirtschaftlicher Sicht wünschenswert
ist, soll hier dahingestellt bleiben; festzuhalten ist, daß
die Akteure in den Unternehmen in dieser Hinsicht mit keinerlei Beschränkungen konfrontiert sind.

Schließlich bleibt zu untersuchen, in welchem Ausmaß
in Japan steuer- und investitionsrechtliche Anreize bestehen, welche die Bildung kleinerer Unternehmenseinheiten ce-

---

[1] Vgl. hierzu ausführlich Sandrock (1984), S. 175ff und
Hattori (1990).

[2] Vgl. Kôsei Torihiki Iinkai (1991), insbesondere S.
69ff. Die Untersuchung des wirtschaftlichen Konzentrationsgrades ist rein horizontal orientiert.

teris paribus als vorteilhaft erscheinen lassen. Der japanische Staat hat in den letzten Jahrzehnten ein umfangrei-
ches Instrumentarium zur Unterstützung kleiner und mittlerer Unternehmen aufgebaut[1]; Ausgangspunkt hierfür war
die Gründung des Amtes für mittlere und kleine Unternehmen
innerhalb des MITI im Jahre 1948. Die strukturpolitische
Ausrichtung der japanischen Regierungsbehörden fand Ausdruck in zahlreichen legislativen Maßnahmen; neben dem Gesetz gegen verspätete Zahlungen und dem Basisgesetz für
mittlere und kleine Unternehmen ist dabei vor allem das
Gesetz zur Förderung von Zulieferunternehmen von 1970 hervorzuheben.

Im Laufe der Jahrzehnte wurde darauf aufbauend ein um-
fangreicher Maßnahmenkatalog zur Förderung kleiner und
mittlerer Unternehmen entwickelt; neben der bereits erwähnten Errichtung von besonderen Kreditinstituten für kleine
und mittlere Unternehmen werden noch andere finanzielle Un-
terstützungen, aber auch verschiedenste allgemeine Steuer-
vergünstigungen und Investitionsbeihilfen gewährt. Schließlich ist die Einrichtung zahlreicher Institutionen
hervorzuheben, die den kleinen und mittleren Unternehmen
als Anlaufstelle für Beratungen und Informationswünsche zur
Verfügung stehen (siehe im Überblick Abbildung 12). Grundlage für die Möglichkeit, die zahlreichen Leistungen in Anspruch zu nehmen, ist dabei stets die Unterschreitung bestimmter Grenzen bei der Beschäftigtenzahl oder beim Eigenkapital. In vielen, wenn auch nicht in allen Fällen sind
die Größenabgrenzungen des Basisgesetzes von 1963 maßgeblich[2].

Eine grobe Orientierung über den quantitativen Umfang
der größenorientierten Strukturpolitik in Japan gibt die

---

[1] Vgl. zu den nachfolgenden Ausführungen ausführlich SMEA
(1983); Ernst/Laumer (1989), S. 107ff; Chûshô Kigyôchô
(1992b); Chûshô Kigyôchô (1992c).

[2] Vgl. zu den genauen Größenabgrenzungen Abschnitt 2.1.2.

Abbildung 12: Maßnahmenkatalog der japanischen Regierung zur Förderung kleiner und mittlerer Unternehmen

1. Modernization and Upgrading of Small- and Medium-Scale Enterprises

- Modernization Measures for Individual Industries ——— Small- and Medium Enterprise Modernization Promotion Law

- Upgrading Projects ——— Japan Small Business Corporation

- Rationalization of Management ——— Diagnosis and guidance, training, coping with the information revolution

- Upgrading Technology ——— Technological guidance activities, technical training activities, technological development activities, technology transfer, and technology exchange

- Organization Activities ——— Law on Cooperatives of Small and Medium Enterprises and Other Parties, Law on the Organization of Small Business Associations, the National Federation of Small Business Associations

- Promotion of Small- and Medium-Scale Commercial and Service Enterprises ——— Small Retail Business Promotion Law, Shopping District Promotion Cooperatives Law, Promotion for service enterprises

- Business Conversion Measures ——— Law on Extraordinary Measures for Dealing with Enterpreneurial Conversion of Small and Medium Enterprises

- Energy Conservation and Conversion ——— Energy conservation diagnosis, and visiting guidance for energy conservation, technological development, energy-saving or alternative-energy loan, and other measures concerning energy conservation and conversion

- Measures for Internationalization ——— Overseas investment advisors, the International Conference on Small Enterprise Policy (INCOSEP)

- Measures Concerning Labor ——— Small- and Medium-Scale Enterprises Retirement Allowance Mutual Relief System

- Regional Small- and Medium-Scale Enterprises Policy
  - Promotion measures for production area small enterprises — Law on Extraordinary Measures for Small and Medium Enterprises Located Together in Specific Areas
  - Promotion measures for local industries — Law on Extraordinary Measures for Coping with Small and Medium Enterprises in Specified Recessionary Areas
  - Measures for specified recessionary areas

noch: **Abbildung 12**

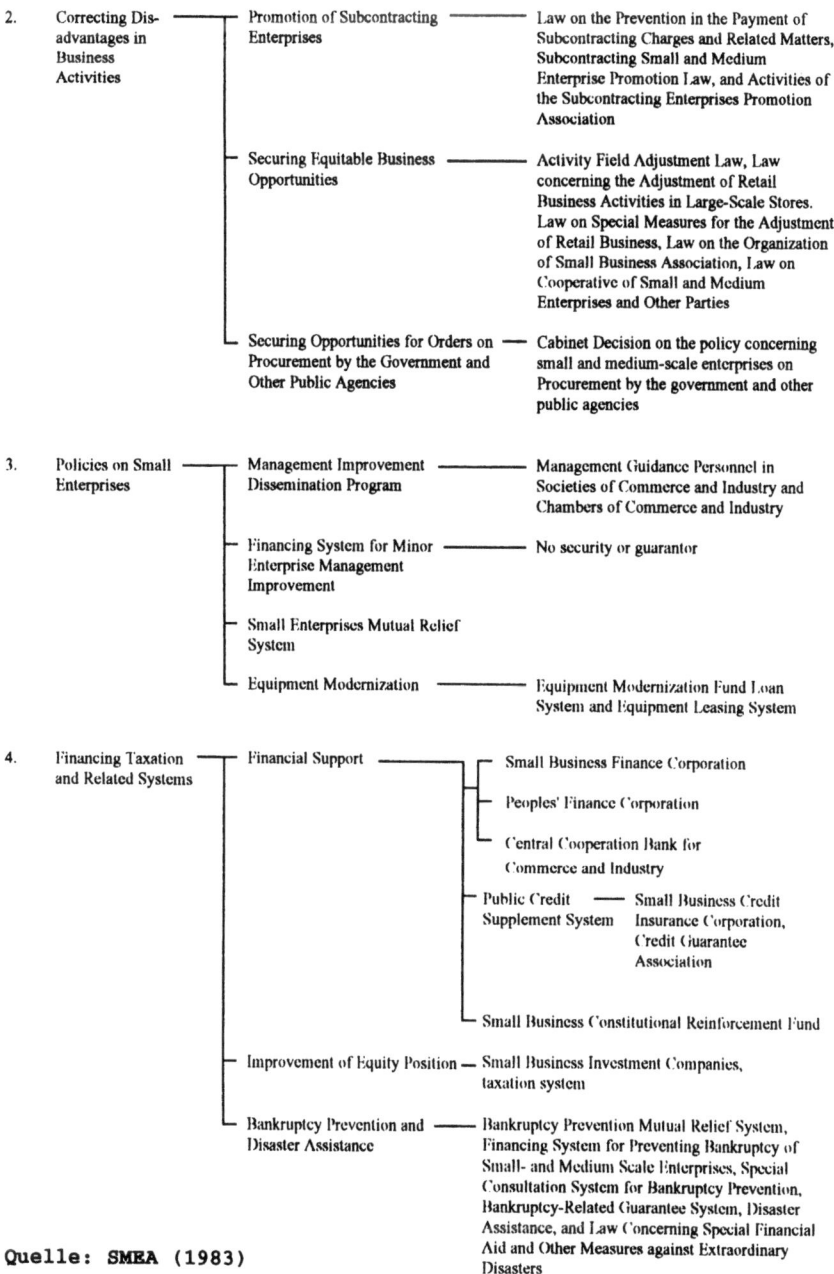

2. Correcting Dis- ——— Promotion of Subcontracting ——— Law on the Prevention in the Payment of
   advantages in   Enterprises   Subcontracting Charges and Related Matters,
   Business   Subcontracting Small and Medium
   Activities   Enterprise Promotion Law, and Activities of
                                                            the Subcontracting Enterprises Promotion
                                                            Association

                     Securing Equitable Business ——— Activity Field Adjustment Law, Law
                     Opportunities   concerning the Adjustment of Retail
                                                     Business Activities in Large-Scale Stores.
                                                     Law on Special Measures for the Adjustment
                                                     of Retail Business, Law on the Organization
                                                     of Small Business Association, Law on
                                                     Cooperative of Small and Medium
                                                     Enterprises and Other Parties

                     Securing Opportunities for Orders on ——— Cabinet Decision on the policy concerning
                     Procurement by the Government and   small and medium-scale enterprises on
                     Other Public Agencies   Procurement by the government and other
                                                             public agencies

3. Policies on Small ——— Management Improvement ——— Management Guidance Personnel in
   Enterprises   Dissemination Program   Societies of Commerce and Industry and
                                                          Chambers of Commerce and Industry

                     Financing System for Minor ——— No security or guarantor
                     Enterprise Management
                     Improvement

                     Small Enterprises Mutual Relief
                     System

                     Equipment Modernization ——— Equipment Modernization Fund Loan
                                                  System and Equipment Leasing System

4. Financing Taxation ——— Financial Support ——— Small Business Finance Corporation
   and Related Systems
                                                Peoples' Finance Corporation

                                                Central Cooperation Bank for
                                                Commerce and Industry

                                           Public Credit ——— Small Business Credit
                                           Supplement System   Insurance Corporation,
                                                               Credit Guarantee
                                                               Association

                                           Small Business Constitutional Reinforcement Fund

                     Improvement of Equity Position — Small Business Investment Companies,
                                                       taxation system

                     Bankruptcy Prevention and ——— Bankruptcy Prevention Mutual Relief System,
                     Disaster Assistance   Financing System for Preventing Bankruptcy of
                                                    Small- and Medium Scale Enterprises, Special
                                                    Consultation System for Bankruptcy Prevention,
                                                    Bankruptcy-Related Guarantee System, Disaster
                                                    Assistance, and Law Concerning Special Financial
                                                    Aid and Other Measures against Extraordinary
                                                    Disasters

Quelle: **SMEA** (1983)

Höhe des Budgets des Amts für Mittel- und Kleinunternehmen; dieses belief sich im Jahre 1992 auf 195,6 Mrd. Yen[1], also ca. 2,5 Mrd. DM. Dabei ist zu berücksichtigen, daß sich in diesem Teilhaushalt noch bei weitem nicht alle Maßnahmen widerspiegeln; so werden Steuererleichterungen z.B. auf der Einnahmenseite wirksam.

Der Budgetanteil des Amts für Mittel- und Kleinbetriebe des MITI am gesamten Staatshaushalt war allerdings in den letzten Jahren deutlich rückläufig; zudem kann sicherlich in Frage gestellt werden, ob die Anwendung eines solch umfangreichen und unübersichtlichen Maßnahmenkatalogs den effizienten Einsatz der aufgewendeten Mittel gewährleistet[2]. Eine ausgeprägte Strukturpolitik für mittlere und kleine Unternehmen ist außerdem kein japanisches Spezifikum, sondern wird auch in anderen Industrieländern praktiziert[3]. Es steht aber außer Frage, daß die steuer- und investitionsrechtlichen Rahmenbedingungen in Japan im hier interessierenden Zusammenhang starke Anreize zur Bildung kleiner Unternehmenseinheiten, also zu nicht-internen Kooperationsformen bei der vertikalen Arbeitsteilung setzen[4].

---

[1] Vgl. Chûshô Kigyôchô (1992a), statistischer Anhang, S. 51.

[2] Vgl. auch Ernst/Laumer (1989), S. 133; welche zu dem Schluß kommen, daß die Unübersichtlichkeit der Maßnahmen deren Wirksamkeit signifikant negativ beeinflussen dürfte.

[3] Vgl. zu den zahlreichen strukturpolitischen Maßnahmen in Deutschland z.B. Hinderer (1984), S. 55f.; Poeche (1984).

[4] Wesentlich ist dabei, daß Tochter- und Gruppenunternehmen von Großunternehmen von den Fördermaßnahmen a priori *nicht* ausgeschlossen sind. Selbständige Unternehmen werden allerdings meist bevorzugt berücksichtigt; die Vertreter der zuständigen Behörden entscheiden fallweise. Gespräch des Verfassers mit Mitarbeitern der *Zenkoku Shitauke Kigyô Shinkô Kyôkai* am 04.03.1993.

Die Ergebnisse des vorliegenden Abschnitts lassen sich
wie folgt zusammenfassen: Die vertragsrechtlichen Rahmenbedingungen sind in Japan für externe und offen-bilaterale
Kooperationen vor allem mit Blick auf die Rechtswirklichkeit problematisch, während geschlossen-bilaterale Kooperationen durch spezielle Schutzbestimmungen wesentlich bes-
sere Berücksichtigung finden. Wettbewerbsrechtliche Restriktionen für verbundene und interne Kooperationen sind
nicht erkennbar. Die steuer- und investitionsrechtlichen
Bestimmungen bieten schließlich starke Vorteile für nicht-
interne Kooperationen. Ohne die relative Bedeutung der einzelnen Komponenten genau ermessen zu können, erscheinen damit insgesamt geschlossen-bilaterale und verbundene Kooperationen durch die rechtlichen Rahmenbedingungen als begünstigt, externe, offen-bilaterale und interne Kooperationen
als benachteiligt.

4.2.3 Das gesellschaftlich-kulturelle Umfeld

Es bleibt schließlich zu untersuchen, welchen Einfluß
das gesellschaftlich-kulturelle System in Japan auf die
Auswahl von Gestaltungsalternativen bei der vertikalen
Arbeitsteilung hat. Die erste Einflußvariable, die in Betracht zu ziehen ist, besteht im Homogenitätsgrad der Gesellschaft.

Ethnisch betrachtet ist die japanische Gesellschaft im
Vergleich zu westlichen Ländern ausgesprochen homogen. Zwar
gibt es eine beachtliche Anzahl an Einwohnern koreanischen
Ursprungs, und neben den inzwischen weitgehend assimilier-
ten Ureinwohnern Nordjapans, den Ainu, ist auch die Anzahl
der Nachkommen der früher von der japanischen Gesellschaft
durch ein Kastensystem ausgeschlossenen *burakumin* nicht
insignifikant, so daß auch die japanische Gesellschaft

durchaus nicht frei von Minderheiten ist[1]. Dennoch hat es
in Japan nie in einem Maße ethnische Vermischungsprozesse
gegeben, die in ihrer quantitativen und qualitativen Bedeutung mit denen in Nordamerika oder auch Europa vergleichbar
gewesen wären. Schon immer befand sich Japan innerhalb des
um China gruppierten ostasiatischen Kulturraums in einer
Randposition; die geographische Insellage verstärkte diesen
Effekt. Die höchste Steigerung erfuhr der Isolationismus
während der kategorischen Abschließung des Landes durch die
Zentralregierung in der Tokugawa-Zeit von 1600 bis 1867. In
einer Zeit, als zwischen den Völkern Europas schon reger
Austausch herrschte und sich in Nordamerika aus den Einwan-
derern verschiedenster Länder eine neue Nation bildete,
wurden in Japan Kontakte zu Ausländern noch mit schärfsten
Kontrollen belegt[2]. Auch nach der Öffnung des Landes
infolge der Meiji-Restauration von 1868 blieb die Anzahl
der in Japan lebenden Ausländer vergleichsweise gering;
erst in jüngster Zeit war ein Ansteigen infolge des Einwan-
derungsdrucks aus Drittweltländern zu verzeichnen. Dennoch
ist auch heute noch der Anteil der Ausländer an der Gesamtbevölkerung mit etwa 1% im Vergleich zu westlichen Industrieländern ausgesprochen gering[3]. Die rigide Führung
des Landes in der Tokugawa-Zeit trug ferner zur Einebnung
von lokalen Besonderheiten in der Gesellschaftsstruktur

---

(1) Vgl. z.B. Wolferen (1990), S. 351.

(2) Vgl. z.B. Reischauer (1981), S. 89.

(3) Nach den Ergebnissen der letzten Volkszählung betrug
die Anzahl der in Japan lebenden Ausländer im Jahre 1990
ca. 886.000 oder 0,72% der Gesamtbevölkerung; vgl. Sômuchô Tôkeikyoku (1992), S. 63. Selbst wenn in Rechnung
gestellt wird, daß sich diese Zahl in jüngster Zeit
stark erhöht hat und sich auch eine nicht geringe Zahl
von Ausländern illegal in Japan aufhalten dürfte, ist
der Ausländeranteil an der Bevölkerung Japans im Vergleich zu westlichen Industrieländern noch immer ver-
schwindend gering.

bei[1]; insgesamt ist der Homogenitätsgrad der japanischen Gesellschaft damit weit höher als in anderen, insbesondere westlichen Ländern einzustufen.

Die zweite hier zu betrachtende Dimension betrifft das Ausmaß der Individual- bzw. Gruppenorientierung innerhalb der Gesellschaft. Nach der sozialpsychologischen Analyse von Nakane basiert die japanische Gesellschaft grundsätzlich auf vertikalen Beziehungsgeflechten: Die Gruppe konstituiert sich aus den vertikalen Beziehungen zwischen den den Individuen A und B sowie A und C, während die Beziehung zwischen B und C im Gegensatz zu horizontal orientierten Gruppen nicht von tragender Bedeutung ist (siehe Abbildung 13). Relevant für den hier zu betrachtenden Kontext sind die Konsequenzen aus dem Vorherrschen dieser Grundstruktur für das Sozialverhalten insgesamt: Innerhalb einer Gruppe, die sich aus den vertikalen Verbindungen zwischen einem höhergestellten und einer Reihe nachgeordneter Individuen konstituiert, vermindert sich der Individualitätsgrad der nachgeordneten Individuen im Vergleich zu horizontal orientierten Gruppen, und die Kohärenz und Stabilität der Gruppe ist höher[2].

Zu ähnlichen Ergebnissen führen individualpsychologische Betrachtungen: Doi macht als Charakteristikum japanischen Individualverhaltens das verbreitetete Auftreten von *amae*, dem Verlangen nach Liebe durch eine übergeordnete Bezugsperson, aus. Dieses Gefühl, das in anderen, insbesondere westlichen Ländern weniger ausgeprägt ist[3], findet demnach seinen Ursprung in der Beziehung zwischen Mutter und Kind und strahlt auf die gesamte Gesellschaftsstruktur aus: Der Individualismus kommt innerhalb der Gruppen-

---

[1] Vgl. Reischauer (1981), S. 78ff.

[2] Vgl. Nakane (1967), S. 128ff.

[3] Bester Indikator hierfür ist die Tatsache, daß es in westlichen Sprachen kein direktes begriffliches Äquivalent zu *amae* gibt.

Abbildung 13: Soziale Gruppenstrukturen im Vergleich

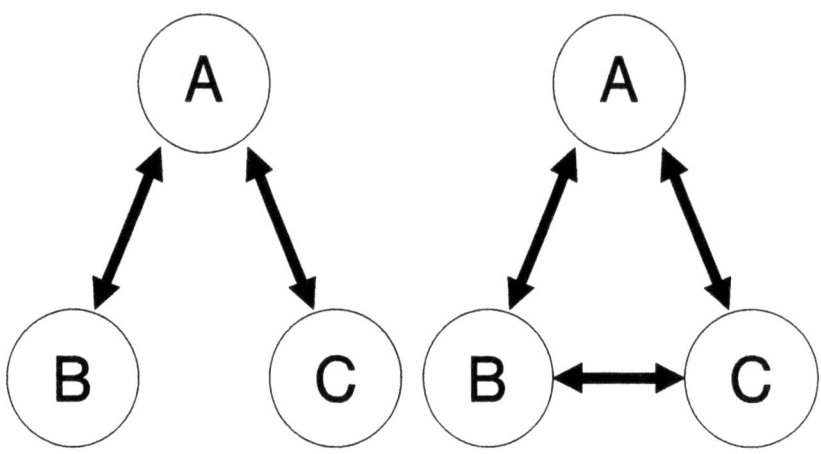

vertikale Gruppenstruktur   horizontale Gruppenstruktur

Quelle: eigene Darstellung; angelehnt an Nakane (1967)

struktur weniger zur Entfaltung, da das Auftreten von *amae* immer auch ein Gefühl der Untertänigkeit gegenüber der Bezugsperson mit sich bringt[1].

Schließlich führen auch historische Betrachtungen zu gleichgerichteten Schlußfolgerungen: Während der langen Periode der Abschließung nach außen in der Tokugawa-Zeit herrschten in Japan weitgehend polizeistaatliche Verhältnisse. Es gab keinen Raum für politischen Disput, der die bestehenden Herrschaftsverhältnisse hätte in Frage stellen können[2]. In Japan besteht also eine lange Tradition der Unterdrückung individuellen Denkens, die über das von europäischen Ländern bekannte Maß deutlich hinausgeht. Auch

---

[1] Vgl. Doi (1991), S. 226f.

[2] Vgl. Mitchell (1983), S. 3ff.

diese Beobachtungen führen zu der Schlußfolgerung, daß
Gruppenverhalten in der japanischen Gesellschaft einen höheren Rang einnimmt als Individualverhalten.

Insgesamt gibt es deutliche Hinweise darauf, daß der
Homogenitätsgrad der Gesellschaft in Japan wesentlich höher
ist als in westlichen Industrieländern und daß gruppen-
orientiertes Verhalten gegenüber Individualverhalten
stärker im Vordergrund steht. Nach dem zuvor aufgezeigten
Zusammenhang müßte die Dominanz der Gruppenorientierung
dazu führen, daß hierarchienahe vertikale Kooperationsformen zwischen Unternehmen begünstigt werden. Der hohe Homogenitätsgrad der japanischen Gesellschaft bedingt hingegen,
daß beschränkte Rationalität bei vertikalen Arbeitsteilungen relativ wenig zum Tragen kommt. Die angenommene Wir-
kungsrichtung ist gegenläufig zum zuvor genannten Zusammenhang, kommt aber nur dann zur Geltung, wenn die allgemeine
Umfeldunsicherheit aufgrund technologischer und marktorien-
tierter Einflüsse hoch ist.

Insgesamt werden also die folgenden Auswirkungen ge-
sellschaftlich-kultureller Spezifika auf die vertikalen Arbeitsteilungsformen unterstellt: Hierarchienahe Strukturen
werden durch eine starke Gruppenorientierung gegenüber
marktnahen Kooperationsformen begünstigt; je höher jedoch
der Internalisierungsgrad des Transaktionsverhältnisses,
desto stärker kommt durch den hohen Homogenitätsgrad der
Gesellschaft ein gegenläufiger Effekt zum Tragen. Unter
dieser Perspektive müßten in Japan geschlossen-bilaterale,
verbundene und interne Kooperationsformen relativ häufig
und innerhalb dieses Bereichs wiederum geschlossen-bilaterale Arbeitsteilungen am häufigsten vorzufinden sein.

4.3 Sektoralspezifische Einflußfaktoren: technologie- und marktumfeldbedingte Differenzierung

4.3.1 Das technologisch-produktionswirtschaftliche Umfeld

Technologische und produktionswirtschaftliche Einflußfaktoren drücken sich in den individuellen Produktionspro-
gramm-, -potential- und -prozeßtypen der Unternehmen aus,
so daß im Gegensatz zu den vorher analysierten länderspezifischen Einflußfaktoren grundsätzlich Einzelfallbetrachtungen angezeigt sind. Bestimmte Sektoren weisen aber
bei einigen der genannten Einflußgrößen signifikante Besonderheiten auf. Daher können Überlegungen darüber angestellt
werden, welche Kooperationstypen in welchen Bereichen häufig zu beobachten bzw. vorherrschend sein müßten.

Der erste in diesem Zusammenhang genannte Einflußfaktor auf die vertikale Arbeitsteilungsstruktur besteht in
der Technologieintensität, mit der die Unternehmen konfrontiert sind. Betriebswirtschaftliche Indikatoren für die
Technologieintensität sind die Höhe der Forschungs- und
Entwicklungskosten bezogen auf den Umsatz, aber auch die
Häufigkeit der Anmeldung und Vergabe von Schutzrechten für
technologische Innovationen (Patente, Gebrauchsmuster und
Geschmacksmuster). Für die Intensität der Inanspruchnahme
dieser Schutzrechte liegen bezogen auf die japanischen Industrieunternehmen im Rahmen des MITI-Basisberichts nach
Branchen und Größenklassen differenzierte Daten vor[1].

Danach liegt die Anteil der Unternehmen, die Erfindungsschutzrechte besitzen, in der chemischen Industrie mit
Abstand am höchsten. Auch die feinmechanische Industrie,
die elektrotechnische Industrie und der Maschinenbau weisen
stark überdurchschnittliche Werte auf. Am anderen Ende der
Skala stehen die Druckindustrie, die Textil- und Bekleidungsindustrie, die holzverarbeitende und Möbelindustrie
sowie die Lederindustrie. In größenorientierter Betrach-

---

[1] Vgl. Chûshô Kigyôchô (1990a), S. 31ff.

tungsweise nimmt die Schutzrechtsintensität außerdem mit
der Unternehmensgröße stark zu. Nach den zuvor angestellten
Überlegungen sind dann in den erstgenannten, technologieintensiven Branchen sowie in den Großunternehmen das Know-
how und die daraus entstehenden Produkte von hoher Spezifität, und die vertikale Arbeitsteilung müßte unter Transaktionskostenerwägungen relativ stark internalisiert sein.
In den weniger technologieintensiven Industriezweigen und
den kleineren Unternehmen sind hingegen das Know-how und
die Produkte weniger spezifisch, und es ist in höherem Maße
mit dem Auftreten von Kooperationsformen, die einen höheren
Externalisierungsgrad aufweisen, zu rechnen.

Bei der Anzahl der Arbeitsgänge, die die Fertigung der
Produkte erfordert, sind ebenfalls große Unterschiede zwischen den einzelnen Industriezweigen zu erkennen. So werden
z.B. in der Automobilindustrie und im Maschinenbau hochkom-
plexe Produkte hergestellt, für deren Fertigstellung eine
sehr große Anzahl an Zwischenstufen erforderlich ist. In
der Druck-, der Holz- und der Textilindustrie ist hingegen
die Anzahl der Produktionsstufen relativ überschaubar. Demnach müßten in den erstgenannten Industriezweigen die vertikalen Arbeitsteilungen mit zunehmendem Fertigstellungsgrad einen überdurchschnittlichen, in den letztgenannten
einen unterdurchschnittlichen Internalisierungsgrad aufweisen. Außerdem kann gesagt werden, daß der Internalisierungsgrad der Arbeitsteilungen generell mit dem Fertigstellungsgrad der Produkte zunehmen müßte.

Das nächste zu überprüfende Kriterium besteht im vertikalen Homogenitätsgrad der Produktionsprozesse. Es zielt
auf die Frage ab, ob der vorherrschende Typ der Fertigungstechnologie auf den einzelnen Produktionsstufen identisch
ist oder ob Abweichungen bestehen. Grundsätzlich kann zwischen mechanischer, chemischer, biologischer und energetischer Technologie unterschieden werden. Ein weiteres Kriterium ist die Art der Stoffverwertung im Produktionsprozeß; die Grundtypen bestehen hier in durchgängiger, syn-

thetischer, analytischer und austauschender Produktion[1].
Während innerhalb eines Industriezweigs die vorherrschende
Prozeßtechnologie zumeist eindeutig bestimmbar ist[2], sind
beim Homogenitätsgrad der Stoffverwertungsprozesse erhebliche Unterschiede auszumachen. So sind z.B. in der chemischen Industrie austauschende und in der Stahl- und der
Nichteisen-Metallindustrie durchgängige Prozesse bestimmend, während beim Maschinenbau, Fahrzeugbau, der Elektroindustrie und der feinmechanischen Industrie sowohl
durchgängige als auch austauschende als auch synthetische
Produktionsprozesse beobachtet werden können. Demnach müßten in diesen Industriezweigen die vertikalen Arbeitsteilungen an den Übergängen zwischen den verschiedenen Prozeß-
typen einen relativ hohen Externalisierungsgrad aufweisen.

Der Aspekt der Bedeutung von Lager- und Transportkosten auf den einzelnen Produktionsstufen eröffnet
schließlich weitere Differenzierungsmöglichkeiten. In
Branchen mit vorwiegend organischen, verderblichen Vormaterialien wie der Lebensmittel-, der Holz-, der Möbel-
und der Lederindustrie stellt deren Lagerfähigkeit ein weit
größeres Problem dar als in anderen Industriezweigen; demnach sind in diesen Bereichen engere vertikale Kooperationsformen zu erwarten als in anderen Industriezweigen.

---

[1] Vgl. zu den verschiedenen sachlichen Differenzierungsmöglichkeiten industrieller Produktionsprozesse Kern
(1992a), S. 94.

[2] Andererseits wird in Fällen, bei denen ein Übergang
zwischen abweichenden Prozeßtechnologien auf den einzelnen Produktionsstufen vorliegt, meist eine Branchen-
differenzierung vorgenommen. So gehen z.B. zahlreiche in
energetischer Produktion gewonnene Metallteile in
mechanisch hergestellte Produkte wie Pkw oder Maschinen
ein. Die Unternehmen, in denen diese Vorprodukte hergestellt werden, werden aber nicht der Automobil- oder
Maschinenbaubranche, sondern der Stahl- und Metallindustrie zugerechnet. Derlei Abgrenzungen können als
eklatante, fast schon triviale Beispiele dafür betrachtet werden, daß eine abweichende Basistechnologie
zu stark externalisierten Kooperationsformen führt.

Auch in der Stahl- und der Nichteisen-Metallindustrie sind
die Kosten der Zwischenlagerung oft prohibitiv hoch.
Andererseits können auch in Fällen, in denen die Lager- und
Transportfähigkeit der Güter als solche kein wesentliches
Problem darstellt, die hohen Kapitalbindungskosten von
Zwischenprodukten, in denen zahlreiche Vorleistungen enthalten sind, einen Anreiz zu engen Kooperationsformen
bilden. In diesem Fall erscheint allerdings eine Gegenüberstellung der Fertigungsstufen aussagefähiger als der
Branchenvergleich. Allgemein gilt die Schlußfolgerung: Je
höher der Fertigstellungsgrad von Vorprodukten, desto
bedeutender sind deren Kapitalbindungskosten und mit desto
engeren vertikalen Kooperationsformen ist von daher zu
rechnen.

4.3.2 Die Struktur der Endproduktmärkte

Bei der ersten hier zu betrachtenden Einflußgröße, dem
Volumen der Endproduktmärkte, lassen sich weitreichende Unterschiede zwischen den einzelnen Industriezweigen erkennen. In Reaktion auf das bestehende Marktvolumen differen-
zieren sich die Produktionsprogrammtypen der Unternehmen.
So werden Produkte für große Endproduktmärkte zumeist in
Massen-, Sorten- oder Großserienproduktion hergestellt,
während bei geringerem Marktvolumen Kleinserien- und Ein-
zelproduktion vorherrschen[1]. In der Automobil-, der
Stahl- und großteils auch in der elektrotechnischen Industrie ist das Nachfragevolumen für die meisten der gefertigten Produkte ausgesprochen hoch, und Großserienproduktion ist vorherrschend. Nach Transaktionskostenerwägungen
müßten dann für die Hersteller solcher Produkte eine
geringere Fertigungstiefe bzw. stärker externalisierte
vertikale Arbeitsteilungsformen erwartet werden als für

---

[1] Vgl. Kern (1992a), S. 86.

Unternehmen in Wirtschaftszweigen, bei denen das Volumen
auf den Endproduktmärkten weniger hoch ist und Einzel- und
Kleinserienfertigung überwiegt. Beispiele hierfür sind der
Maschinenbau, aber auch Teile der feinmechanischen
Industrie. Es ist allerdings nicht zu übersehen, daß für
zahlreiche Industriezweige keine generelle Aussage hinsichtlich dieses Kriteriums getroffen werden kann, da in
vielen Bereichen sowohl Massen- und Großserien- als auch
Einzel- und Kleinserienprodukte gefertigt werden. Zudem ist
in Industriezweigen mit vielstufigen produktionswirtschaftlichen Strukturen für Hersteller von Zwischenprodukten
zunächst das Marktvolumen für diese Zwischenprodukte relevant. Grundsätzlich gilt zwar die Überlegung, daß ein starker Zusammenhang mit der Größe des Marktes für Endprodukte
besteht. Sofern aber der Spezifitätsgrad der Vorprodukte
deutlich niedriger ist als derjenige der Endprodukte, liegt
die Schlußfolgerung nahe, daß das Marktvolumen bei den Vorprodukten höher sein wird als bei den Endprodukten.

Insgesamt können also für einige Branchen bestimmte
Tendenzaussagen bezüglich des Marktvolumens für die Endprodukte getroffen werden; es besteht aber sowohl horizontal
als auch vertikal starker Differenzierungsbedarf, so daß
für aussagekräftige betriebswirtschatliche Analysen eine
stärkere Disaggregation der betrachteten Industriezweige
angezeigt ist.

Der zweite zu betrachtende Faktor, die Stärke der
Nachfrageschwankungen auf den Endproduktmärkten, erklärt
sich aus dem gesamtwirtschaftlichen Konjunkturzusammen-
hang[1]. Die Unterteilung der gesamtwirtschaftlichen Nach-

---

[1] Daneben sind in einzelnen Wirtschaftszweigen noch
saisonale Schwankungen von Bedeutung; vgl. Kern (1992a),
S. 84f. Da sich diese Art von Absatzschwankung jedoch im
allgemeinen sehr viel besser prognostizieren läßt als
Konjunkturschwankungen, dürften die Auswirkungen auf die
Gestaltung der vertikalen Arbeitsteilung in diesen
Fällen weniger gravierend sein. Der genannte Aspekt soll
daher hier nicht näher erörtert werden.

frage in Investitionen und Konsum ergibt eine entsprechende
Aufteilung der Wirtschaftszweige in Produktions- und Investitionsgüterindustrien einerseits und Ge- und Verbrauchsgüterindustrien andererseits[1]. Aus der makroökonomischen
Theorie ist bekannt, daß die Investitionsnachfrage konjunkturell weit stärker schwankt als die Konsumnachfrage. Unter
den zuvor angestellten Überlegungen müßte die Konsequenz
lauten, daß in Produktions- und Investitionsgüterindustrien
wie dem Maschinenbau, der Stahl- und der Metallindustrie
die Form der vertikalen Arbeitsteilung ceteris paribus weniger stark internalisiert ist als in Gebrauchsgüterindu-
strien wie dem Automobilbau oder gar Verbrauchsgüterbran-
chen wie der Nahrungsmittelindustrie. Diese Grobeinteilung
ist allerdings insofern relativierungsbedürftig, als auch
innerhalb der beiden Hauptkategorien durchaus Abstufungen
im Ausmaß der konjunkturell bedingten Nachfrageschwankungen
zu sehen sind. So dürften die Schwankungen bei langlebigen
Gebrauchsgütern wie Automobilen weit stärker ausfallen als
im Nahrungsmittelbereich. Zudem deckt die Produktpalette
einiger Industriezweige wie der elektrotechnischen Industrie oder der feinmechanischen Industrie sowohl den
Konsum- als auch den Investitionsgüterbereich ab, so daß
bei einer Betrachtung dieser Branchen weiterer Differenzierungsbedarf besteht.

4.4 Zusammenfassung

In diesem Teil der Arbeit wurde der zuvor aufgestellte
Bezugsrahmen auf das Untersuchungsobjekt der vorliegenden
Untersuchung, die japanischen Industrieunternehmen angewandt. Es wurden Überlegungen dazu angestellt, welche Kooperationsformen in der vertikalen Arbeitsteilung im hier
zu betrachtenden Fall vorwiegend auftreten müßten.

---

[1] Vgl. auch Kern (1992a), S. 84.

Unter landesspezifischer Betrachtungsweise wurde erörtert, welche Kooperationsformen durch die Umfeldbedingungen
in Japan im Vergleich zu anderen Industrieländern begünstigt werden. Dabei wurden die folgenden Schlußfolgerungen
gezogen: Erstens begünstigt das ökonomische Umfeld, insbesondere die Arbeitsmarktstruktur in Japan nicht-interne gegenüber internen Kooperationen. Zweitens schaffen das
Rechtssystem und die Rechtswirklichkeit ein günstiges Umfeld für geschlossen-bilaterale und verbundene, nicht aber
für offen-bilaterale und externe Kooperationen. Außerdem
werden durch die Strukturpolitik des Staates starke Anreize
zugunsten von nicht-internen gegenüber internen Kooperationen gesetzt. Drittens werden durch gesellschaftlich-kulturelle Besonderheiten Kooperationsformen mit hohem Internalisierungsgrad begünstigt, wobei der hohe Homogenitätsgrad
der Gesellschaft innerhalb dieses Bereichs wiederum eine
Konzentration auf geschlossen-bilaterale Kooperationen be-
wirken sollte. Insgesamt führen transaktionskostentheoretische Überlegungen zu dem Schluß, daß die landesspezifi-
schen Umfeldbesonderheiten in Japan zu einem relativ hohen
Anteil an geschlossen-bilateralen und verbundenen Kooperationsformen zur Folge haben.

Die Betrachtung sektoralspezifischer Einflußfaktoren
führte zu der Schlußfolgerung, daß die technologischen und
marktumfeldbedingten Einflußfaktoren zu erheblichen Unterschieden der vertikalen Kooperationsformen in den einzelnen
Industriezweigen führen müßten. Die Differenzierungen der
betrachteten Einflußfaktoren verlaufen jedoch oft nicht
konform mit den Branchenabgrenzungen. Außerdem ist in Betracht zu ziehen, daß nicht nur horizontal zwischen den
einzelnen Industriezeigen, sondern auch vertikal zwischen
den verschiedenen Produktionsstufen erheblicher Differenzierungsbedarf besteht. Generelle Schlußfolgerungen können
daher an dieser Stelle nicht gezogen werden; nur bei konkreter Betrachtung von Teilbereichen und Einzelfällen kann

der Einfluß der einzelnen genannten Faktoren auf die vertikale Kooperationsstruktur überprüft werden.

Nachfolgend ist nunmehr zu untersuchen, inwieweit der Einfluß der zahlreichen regionalen und sektoralen Determinanten auf die Transaktionswirklichkeit nachvollziehbar ist. Dazu sollen die vertikalen Arbeitsteilungsstrukturen in der japanischen Industrie in drei Schritten analysiert werden. Zunächst wird eine summarisch-gesamtwirtschaftliche Betrachtung vorgenommen, anschließend wird ein Vergleich zwischen einigen bedeutenden Industriezweigen gezogen, und schließlich wird die Analyse durch eine vertiefte Betrachtung der Kooperationsformen in der feinmechanischen und optischen Industrie ergänzt.

5 Zwischenbetriebliche Kooperationen in der japanischen Industrie: Vertikale Arbeitsteilungen im Spektrum zwischen Markt und Hierarchie

5.1 Einleitende Bemerkungen

In diesem Teil der Arbeit sollen die verschiedenen Erscheinungsformen vertikaler Arbeitsteilung in der japanischen Industrie unter dem Blickwinkel des zuvor aufgestellten Bezugsrahmens analysiert werden. Es ist also zu untersuchen, welche Kooperationsformen im Spektrum zwischen externer und interner Arbeitsteilung in der japanischen Industrie insgesamt sowie in deren verschiedenen Teilbereichen vorherrschen und ob die Ergebnisse die Vorhersagen bestätigen, die im vorherigen Abschnitt aus dem Bezugsrahmen abgeleitet wurden. Die Analyse soll dabei in drei Stufen ablaufen:

Zunächst werden aggregierte Daten für das gesamte verarbeitende Gewerbe betrachtet und mit der Situation in Deutschland verglichen. Die Verifizierung von Zusammenhängen zu den regionalspezifischen Einflußfaktoren steht hier im Vordergrund.

Daran anschließend werden die Besonderheiten in einigen bedeutenden Industriezweigen untersucht, und es wird, soweit möglich, ein Vergleich mit den Kooperationsformen in den entsprechenden Bereichen der deutschen Industrie vorgenommen. Die Analyse steht also in diesem Teilabschnitt sowohl unter sektoral-, als auch unter regionalspezifischen Vorzeichen.

Schließlich folgt eine intensive Betrachtung der vertikalen Arbeitsteilungsstrukturen in der feinmechanischen und optischen Industrie Japans. Die Branchenstruktur wird zunächst anhand von japanischen Primär- und Sekundärstudien analysiert. Darauf aufbauend werden die Ergebnisse einer Fragebogenuntersuchung sowie von Interviewbefragungen durch den Verfasser untersucht und die hierauf bezogenen Untersuchungshypothesen verifiziert. Die sektoralspezifische und mikroanalytische Betrachtung steht dabei gegenüber dem Regionalvergleich im Vordergrund.

5.2 Die Kooperationsformen aus gesamtwirtschaftlicher Sicht

5.2.1 Der Kontinuitätsgrad der Zusammenarbeit

Die Kontinuität der Transaktionsbeziehungen vertikaler Kooperationen ist, wie Okamuro treffend bemerkt, inhaltlich von der vereinbarten Vertragsdauer klar abzugrenzen[1]. Letztere ist nur Ausdruck des Austauschverhältnisses de iure und gibt Anhaltspunkte über den Formalisierungsgrad des Kooperationsverhältnisses, oder, transaktionskostentheoretisch betrachtet, den Vollständigkeitsgrad der Vereinbarung. Hier interessiert jedoch die tatsächliche Dauer der Beziehungen zwischen den beteiligten Unternehmen, welche die Vertragslaufzeit meist weit übersteigt.

Im Falle Japans gaben nach den jüngsten Ermittlungen des *Chûshô Kigyôchô*, welche auf einer Erhebung vom Dezember 1991 basieren, rund 97% der befragten Zuliefer- und Abnehmerunternehmen im verarbeitenden Gewerbe an, mit ihren Geschäftspartnern seit mehr als 5 Jahren fortwährend Transaktionsbeziehungen zu unterhalten[2]. Dies übertrifft noch deutlich den Wert von 94,2%, der bei einer auf Zulieferunternehmen beschränkten Untersuchung im Jahre 1987 ermittelt wurde. Bei der letztgenannten Befragung wurde außerdem ermittelt, daß 68,2% der Zulieferunternehmen ihren Hauptabnehmer seit Gründung des Unternehmens noch kein einziges Mal gewechselt haben. Werden die Unternehmen hinzugerechnet, die dies ein einziges Mal getan haben, so ergibt sich ein Anteil von 83,4%[3].

---

[1] Vgl. Okamuro (1992), S. 87.

[2] Vgl. Chûshô Kigyôchô (1992a), S. 87.

[3] Vgl. Chûshô Kigyôchô (1988), S. 61.

Diese Daten deuten darauf hin, daß die vertikale Zusammenarbeit zwischen japanischen Industrieunternehmen in
nahezu allen Fällen von hoher Kontinuität geprägt ist. Da-
gegen könnte allerdings eingewandt werden, daß die o.g. Untersuchungen auf Zulieferunternehmen im engeren Sinne (=
shitauke kigyô, siehe die begrifflichen Abgrenzungen in
Abschnitt 2.2.1) beschränkt waren und somit u.U. nicht
repäsentativ für die gesamte japanische Industrie sind. Bei
einer Untersuchung des *Nihon Keizai Chôsa Kyôgikai* (Japan
Economic Research Institute), welche ebenfalls auf die
Dauer der Geschäftsbeziehungen zwischen den Unternehmen
abzielte, wurde jedoch keine derartige Einschränkung vorgenommen. Knapp 100 Großunternehmen aus verschiedenen Branchen wurden zur Kontinuität der Geschäftsbeziehungen zu
ihren Zulieferern im weitesten Sinne, d.h. zu allen Unternehmen, die ihnen Materialien, Vor-, Zwischen- und Endprodukte liefern, befragt. Die Auswertung der Ergebnisse für
den Bereich des verarbeitenden Gewerbes (siehe hierzu
Abbildung 14) zeigt, daß mit Ausnahme eines einzigen Unternehmens entweder ausschließlich oder überwiegend kontinuierliche Geschäftsbeziehungen unterhalten werden. Der
Anteil der Unternehmen mit ausschließlich kontinuierlichen
Transaktionsformen überwiegt dabei deutlich.

Demgegenüber gaben bei einer branchenübergreifenden
Befragung des Instituts für Mittelstandsforschung im Jahre
1989 nur 59% der erfaßten deutschen Zulieferunternehmen an,
zu mehr als 75% ihrer Kunden dauerhafte Geschäftsbeziehungen zu unterhalten[1]. Es ist nicht zu übersehen, daß die
Fragestellung von den o.g. japanischen Untersuchungen deutlich abweicht. Dennoch kann dieses Ergebnis als ein deutlicher Hinweis darauf aufgefaßt werden, daß der Anteil kontinuierlicher Transaktionen zwischen industriellen Zulieferern und Abnehmern in Deutschland bei weitem nicht so
hoch ist wie in Japan.

---

[1] Vgl. Schmidt/Richter (1991), S. 65.

Abbildung 14: Verbreitung von kontinuierlichen (= seit mehr als fünf Jahren bestehenden) vertikalen Kooperationen zwischen japanischen Industrieunternehmen
- Anteil der abgegebenen Antworten in Prozent -

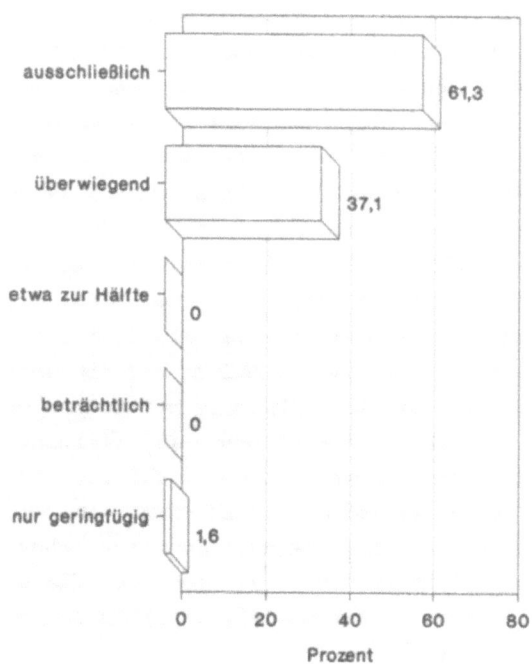

Quelle: Nihon Keizai Chôsa Kyôgikai (1989)

Insgesamt deuten die vorliegenden Untersuchungsergebnisse stark darauf hin, daß der Anteil kontinuierlicher
vertikaler Geschäftsbeziehungen zwischen Industrieunternehmen in Japan außerordentlich hoch ist. Umgekehrt betrachtet ist daher die Bedeutung von diskontinuierlich ausgerichteten, idealtypischen Markttransaktionen angenäherten
externen Kooperationen äußerst gering. Dies gilt, soweit
erkennbar, auch im Vergleich zu den Verhältnissen in
Deutschland.

116

5.2.2 Der Spezifitätsgrad der Transaktionen

Um die Bedeutung abnehmerspezifischer Zulieferungen zu
ermessen, kann in Japan auf die bereits genannten
MITI-Basisberichte zurückgegriffen werden, da beide dort
verwendeten Zulieferbegriffe - wie bereits in Abschnitt
2.2.1 ausgeführt - den Austausch nicht abnehmerspezifischer Güter explizit ausschließen. Nach der jüngsten Erhebung zum Stichtag 31.12.1987 betrug der Anteil von abnehmerspezifischen Zulieferungen (*gaichū*) am Umsatz im Durchschnitt aller erfaßten Unternehmen 16,9%[1]. Dabei ist aber
zu berücksichtigen, daß in diesem Durchschnittswert auch
alle Klein- und Kleinstunternehmen enthalten sind, bei
denen weniger damit zu rechnen ist, daß sie sich selbst abnehmerspezifisch zuliefern lassen. Sofern nur die Unternehmen ab einer Größe von 300 Beschäftigten betrachtet werden,
erhöht sich der Anteilswert spezifischer Zulieferungen am
Umsatz auf 19,8%. Bemerkenswert ist auch, daß sich der Anteilswert spezifischer Zulieferungen am Umsatz im Verlauf
der siebziger und achtziger Jahre noch deutlich erhöht hat.
Gegenüber den o.g. 16,9% im Jahre 1987 betrugen die entsprechenden Werte 13,3% im Jahre 1971, 11,1% im Jahre 1976
und 15,4% im Jahre 1981[2].

Aus Zulieferersicht wurde in der gleichen Erhebung auf
den tendenziell noch engeren *shitauke*-Tatbestand abgezielt.
Wie aus den bereits in Abschnitt 2.2.2 angeführten Daten
deutlich wird, ist der größte Teil der Zulieferunternehmen
vollständig oder stark überwiegend vom Umsatz (spezifischer) Zulieferprodukte abhängig, wenn auch der Anteil der
Unternehmen, die sich selbst als Zulieferer einstuften, in

---

[1] Vgl. Chûshô Kigyôchô (1990a), S. 34.

[2] Errechnet vom Verfasser nach Daten aus Chûshô Kigyôchô
(1974), Chûshô Kigyôchô (1979), Chûshô Kigyôchô (1984).

den achtziger Jahren deutlich zurückging. Zu ähnlichen Ergebnissen führte die jüngste Untersuchung des Forschungsinstituts des *Shôkô Chûkin*, bei der Daten von über 1500 japanischen Zulieferunternehmen verschiedener Industriezweige
erhoben wurden. Dieser Untersuchung lag ebenfalls der
shitauke-Zulieferbegriff zugrunde; der durchschnittliche
Anteil von *shitauke* am Gesamtumsatz der Unternehmen betrug
hier 85,2%[1]. Noch stärker als aus Abnehmer- dokumentiert
sich also aus Zulieferersicht der außerordentlich hohe Anteil von abnehmerspezifischen Zulieferungen in der japanischen Industrie.

Schließlich kann die Spezifität der Transaktionen auch
daran gemessen werden, inwieweit die Vormaterialien vom
Abnehmer zur Verfügung gestellt werden bzw. dieser auf den
Materialeinkauf des Unternehmens Einfluß nimmt. Zu dieser
Frage liefern die Basiserhebungen des MITI ebenfalls
interessante Ergebnisse (siehe Abbildung 15). Danach wurden
im Jahre 1987 mehr als zwei Drittel der erfaßten Unternehmen - der hier erfaßte Sachverhalt bezieht sich auf alle
Industrieunternehmen, nicht nur auf die Zulieferer - von
ihren Hauptabnehmern mit den wichtigsten Vormaterialien beliefert oder beschafften sich diese Güter unter Anleitung
der Hauptabnehmer. Zugleich ist klar erkennbar, daß der Anteil der Unternehmen, die in ihrer Vormaterialbeschaffung
unabhängig sind, in den siebziger und achtziger Jahren stetig zurückgegangen ist.

Für die deutsche Industrie liegen kaum vergleichbare
Daten über den Spezifitätsgrad der Transaktionen vor. In
der bislang einzigen amtlichen Erhebung zum Zulieferwesen
in Deutschland stuften sich Anfang der siebziger Jahre nur
knapp 19% der befragten Industriebetriebe als Zulieferer
ein[2]. Diese Erhebung muß aber als sehr veraltet gelten
und bezog sich zudem nur auf die Region Baden-Württemberg.

---

[1] Vgl. Shôkô Chûkin (1989), S. 41.

[2] Vgl. Hutzel (1981b), S. 116.

118

Abbildung 15: Formen der Vormaterialbeschaffung japanischer Industrieunternehmen, 1971-1987 - Anteile in Prozent-

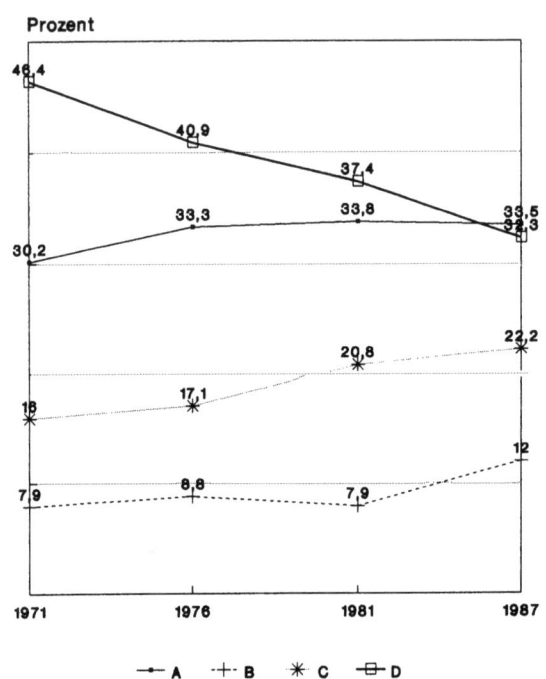

A: unentgeltliche Bereitstellung durch den Abnehmer
B: entgeltliche Bereitstellung durch den Abnehmer
C: Ankauf von Dritten unter Anleitung des Abnehmers
D: selbständiger Ankauf von Dritten

Quellen: Chûshô Kigyôchô (1974); Chûshô Kigyôchô (1979); Chûshô Kigyôchô (1984); Chûshô Kigyôchô (1990a)

Bei der schon in Abschnitt 2.2.2 dieser Arbeit erwähnten,
wesentlich aktuelleren STRATOS-Erhebung bezeichneten sich
demgegenüber 46,0% der befragten Unternehmen in Deutschland
als Zulieferunternehmen[1]. Hier ist jedoch zu bedenken,
daß sich die genannte Untersuchung, wie oben bereits ausgeführt, auf drei ausgewählte Industriezweige beschränkte und
daher nicht als für das gesamte verarbeitende Gewerbe repräsentativ angesehen werden kann. Außerdem stützten sich
die Ergebnisse für Deutschland auf die Daten von nur 100
Unternehmen[2]. Aus diesen Gründen darf auch der Aussagegehalt dieser Untersuchung nicht überschätzt werden. Es kann
lediglich gesagt werden, daß die vorliegenden Daten unter
den genannten Vorbehalten auf einen geringeren Spezifitätsgrad der vertikalen Transaktionen zwischen deutschen
Industrieunternehmen hindeuten.

5.2.3 Der Konzentrationsgrad der Transaktionen

In den o.g. Untersuchungen ist auch der Konzentrationsgrad der Transaktionen zwischen japanischen
Industrieunternehmen untersucht worden. Zunächst soll die
Abnehmerkonzentration der Zuliefertransaktionen betrachtet
werden. Bei der Basisuntersuchung des MITI stellte sich
heraus, daß über 80% der Zulieferunternehmen bis zu fünf
und davon wiederum rund die Hälfte gar nur einen Abnehmer
hatten (siehe Abbildung 16). Die Untersuchungsergebnisse
des *Shôkô Chûkin* fallen nicht ganz so extrem aus: Der
Anteil der Unternehmen mit nur einem Abnehmer betrug hier
27,5%, mit bis zu fünf Abnehmern insgesamt 61,2%[3]. Die

---

[1] Vgl. The STRATOS Group (1990), S. 66.

[2] Vgl. The STRATOS Group (1990), S. 10.

[3] Vgl. Shôkô Chûkin (1989), S. 37.

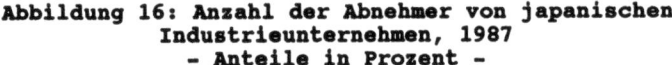

Abbildung 16: Anzahl der Abnehmer von japanischen Industrieunternehmen, 1987 - Anteile in Prozent -

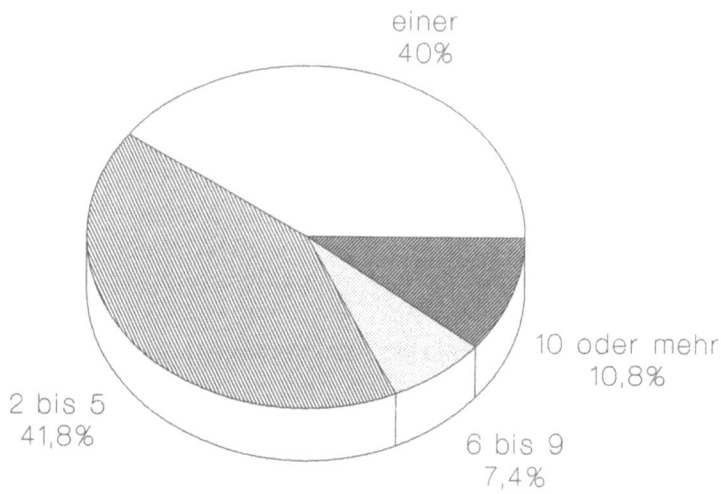

Quelle: Chûshô Kigyôchô (1990a)

Ergebnisabweichung läßt sich daraus erklären, daß in der *Shôkô Chûkin*-Befragung Kleinunternehmen mit bis zu 50 Beschäftigten stark unterrepräsentiert sind. Im übrigen deuten aber die Resultate beider Untersuchungen darauf hin, daß der Konzentrationsgrad der Kooperationen durchschnittlich betrachtet äußerst hoch ist. Beeindruckend sind auch die Ergebnisse zur Frage der Abhängigkeit vom größten Abnehmer: Diese betrug bei der *Shôkô Chûkin*-Untersuchung auf den Umsatz bezogen im Durchschnitt aller Unternehmen 59,3%[1]; im Falle des MITI-Basisberichtes hingen 71,2% der

---

[1] Vgl. Shôkô Chûkin (1989), S. 39.

Zulieferunternehmen zu mehr als 50% von ihrem größten
Kunden ab[1].

Zu beachten ist allerdings, daß sich die durchschnittliche Abnehmerzahl aller erfaßten Unternehmen im Zuliefergeschäft bei den MITI-Basisberichten zwischen 1976 und 1987
von drei auf fünf erhöht hat[2], was für einen deutlichen
Rückgang der Konzentration in diesem Bereich spricht. Demgegenüber ist bei den Daten der *Shôkô Chûkin*-Untersuchungen
die Entwicklung weniger eindeutig: Der Anteil der befragten
Unternehmen, die mit mehr als 50% des Umsatzes von ihrem
größten Abnehmer abhingen, betrug 57,0% im Jahr 1988 gegenüber 64,5% im Jahr 1982, 63,1% im Jahr 1976 und 54,9% im
Jahr 1970[3].

Die allgemeine, also auf den Gesamtumsatz bezogene Abnehmerkonzentration ist in der japanischen Industrie ebenfalls ausgesprochen hoch. So bestritten laut der jüngsten
MITI-Basiserhebung im Jahre 1987 64,4% der Industrieunternehmen mehr als 80% des Gesamtumsatzes mit ihren drei größten Abnehmern[4]. Im Zeitvergleich ist dieses Konzentrati-
onsmaß allerdings deutlich zurückgegangen: Die Vergleichswerte früherer Erhebungen betrugen 69,8% im Jahr 1981,
70,9% im Jahr 1976 und 73,9% im Jahr 1971[5].

----

[1] Vgl. Chûshô Kigyôchô (1990a), statistischer Teil, S.
158.

[2] Vgl. Chûshô Kigyôchô (1979), S. 48; Chûshô Kigyôchô
(1990a), S. 44. Auch von wissenschaftlicher Seite wird
die Ansicht vertreten, daß sich der Konzentrationsgrad
der Zuliefertransaktionen in den letzten Jahren deutlich
verringert hat; vgl. z.B. Kiyonari (1990), S. 133ff;
Yaginuma (1992), S. 10ff.

[3] Vgl. Shôkô Chûkin (1971), S. 21; Shôkô Chûkin (1977),
S. 26; Shôkô Chûkin (1983), S. 28; Shôkô Chûkin (1989),
S. 39.

[4] Vgl. Chûshô Kigyôchô (1990a), statistischer Teil, S.
140.

[5] Vgl. Chûshô Kigyôchô (1974), S. 126; Chûshô Kigyôchô
(1979), S. 47; Chûshô Kigyôchô (1984), S. 38.

In krassem Kontrast zu den Verhältnissen in Japan stehen die Resultate der beiden branchenübergreifenden Untersuchungen zum Zulieferwesen, die in jüngerer Zeit in
Deutschland durchgeführt wurden: Der Anteil der befragten
Unternehmen mit mehr als 20 Abnehmern betrug hier 67,2%[1]
bzw. 67,6%[2]. Auch die Umsatzkonzentration auf die größten
Abnehmer reicht bei weitem nicht an die Situation in Japan
heran. So wurde im Falle der IfM-Untersuchung ermittelt,
daß im Durchschnitt nur 33,4% der befragten Unternehmen
mehr als 50% ihres Zulieferumsatzes mit ihren drei größten
Abnehmern bestreiten[3].

Insgesamt ist festzustellen, daß der Konzentrationsgrad der vertikalen zwischenbetrieblichen Kooperationen in
der japanischen Industrie durchschnittlich betrachtet außerordentlich hoch ist, wenn er auch in den letzten beiden
Jahrzehnten schon deutlich zurückgegangen sein dürfte. Demgegenüber sind die Zulieferunternehmen in Deutschland weit
stärker abnehmerdiversifiziert.

5.2.4 Der Intensitätsgrad der Lieferbeziehungen

Die aktuellsten bereichsübergreifenden Untersuchungsergebnisse zum Intensitätsgrad der vertikalen zwischenbetrieblichen Arbeitsteilung in Japan entstammen der bereits
genannten neuesten Erhebung des *Shôkô Chûkin*. Danach gaben
im Jahre 1988 23,2% der befragten Zulieferunternehmen an,
die Bestellungen ihres Hauptabnehmers würden online eingehen. Bei weiteren 17,1% der Unternehmen war die informa-

---

[1] Vgl. Schmidt/Richter (1991), S. 55.

[2] Vgl. Kubota/Witte (1990), S. 395.

[3] Vgl. Schmidt/Richter (1991), S. 57.

tionstechnische Vernetzung mit dem Hauptabnehmer in Vorbe-
reitung[1].

Die Lieferfrequenz war bei den befragten Unternehmen
stark gestreut. Am häufigsten wurde mit 48,9% der Fälle die
Lieferung in Tageseinheiten (also mehrmals pro Woche bis
maximal einmal pro Tag) genannt; 8,1% der Unternehmen lieferten sogar mehrmals täglich aus. Andererseits erfolgte
bei 18,6% der Unternehmen die Lieferung in Wocheneinheiten
(mehrmals monatlich bis maximal einmal wöchentlich), und in
21,9% der Fälle wurde sogar nur in Monatsrhythmen ausgeliefert[2].

Für das Zulieferwesen in Deutschland liegen keine vergleichbaren Daten aus bereichsübergreifenden Untersuchungen
vor, so daß bei der Intensität der Lieferbeziehungen kein
Ländervergleich möglich ist.

Nach den o.g. Ergebnissen ist die unmittelbare informationstechnische Vernetzung im Zuliefer-Abnehmer-Verhält-
nis in Japan zwar kein allgemeines, aber doch ein gesamtwirtschaftlich verbreitetes Phänomen. Der Anteil der Unternehmen, die mehrmals täglich ausliefern, was als ein star-
kes Indiz für produktionssynchrone Anlieferung betrachtet
werden kann, ist gering. Andererseits liefert ein sehr
großer Teil der Unternehmen mehrmals wöchentlich bis einmal
täglich. Auch in diesem Fall kann noch von einer hohen Lie-
ferintensität gesprochen werden, und die Lagerhaltung beim
Abnehmer dürfte gering sein. Insgesamt kann gesagt werden,
daß einerseits bei der Transaktionsintensität im Zulieferer-Abnehmer-Verhältnis eine große Streubreite besteht, andererseits der Anteil der Unternehmen, deren Bestellungs-

---

[1] Vgl. Shôkô Chûkin (1989), S. 46.

[2] Vgl. Shôkô Chûkin (1989), S. 63. Bei der Lieferfrequenz
scheinen sich im übrigen zumindest in den achtziger Jahren keine größeren Veränderungen ergeben zu haben: Die
Vergleichswerte der mehrmals wöchentlich bzw. mehrmals
täglich ausliefernden Unternehmen betrugen im Jahr 1982
52,5% bzw. 9,4% und lagen damit sogar über den 1988 ermittelten Anteilen; vgl. Shôkô Chûkin (1983), S. 44.

und Lieferpraxis auf einen hohen Internalisierungsgrad der Arbeitsteilung hindeutet, nicht gering ist.

5.2.5 Der Formalisierungsgrad der Zusammenarbeit

Ein Indikator für den Formalitäts- bzw. transaktionskostentheoretisch betrachtet den Vollständigkeitsgrad der vertraglichen Bindung im Zulieferbereich ist die Laufzeit der abgeschlossenen Verträge. Je kürzer die Vertragslaufzeit, desto genauer wird tendenziell im Vertragstext der Ablauf der Zusammenarbeit geregelt sein. Je langfristiger hingegen der Vertrag, desto mehr wird zwangsläufig auf Generalklauseln zurückgegriffen werden müssen und desto relationaler, informeller wird die Kooperation.

Es wird oft behauptet, die Vertragslaufzeiten im Zulieferwesen seien in Japan generell sehr lang[1]. Dem Verfasser ist jedoch keine branchenübergreifende Untersuchung bekannt, in der diese Hypothese einmal überprüft worden wäre. Allerdings wurde von der *Zenkoku Shitauke Kigyô Shinkô Kyôkai* (Bundesverband zur Förderung der Zulieferunternehmen) im Jahre 1990 im Rahmen einer Großumfrage an über 2000 Zulieferunternehmen untersucht, inwieweit den Zuliefertransaktionen überhaupt schriftliche Vereinbarungen zugrundeliegen. Diese Frage wurde von 46,8% der befragten Unternehmen verneint[2]. Da die genannte Untersuchung nur auf den Tatbestand des Austausches von (unvollständigen) Rahmenverträgen abzielte, kann ferner nicht ausgeschlossen werden, daß auch bei einem Großteil der Unternehmen, die solche Rahmenvereinbarungen getroffen haben, keine darüber hinausgehenden Verträge von höherem Formalitätsgrad abgeschlossen wurden.

---

[1] Vgl. z.B. Chûshô Kigyôchô (1992d), S. 45, wo von Laufzeiten von zwei bis fünf Jahren gesprochen wird.

[2] Vgl. Shitauke Shinkô Kyôkai (1992), S. 193.

Demgegenüber stellt sich die Situation in Deutschland
wesentlich anders dar: Bei einer branchenübergreifenden Untersuchung in den Jahren 1988/89 gaben knapp 60% der befragten Zulieferunternehmen Vertragslaufzeiten von bis zu
sechs Monaten an; in mehr als 80% der Fälle betrug die ver-
tragliche Bindung nicht mehr als ein Jahr[1]. Indirekt ergibt sich aus den Ergebnissen dieser Befragung auch, daß
der Anteil der Unternehmen, die auf die schriftliche Fixierung der Vertragsbedingungen ganz verzichten, offenbar weit
geringer ist als in Japan.

Der Formalitätsgrad von Zulieferkooperationen ist in
Japan bislang insbesondere auf gesamtwirtschaftlicher Ebene
wenig untersucht worden. Dennoch gibt es deutliche Hinweise
darauf, daß insbesondere im Vergleich zu Deutschland der
Anteil der unvollständigen und relationalen Vereinbarungen
ausgesprochen hoch, die Verbreitung kurzfristiger Verträge
mit hohem Formalisierungsgrad vergleichsweise gering ist.

5.2.6 Der Zentralisierungsgrad der Entscheidungen

Daß der Anteil der externen und offen-bilateralen
Kooperationen, bei denen die Informationsübermittlung über
den Preis vollzogen wird und keine bilateralen Verhandlungen notwendig sind, im Zulieferwesen der japanischen Industrie summarisch betrachtet relativ gering ist, geht aus
den bisherigen Ausführungen deutlich hervor. Es stellt sich
aber die Frage, inwieweit der Entscheidungsfindungsprozeß
über den Ablauf der Transaktionen überhaupt noch bilateral,
d.h. zwischen zwei selbständigen Partnern vollzogen wird
bzw. in welchem Ausmaß die Entscheidungskompetenz auf einer
Seite zentralisiert ist.

Hinweise zur Klärung dieser Frage liefern die Erhebungen des *Shôkô Chûkin*, bei denen unter anderem die Methode

---

[1] Vgl. Kubota/Witte (1990), S. 393.

der Preisverhandlung für die Zulieferprodukte ermittelt
wird. Nach den Ergebnissen der jüngsten Untersuchung (siehe
hierzu Abbildung 17) gaben 17,5% der Zulieferunternehmen
an, daß ihre Hauptabnehmer die Preise unilateral festlegen,
in 5,7% der Fälle sogar ohne Einholung einer Vorkalkulation
durch den Zulieferer[1]. In den übrigen Fällen erfolgen
zwar bilaterale Verhandlungen, wobei aber die Position des
Abnehmers meist Vorrang vor den Interessen des Zulieferers
hat.

Zum Zulieferwesen in Deutschland liegen keine hiermit
unmittelbar vergleichbaren Daten vor. Nach einer Untersuchung des Mittelstandsinstituts Niedersachsen aus den Jahren 1986/87 fühlten sich immerhin 87,1% der befragten Zulieferunternehmen in irgendeiner Form durch ihren Abnehmer
diskriminiert[2]. Andererseits hatten auch nicht weniger
als 56,1% der Unternehmen eigene Verkaufsbedingungen[3],
wobei sich allerdings die Frage stellt, inwieweit diese gegenüber den Abnehmern durchsetzbar sind.

Aus der genannten Untersuchung wird deutlich, daß die
übermächtige Position des Abnehmers gegenüber dem Zulieferer im bilateralen Kooperationsverhältnis kein japanspezi-
fisches Phänomen ist. Die angeführten Ergebnisdaten sind
nicht direkt vergleichbar; es wird aber deutlich erkennbar,
daß in Japan die Fälle, bei denen die Zulieferer keinen
oder nur sehr geringen Einfluß auf die Geschäftskonditionen
haben, von nicht geringer Bedeutung sind.

---

[1] Im Vergleich zu früheren Untersuchungen haben sich die
genannten Prozentanteile auch nicht entscheidend verändert: Sie betrugen 16,0% bzw. 5,5% im Jahr 1982 und
21,3% bzw. 8,3% im Jahr 1976; vgl. Shôkô Chûkin (1977),
S. 36; Shôkô Chûkin (1983), S. 37.

[2] Vgl. Hamer (1988), S. 59.

[3] Vgl. Hamer (1988), S. 57.

**Abbildung 17: Formen der Preisfestsetzung bei
Zuliefertransaktionen in Japan, 1988
- Anteile in Prozent der abgegebenen Antworten -**

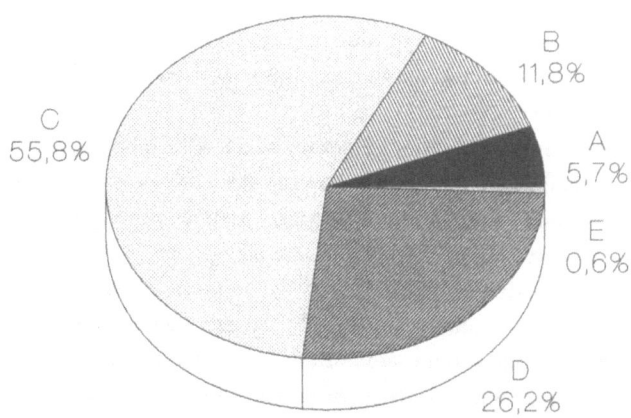

A: Abnehmer entscheidet einseitig
B: Abnehmer entscheidet nach Einholung einer Vorkalkulation
durch den Zulieferer
C: Entscheidung in bilateralen Verhandlungen, in denen die
Position des Abnehmers überwiegend zur Geltung kommt
D: Entscheidung in bilateralen Verhandlungen, in denen die
Position des Zulieferers stark berücksichtigt wird
E: Sonstiges

Quelle: Shôkô Chûkin (1989)

5.2.7 Das Ausmaß personeller und finanzieller Verflechtungen

Die Untersuchungsergebnisse des *Shôkô Chûkin* geben
einen Überblick darüber, in welchem Ausmaß sich die Abnehmer bei den Zulieferunternehmen in Japan personell und fi-

nanziell engagieren (siehe hierzu Abbildung 18)[1]. Danach
ist in gut ein Viertel der befragten Unternehmen leitendes,
in etwas mehr als ein Sechstel technisches Personal durch
die Abnehmer entsandt worden. Ferner liegt in knapp einem
Fünftel der Fälle Kapitalbeteiligung vor, wobei allerdings
keine Differenzierung nach der Höhe der Beteiligung vorgenommen wurde[2].

Weitere Aufschlüsse ergeben sich aus der Untersuchung
des Japan Economic Research Institute, wenn sich diese Untersuchung auch auf die Zulieferer von Großunternehmen beschränkt und daher nicht für alle Bereiche des verarbeitenden Gewerbes repräsentativ ist[3]. Danach hielten die befragten Großunternehmen an 12,0% ihrer Zulieferunternehmen
eine Kapitalbeteiligung von über 50%; in 16,8% aller Fälle
lag eine Minderheitsbeteiligung von unter 50% vor. Weitere
häufig genannte Formen der Austauschbeziehungen waren
"regelmäßiger Informationsaustausch" (21,6%), "Entsendung
von leitendem Personal" (17,9%) und "Gemeinsame Forschung
und Entwicklung" (13,8%). Andererseits wurden die Beziehungen zu 54,3% der Geschäftspartner als "Transaktionsverhältnis ohne besondere Austauschbeziehungen" beschrieben.

---

(1) Theoretisch ist auch der umgekehrte Fall denkbar. In
einer diesbezüglichen Untersuchung wurde jedoch ermittelt, daß ein Engagement der Zulieferer bei ihren Abnehmern nur sehr selten auftritt; vgl. Nihon Keizai Chôsa
Kyôgikai (1989), S. 32f. In jüngster Zeit sind allerdings einige Fälle dieser Art bekannt geworden; vgl.
o.V. (1993b).

(2) In einer früheren Untersuchung des *Shôkô Chûkin* im Jahr
1982 wurde nur nach Kapitalbeteiligungen und Entsendun-
gen von Vorstandsmitgliedern gefragt. Die entsprechenden
Prozentanteile betrugen 22,9% bzw. 24,1%; vgl. Shôkô
Chûkin (1983), S. 26. Demnach sind im zeitlichen Vergleich Kapitalbeteiligungen etwas seltener, die Entsen-
dungen von Vorstandspersonal etwas zahlreicher geworden.
Von weitgehenden Veränderungen kann aber nicht gesprochen werden.

(3) Vgl. zu den folgenden Angaben Nihon Keizai Chôsa Kyôgikai (1989), S. 9.

Abbildung 18: Verbreitung von personellem und finanziellem
Engagement der Abnehmer bei den Zulieferern in Japan, 1988
- Anteile in Prozent -

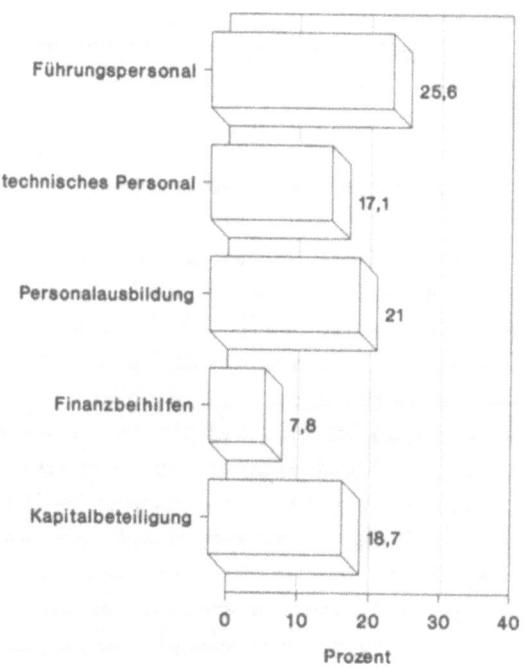

Quelle: Shôkô Chûkin (1989)

Demgegenüber ist der Ressourcenaustausch im Zulieferer-Abnehmer-Verhältnis in Deutschland weniger intensiv untersucht worden. Die Zulieferunternehmen wurden lediglich
in einer der neueren Untersuchungen danach befragt, ob eine
finanzielle Beteiligung durch Kundenunternehmen vorliegt.
Diese Frage wurde von 97% der Unternehmen verneint[1].

Insgesamt sind personelle und finanzielle Verflechtungen im Zulieferer-Abnehmer-Verhältnis in der japanischen

---

[1] Vgl. Kubota/Witte (1990), S. 388.

Industrie kein allgemein zu beobachtendes, aber auch kein
unbedeutendes Phänomen. Mehrheitsbeteiligungen der Auftraggeber an den Zulieferern sind relativ selten, scheinen aber
auch bei Berücksichtigung der eingeschränkten Vergleichbarkeit der o.g. Untersuchungen im Vergleich zu der deutschen
Industrie noch wesentlich häufiger zu sein.

5.2.8 Die Eigenfertigungstiefe der Unternehmen

Schließlich bleibt zu klären, in welchem quantitativen
Verhältnis in der japanischen Industrie unternehmensinterne
Arbeitsteilungen im Vergleich zu solchen Kooperationen stehen, bei denen die Partner zumindest nach außen hin als getrennte unternehmerische Einheiten auftreten.
    Diese Frage läßt sich unmittelbar aus der Betrachtung
der aggregierten Strukturdaten beantworten, die bereits in
Abschnitt 2.1.2 vorgestellt wurden. Der Anteil kleiner und
mittlerer Unternehmen an der Gesamtwirtschaft ist gemessen
an den Betriebsstätten und der Beschäftigtenzahl in Japan
weit höher als in anderen Industrieländern, was auf eine
geringere durchschnittliche Fertigungstiefe der einzelnen
Unternehmen hindeutet. Es wäre zwar auch denkbar, daß die
geringere durchschnittliche Unternehmensgröße nicht auf einer verringerten Produktionstiefe, sondern auf der geringeren Breite des Produktionsprogramms der Unternehmen beruht. In diesem Fall wären dann viele relativ kleine Unternehmen keine Zulieferer, sondern Direktanbieter von Endprodukten. Daß dem in Japan nicht so ist, wurde bereits in
Abschnitt 2.2.2 aufgezeigt: Der Anteil der Zulieferunternehmen ist in der japanischen Industrie im Vergleich zu
anderen Ländern ausgesprochen hoch.
    Zusätzliches Anschauungsmaterial bieten Ergebnisse der
Shôkô Chûkin-Untersuchung zur Weitergabe von Zulieferaufträgen (*sai-shitauke*). Danach ließen sich im Jahr 1988
nicht weniger als 96,2% der befragten Zulieferunternehmen

ihrerseits zuliefern; mehr als die Hälfte dieser Unternehmen hatte über zehn eigene Zulieferer[1]. Dabei ist zwar zu berücksichtigen, daß, wie bereits erwähnt, Klein- und Kleinstunternehmen in der zugrundeliegenden Untersuchung stark unterrepräsentiert sind. Dennoch sind diese Zahlen als ein weiteres Indiz dafür zu betrachten, daß in der japanischen Industrie mehrstufige Zulieferstrukturen mit geringer Eigenfertigungstiefe der einzelnen Unternehmen weit verbreitet sind. Zudem ergaben aktuelle Untersuchungen, daß ein Großteil der Unternehmen die Eigenfertigungstiefe weiter senken will[2].

Als Ergebnis kann festgehalten werden, daß die durchschnittliche Fertigungstiefe der japanischen Industrieunternehmen relativ gering und daher auch die gesamtwirtschaftliche Bedeutung der unternehmensinternen vertikalen Arbeitsteilungen geringer als in anderen Industrieländern ist.

5.2.9 Zusammenfassung

Die Ergebnisse dieses Abschnitts können wie folgt zusammengefaßt werden:

1.) Der Anteil der vertikalen Arbeitsteilungen, die auf diskontinuierlichen Kooperationen beruhen, ist in der japanischen Industrie äußerst gering. Entsprechend ist in der Diktion des Bezugsrahmens auch die gesamtwirtschaftliche Bedeutung externer Kooperationen sehr klein.

2.) Auch im Rahmen kontinuierlicher Arbeitsteilungsformen unterhält nur ein relativ kleiner Teil der Unternehmen Kooperationen mit geringem Spezifitäts- und Konzentrationsgrad. Ferner bilden Kooperationen mit hohem Formalitätsgrad (vollständigen Verträgen) eher die Ausnahme. Da-

---

[1] Vgl. Shôkô Chûkin (1989), S. 65.

[2] Vgl. Kurose (1992), S. 87f.; Okada (1992), S. 139f.

her ist die Bedeutung offen-bilateraler Kooperationen insgesamt betrachtet im Vergleich zu Deutschland eher gering.

3.) Die meisten japanischen Zulieferunternehmen stellen abnehmerspezifische Produkte her und haben eine hohe Abnehmerkonzentration. Der Formalitätsgrad der Kooperation ist überwiegend gering. Die Geschäftskonditionen im Zulieferer-Abnehmer-Verhältnis werden überwiegend in bilateralen Verhandlungen festgelegt, wenn auch die Position des Abnehmers meist stärker ist. Insgesamt sind damit geschlossenbilaterale Kooperationen in der japanischen Industrie sehr verbreitet und von deutlich größerer Bedeutung als in Deutschland.

4.) Die von nur einem Abnehmer extrem abhängigen Zulieferunternehmen bilden in Japan eine nicht unbedeutende Gruppe. Ein wesentlicher Teil der vertikalen Arbeitsteilungen ist völlig losgelöst von schriftlichen Vereinbarungen und somit relational. In nicht wenigen Fällen werden die Geschäftskonditionen weitgehend oder vollständig vom Abnehmer diktiert. Personelle und finanzielle Verflechtungen zwischen Zulieferer und Abnehmer sind ebenfalls keine Seltenheit. Damit sind verbundene vertikale Kooperationen gesamtwirtschaftlich betrachtet in Japan ebenfalls als verbreitet einzustufen. Ihre Bedeutung dürfte insgesamt deutlich geringer als die von geschlossen-bilateralen Kooperationen sein, liegt aber, soweit erkennbar, weit über derjenigen in der deutschen Industrie.

5.) Die gesamtwirtschaftliche Bedeutung kleiner und mittlerer Unternehmen ist schließlich in der japanischen Industrie weit höher als in Deutschland. Da außerdem auch der Anteil der Zulieferunternehmen sehr hoch ist, sind (unternehmens-)interne Kooperationen in Japan im Vergleich zu anderen Industrieländern unterdurchschnittlich verbreitet.

6.) Zeitvergleiche mit älteren Untersuchungsergebnissen zeigen, daß die o.g. Arbeitsteilungsstrukturen in der japanischen Industrie schon seit längerem bestehen. Ein-

zelne Indikatoren weisen zwar darauf hin, daß sich der Konzentrationsgrad der Transaktionen in den letzten zwei Jahrzehnten deutlich verringert hat. Drastische Veränderungen
in der Ausgestaltung der zwischenbetrieblichen Kooperationen sind aber nicht feststellbar.

Die Ergebnisse des vorstehenden gesamtwirtschaftlichen
Vergleichs entsprechen voll den zuvor angestellten Überlegungen und bestätigen daher uneingeschränkt die Untersuchungshypothesen zu den regionalspezifischen Einflußfaktoren. Naturgemäß ist es dabei nicht möglich, den Einfluß
einzelner Determinanten isoliert zu betrachten; die regionalspezifischen Einflußfaktoren bilden als Gesamtheit einen
Teil der Rahmenbedingungen für die Ausgestaltung vertikaler
Arbeitsteilungen.

5.3 Die Kooperationsformen in bereichsspezifischer Sicht
5.3.1 Einleitende Bemerkungen

In Ergänzung der vorangegangenen gesamtwirtschaftlich-
aggregierten Betrachtungsweise zwischenbetrieblicher Kooperationen sollen nunmehr die vertikalen Arbeitsteilungsformen in einzelnen Teilbereichen der japanischen Industrie
betrachtet werden. Mit Ausnahme des Kontinuitätsgrades der
Kooperation, bei dem, wie oben gezeigt, in Japan kaum
Differenzierungsbedarf besteht, sollen dabei die zuvor aufgezeigten Kriterien zur Unterscheidung der zwischenbetrieblichen Kooperationsformen erneut zur Anwendung kommen[1].
Die Analyse stützt sich einerseits auf aggregierte Daten

---

[1] Wie aus Abschnitt 5.2.1 hervorgeht, ist die Bedeutung
diskontinuierlicher bzw. kurzfristiger zwischenbetrieblicher Kooperationen in der japanischen Industrie sehr
gering. Darin liegt wohl auch die Ursache dafür, daß der
Kontinuitätsgrad der Transaktionen in Japan bereichs-
spezifisch kaum untersucht wurde. Nachfolgend wird daher
auf weitere Ausführungen zum Kriterium des Kontinuitätsgrades verzichtet.

und Statistiken, die schon im vorigen Abschnitt zur Beschreibung der gesamtwirtschaftlichen Situation herangezogen wurden, andererseits auf Feldstudien, in denen die
vertikalen Arbeitsteilungsformen in Einzelbranchen oder
auch nur das Zuliefersystem einzelner Großunternehmen
untersucht wurde.

In aggregierten Statistiken zur Struktur der japanischen Industrie wird häufig eine einerseits nach Branchen,
andererseits nach Unternehmensgrößenklassen differenzierte
Analyse vorgenommen. Während die Brancheneinteilung zur Erklärung sektoralspezifischer Besonderheiten im Sinne des
vorangestellten Bezugsrahmens als sehr geeignet erscheint,
ist die Interpretation der größenklassenspezifischen Daten
auf den ersten Blick weniger eindeutig. Sofern aber die
allgemeine Beobachtung zugrundegelegt wird, daß die Hersteller von Endprodukten überwiegend größer sind als die
von Vor- und Zwischenprodukten[1], kann die Unterteilung
nach Größenklassen zumindest näherungsweise zur Untersuchung von Unterschieden der Arbeitsteilungsformen auf den
einzelnen vertikalen Stufen des produktionswirtschaftlichen
Systems herangezogen werden. Die Brancheneinteilung dient
also produktionswirtschaftlich gesehen der Querschnitts-,
die Größenklasseneinteilung der Längsschnittsanalyse der
Kooperationsformen.

Die von staatlichen und privaten Forschungsinstituten
sowie von universitären Forschern durchgeführten Feldstudien zum Zulieferwesen haben gegenüber den aggregierten
statistischen Daten einen weit geringeren Abdeckungsgrad,

---

[1] Dieses Phänomen läßt sich, wie zuvor bereits in anderem
Zusammenhang angeführt, aus der Bedeutung von Skalenef-
fekten für die Produktionstechnologie erklären: Die Endverbrauchermärkte haben i.a. ein größeres Volumen als
die Märkte für Vor- und Zwischenprodukte, so daß sich
für die Hersteller von Endprodukten durch Massen- und
Großserienfertigung relativ größere Kostenvorteile realisieren lassen. Dies führt zu einem Anwachsen der
durchschnittlichen Unternehmensgröße auf dieser Ferti-
gungsstufe.

ermöglichen aber aus betriebswirtschaftlicher Sicht eine
wesentlich präzisere Betrachtung der Ausgestaltung
zwischenbetrieblicher Arbeitsteilungsformen. Die Ergebnisse
neuerer Studien für einige bedeutende Industriezweige sollen daher in Anschluß an die statistische Datenanalyse
branchenspezifisch zusammengefaßt werden.

5.3.2 Statistisch aggregierte Datenanalyse: Branchen- und größenklassenspezifische Besonderheiten
5.3.2.1 Der Spezifitätsgrad der Transaktionen

Auf die erheblichen branchenspezifischen Unterschiede
bei der Verbreitung von Zulieferunternehmen in Japan wurde
bereits im einleitenden Abschnitt dieser Arbeit hingewiesen[1]; der MITI-Basisbericht gibt über die Besonderheiten
in den einzelnen Industriezweigen umfassend Auskunft. Die
in der gleichen Erhebung vorgenommene Analyse aus Abnehmersicht bestätigt die Ergebnisse: Mit 39,4% des Umsatzes ist
der Anteil des Beschaffungsaufwandes für abnehmerspezifische Zulieferungen (gaichû) im Fahrzeugbau am höchsten;
weit überdurchschnittlich sind auch die Anteile in der
feinmechanischen Industrie (27,9%) und im Maschinenbau
(27,4%). In der Textil- und Bekleidungsindustrie liegen die
Werte hingegen leicht unter dem Durchschnitt für das verarbeitende Gewerbe[2], obwohl in diesen Industriezweigen die
zahlenmäßige Verbreitung von Zulieferunternehmen mit am
höchsten ist. Dies läßt darauf schließen, daß die durchschnittliche Größe der Zulieferunternehmen und damit ihr
Anteil an der Gesamtwertschöpfung weit unterdurchschnittlich ist.

Die größenklassenspezifische Analyse innerhalb des Zulieferbereichs wurde ebenfalls schon in einem früheren Ab-

---

[1] Siehe hierzu Abschnitt 2.2.2, Abbildung 5.

[2] Vgl. Chûshô Kigyôchô (1990a), S. 34.

schnitt der Arbeit vorgenommen[1]. Dabei zeigte sich, daß
mit zunehmender Größe der Anteil der Zulieferunternehmen
stark zurückgeht. Spiegelbildlich hierzu sind die Ergebnisse der Befragung aus Abnehmersicht: Der durchschnittliche Anteil des Beschaffungsaufwandes für spezifische Zulieferungen am Umsatz beträgt bei den Unternehmen bis zu 19
Beschäftigten 11,3%, in der Größenklasse von 20 bis 299 Beschäftigten schon 12,4% und bei den Unternehmen ab 300 Beschäftigten 19,8%[2]. Insgesamt wird die Annahme deutlich
bestätigt, daß bei den kleinen und mittleren Unternehmen
die Zulieferer, bei den Großunternehmen die Abnehmer und
Endhersteller überwiegend repräsentiert sind.

Schließlich soll noch der Selbständigkeitsgrad der Zulieferunternehmen bei der Vormaterialbeschaffung branchen-
und größenklassenspezifisch betrachtet werden. Durch Addition der Kategorien A, B und C aus Abbildung 15[3] ergibt
sich der Prozentanteil der Unternehmen, die ihr Vormaterial
unmittelbar vom Abnehmer erhalten (Lohnfertigung) oder von
letzterem beim Materialeinkauf angeleitet werden, in diesem
Sinne also abnehmerspezifisches Material verwenden. Die
branchen- und größenklassenspezifische Differenzierung
(siehe Abbildung 19) zeigt, daß der Anteil dieser Unternehmen vor allem in den Branchen sehr hoch ist, in denen auch
die Zulieferunternehmen zahlreich vertreten sind. Nicht
überraschen kann ferner, daß der Prozentsatz mit steigender
Unternehmensgröße stark zurückgeht. Interessant ist aber
die Tatsache, daß der Anteil der Unternehmen, die abnehmerspezifisch ihr Vormaterial beschaffen, durchgängig in allen
Branchen und Größenklassen den Prozentsatz der Zulieferunternehmen noch wesentlich übersteigt. Hier zeigt sich,

---

[1] Vgl. Abschnitt 2.2.2, Abbildung 7.

[2] Vgl. Chûshô Kigyôchô (1990a), statistischer Teil, S.
104.

[3] Vgl. Abschnitt 5.2.2, Abbildung 15.

Abbildung 19: Anteil der Industrieunternehmen in Japan, die bei der Vormaterialbeschaffung nicht selbständig sind, 1987 - differenziert nach Branchen und Größenklassen -

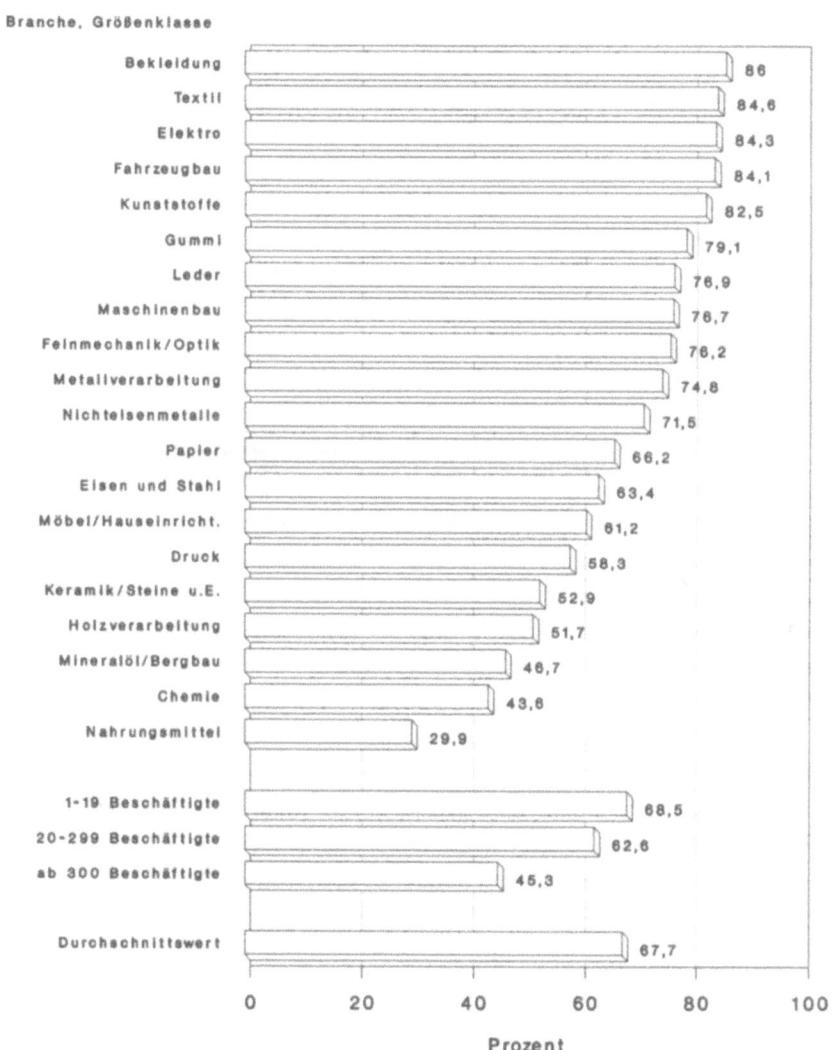

Quelle: eigene Berechnungen nach Daten aus Chûshô Kigyôchô (1990a)

wie eng der *shitauke*-Zulieferbegriff aus Sicht der Betroffenen letztlich ist.

Die o.g. branchen- und größenspezifischen Unterschiede
bei der Verbreitung abnehmerspezifischer Zulieferungen wurden auch in früheren Erhebungen festgestellt, und zwar
sowohl aus Abnehmersicht (*gaichû*)[1] als auch aus Zulieferersicht (*shitauke*)[2]. Bei der Entwicklung des Anteils abnehmerspezifischer Vormaterialbeschaffungen sind keine größeren Strukturveränderungen feststellbar[3]. In den siebziger und achtziger Jahren haben hier also zumindest bei aggregierter Betrachtungsweise zwischen den einzelnen Größenklassen und Industriezweigen keine bedeutenden Verschiebungen stattgefunden.

5.3.2.2 Der Konzentrationsgrad der Transaktionen

Wie bereits bei der Betrachtung gesamtwirtschaftlich
aggregierter Daten in Abschnitt 5.2 ausgeführt, enthalten
die Basisberichte des MITI auch Informationen zum Konzentrationsgrad der vertikalen Arbeitsteilungen, und zwar
sowohl der zwischenbetrieblichen Transaktionen im allgemeinen als auch der Zuliefertransaktionen im besonderen.

Zunächst soll die allgemeine Abnehmerkonzentration
branchenspezifisch betrachtet werden (siehe hierzu Abbildung 20). In den Industriezweigen, in denen der Anteil
der Zulieferunternehmen weit überdurchschnittlich ist, ist
durchgängig auch die durchschnittliche Abnehmerkonzentration sehr hoch. Sofern die Analyse auf den Bereich des Zu-

---

[1] Vgl. Chûshô Kigyôchô (1974), S. 92ff; Chûshô Kigyôchô
(1979), S. 37; Chûshô Kigyôchô (1984), S. 34.

[2] Vgl. Chûshô Kigyôchô (1979), S. 49; Chûshô Kigyôchô
(1984), S. 39.

[3] Vgl. Chûshô Kigyôchô (1974), S. 126ff; Chûshô Kigyôchô
(1979), S. 47; Chûshô Kigyôchô (1984), S. 38.

139

Abbildung 20: Anteil der Industrieunternehmen in Japan, die mehr als 80% ihres Umsatzes mit ihren drei größten Abnehmern bestreiten, 1987 - differenziert nach Branchen und Größenklassen -

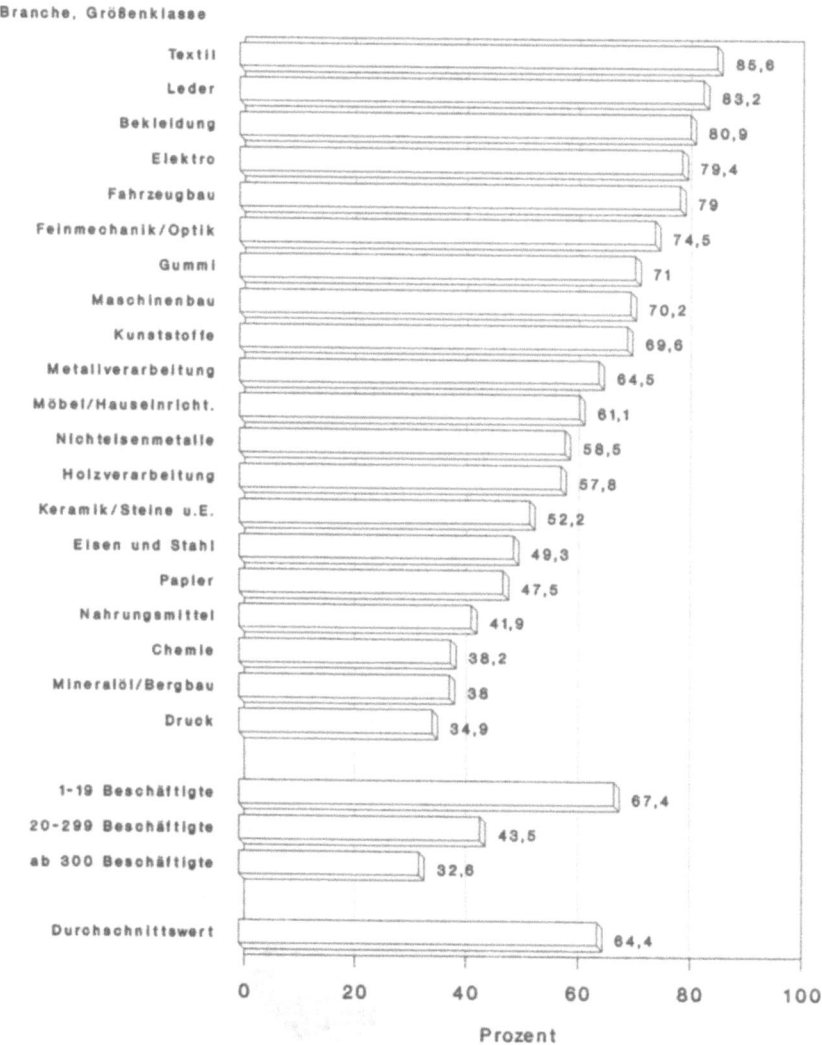

Quelle: Chûshô Kigyôchô (1990a)

lieferumsatzes beschränkt wird, ist die Umsatzkonzentration auf den größten Abnehmer vor allem in der Textil-, der Bekleidungs- und der Lederindustrie besonders hoch, während die Vergleichswerte für die Elektroindustrie, den Fahrzeugbau und die feinmechanische Industrie in der Nähe des Durchschnitts für das verarbeitende Gewerbe liegen[1]. Weitere Informationen für die Konzentration der Zuliefertransaktionen liefert die Untersuchung des *Shôkô Chûkin*, welche allerdings nicht alle Branchen des verarbeitenden Gewerbes, sondern vor allem den Bereich der Schwerindustrie abdeckt. Hier sind die durchschnittlichen Abhängigkeitsgrade der Zulieferunternehmen vom größten Abnehmer in montageorientierten Industriezweigen mit vorwiegend synthetischer Produktion (Fahrzeugbau, Elektro, Feinmechanik) weit höher als in materialbehandlungsorientierten Branchen mit vorwiegend durchgängiger Produktion (Stahl und Nichteisenmetalle, Metallverarbeitung)[2]. Demgegenüber wurde bei der auf vergleichsweise wenige Industriezweige beschränkten IfM-Studie in Deutschland ermittelt, daß vor allem bei den Zulieferern in der Automobilindustrie die Abnehmerkonzentration weit höher ist als in den anderen untersuchten Branchen[3].

In größenklassenspezifischer Betrachtung geht die Abnehmerkonzentration des Gesamtumsatzes mit zunehmender Beschäftigtenzahl stark zurück (siehe auch hierzu Abbildung 20). Bemerkenswert sind demgegenüber die Ergebnisse für den Zulieferbereich[4]: Der Anteil der Unternehmen, die ihren gesamten Zulieferumsatz mit nur einem Unternehmen bestreiten, ist bei den Unternehmen ab 300 Beschäftigten höher als

---

[1] Vgl. Chûshô Kigyôchô (1990a), statistischer Teil, S. 158ff.

[2] Vgl. Shôkô Chûkin (1989), S. 39.

[3] Vgl. Schmidt/Richter (1991), S. 54.

[4] Vgl. zu den nachfolgenden Ausführungen Chûshô Kigyôchô (1990a), statistischer Teil, S. 158.

in den unteren Größenklassen. Diese Tendenz wird zwar durch
die Tatsache relativiert, daß der Anteil des Zulieferumsatzes am Gesamtumsatz bei den Zulieferunternehmen ab 300
Beschäftigen relativ niedrig ist (66,3% gegenüber 78,5% bei
den kleinen und mittleren Zulieferunternehmen). Dennoch
bleibt festzuhalten, daß zumindest im Zulieferbereich die
Abnehmerkonzentration mit zunehmender Unternehmensgröße in
Japan eher anzusteigen scheint. Noch eindeutiger sind zu
dieser Frage die Ergebnisse der *Shôkô Chûkin*-Untersuchung:
Hier ist der durchschnittliche Abhängigkeitsgrad vom größten Abnehmer bei den Unternehmen bis zu 20 Beschäftigen am
niedrigsten, in der Größenklasse ab 300 Beschäftigen am
höchsten[1]. Insgesamt kann gesagt werden, daß mit zunehmender Unternehmensgröße der Anteil der Zulieferunternehmen
zwar einerseits deutlich zurückgeht. Andererseits ist aber
die Abnehmerkonzentration bei großen *Zulieferunternehmen*
durchschnittlich noch höher als bei kleinen. Hier sind
teilweise Parallelitäten zu den Verhältnissen in Deutschland zu erkennen, wo die Zulieferunternehmen unter 20 Beschäftigen ebenfalls am stärksten abnehmerdiversifiziert
sind. Die Abnehmerkonzentration nimmt dann mit der Unternehmensgröße zunächst stark zu und erst in der Größenklasse
ab 500 Beschäftigen wieder deutlich ab[2].

Der Zeitvergleich mit früheren Untersuchungen[3]
zeigt, daß bei den größenklassenspezifischen Besonderheiten
in den letzten beiden Jahrzehnten keine größeren Veränderungen stattgefunden haben. Branchenspezifisch betrachtet
fällt hingegen auf, daß die Abnehmerkonzentration sich in
der Automobil- und der Elektronikindustrie im Vergleich zur

---

[1] Vgl. Shôkô Chûkin (1989), S. 39.

[2] Vgl. Schmidt/Richter (1991), S. 55.

[3] Vgl. hierzu Chûshô Kigyôchô (1974), S. 126ff; Chûshô
Kigyôchô (1979), S. 47; Chûshô Kigyôchô (1984), S. 38;
Shôkô Chûkin (1971), S. 17; Shôkô Chûkin (1977), S. 27;
Shôkô Chûkin (1983), S. 29.

Stahl- und zur Metallindustrie deutlich nach oben entwik-
kelt hat.

5.3.2.3 Der Intensitätsgrad der Lieferbeziehungen

Die Untersuchung des *Shôkô Chûkin* gibt Auskunft über
die branchen- und größenklassenspezifischen Unterschiede
bei der Intensität der Zulieferbeziehungen. Die online-
Auftragsannahme (siehe hierzu Abbildung 21) ist im Automobilbau mit Abstand am häufigsten vorzufinden, aber auch in
der Haushalts- und Schwerelektronik überdurchschnittlich
verbreitet. Im Schiffsbau und in der Metallindustrie ist
demgegenüber die Vernetzung zwischen Zulieferer und Abnehmer am wenigsten fortgeschritten. Die Untersuchungsergebnisse zur Frage der Anlieferfrequenz, die in der gleichen
Untersuchung behandelt wurde, weisen in die gleiche Richtung (siehe hierzu Abbildung 22). Auffällig ist insbesondere der mit 26,2% im Vergleich zum Gesamtdurchschnitt
extrem hohe Anteil mehrmals täglich ausliefernder Unternehmen im Fahrzeugbau. Sofern auch die Unternehmen hinzugenom-
men werden, die in Tageseinheiten (mehrmals wöchentlich bis
einmal täglich) ausliefern, ist in der Haushaltselektronik
und der Metallverarbeitung die Lieferfrequenz aggregiert
betrachtet ebenfalls überdurchschnittlich hoch.

Die Analyse nach Unternehmensgrößenklassen zeigt, daß
sowohl der Vernetzungsgrad zwischen Zulieferer und Abnehmer
als auch die Lieferfrequenz mit der Unternehmensgröße deutlich ansteigt; insbesondere in der Größenklasse mit mehr
als 300 Beschäftigten fällt der hohe Anteil der mit dem Abnehmer informationstechnisch vernetzten und mehrmals täglich ausliefernden Unternehmen auf.

Im Vergleich zu einer Untersuchung aus dem Jahr 1982
waren sowohl branchen- als auch größenklassenspezifisch

**Abbildung 21: Anteil von Zulieferunternehmen in Japan, die
von ihren Hauptabnehmern online Aufträge annehmen, 1988
- differenziert nach Branchen und Größenklassen -**

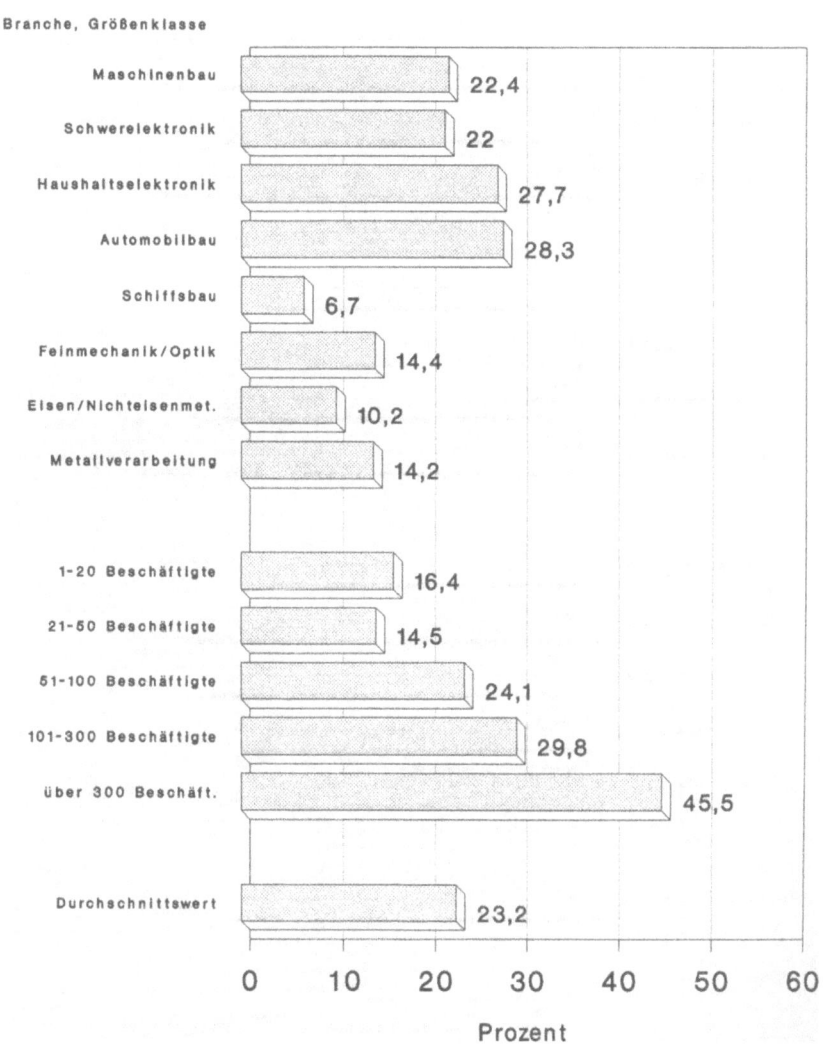

Branche, Größenklasse

Maschinenbau	22,4
Schwerelektronik	22
Haushaltselektronik	27,7
Automobilbau	28,3
Schiffsbau	6,7
Feinmechanik/Optik	14,4
Eisen/Nichteisenmet.	10,2
Metallverarbeitung	14,2
1-20 Beschäftigte	16,4
21-50 Beschäftigte	14,5
51-100 Beschäftigte	24,1
101-300 Beschäftigte	29,8
über 300 Beschäft.	45,5
Durchschnittswert	23,2

Prozent

Quelle: Shôkô Chûkin (1989)

**Abbildung 22: Anteil von Zulieferunternehmen in Japan, die
im Tages- und im Stundenrhythmus ausliefern, 1988
- differenziert nach Branchen und Größenklassen -**

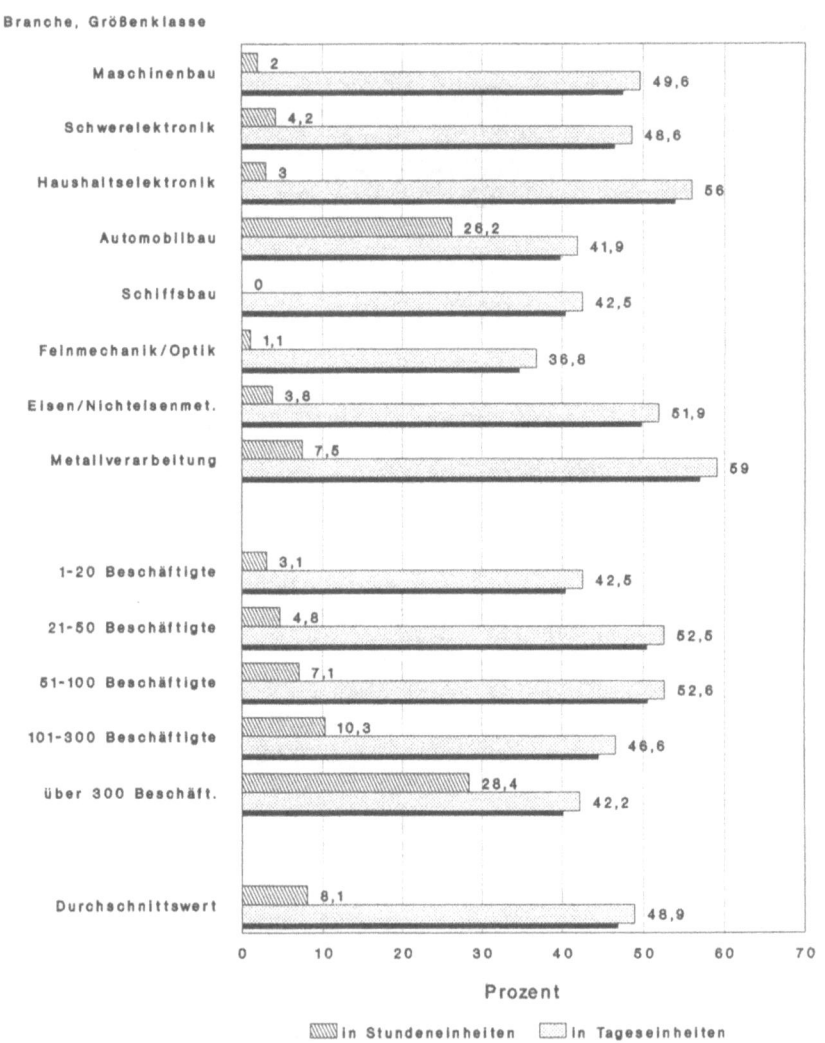

Quelle: Shôkô Chûkin (1989)

145

betrachtet keine größeren Verschiebungen zu beobachten[1].
Die Resultate weisen im übrigen in die gleiche Richtung wie
die Ergebnisse der IfM-Studie zum Zulieferwesen in Deutschland: Dort liegt der Anteil der Zulieferunternehmen, die
zumindest teilweise JiT ausliefern, im Automobilbau und der
Elektrotechnik mit 82,3% bzw. 61,2% weit höher als im
Maschinenbau und der chemischen Industrie (43,8% bzw.
32,0%)[2]. Ferner ist der entsprechende Anteil bei den Unternehmen ab 500 Beschäftigten mit 75,8% weit höher als in
den unteren Größenklassen[3].

5.3.2.4 Der Formalisierungsgrad der Zusammenarbeit

Zum Formalisierungsgrad der zwischenbetrieblichen Kooperationen in Japan beschränken sich die auf aggregierten
Daten beruhenden Informationen auf die bereits auf S. 124
genannte Studie des Verbandes der Zulieferunternehmen, bei
der auch eine branchen- und größenspezifische Differenzierung vorgenommen wurde. Der Anteil der Unternehmen, die
mit ihren Geschäftspartnern keine schriftlichen Rahmenvereinbarungen erstellen, ist danach in der Textilindustrie
weit überdurchschnittlich, in der Fahrzeugbau- und der
Elektroindustrie weit unterdurchschnittlich. Die Differenzierung nach Größenklassen zeigt ferner eine linear stark
zunehmende Tendenz: Während von den Unternehmen mit bis zu
vier Beschäftigten nur 23,2% Rahmenverträge mit ihren
Abnehmern abschließen, sind es bei den Unternehmen ab 300
Beschäftigten 94,8%[4].

---

[1] Vgl. Shôkô Chûkin (1983), S. 44f.

[2] Vgl. Schmidt/Richter (1991), S. 67.

[3] Vgl. Schmidt/Richter (1991), S. 68.

[4] Vgl. Shitauke Shinkô Kyôkai (1992), S. 193.

146

Dabei ist aber erneut zu betonen, daß sich die genannte Studie eben nur auf den Tatbestand des Abschlusses
schriftlicher Rahmenvereinbarungen beschränkte. Inwieweit
in den einzelnen Industriezweigen bzw. Größenklassen auch
genauere Vereinbarungen abgeschlossen werden, die über die
Rahmenverträge hinausgehen, geht aus den Daten nicht hervor. Außerdem erscheint insbesondere bei größenspezifischer
Betrachtung der Abschluß von schriftlichen Vereinbarungen
als Gradmesser für den Formalitätsgrad der Kooperation als
problematisch. Je komplexer die Zulieferprodukte und -lei-
stungen sind, desto größer wird der Bedarf zur schriftlichen Fixierung. Sofern davon ausgegangen wird, daß der
Fertigstellungs- und Komplexitätsgrad der von den Unternehmen gefertigten Produkte mit deren Größe tendenziell ansteigt, ist es also nicht verwunderlich, daß größere Unternehmen mit ihren Abnehmern häufiger schriftliche Vereinbarungen abschließen als kleinere. Dies besagt aber noch
nicht viel darüber, inwieweit auch die von den Kooperationspartnern als für das bilaterale Verhältnis relevant an-
gesehenen Konditionen (Preise, Lieferzeiten, Qualitätsstan-
dards) förmlich vereinbart wurden.

5.3.2.5 Der Zentralisierungsgrad der Entscheidungen

Zur bereichsspezifischen Differenzierung verschiedener
Formen der Entscheidungsfindung in der japanischen Industrie können erneut die Ergebnisse der Untersuchung des
Shôkô Chûkin herangezogen werden (siehe Abbildung 23). Danach ist der Anteil der Zulieferunternehmen, die keinen
oder nur geringen Einfluß auf die Preisfestlegung für die
von ihnen gelieferten Produkte haben[1], in der Haushalts-

---

[1] Ermittelt durch Addition der Prozentanteile der Unternehmen, deren Abnehmer "einseitig" oder "nach Einholung
einer Vorkalkulation" über die Preise der Zulieferwaren

Abbildung 23: Anteil von Zulieferunternehmen in Japan, die gegenüber ihren Abnehmern auf die Preisfestlegung für ihre Produkte nur wenig Einfluß haben, 1988
- differenziert nach Branchen und Größenklassen -

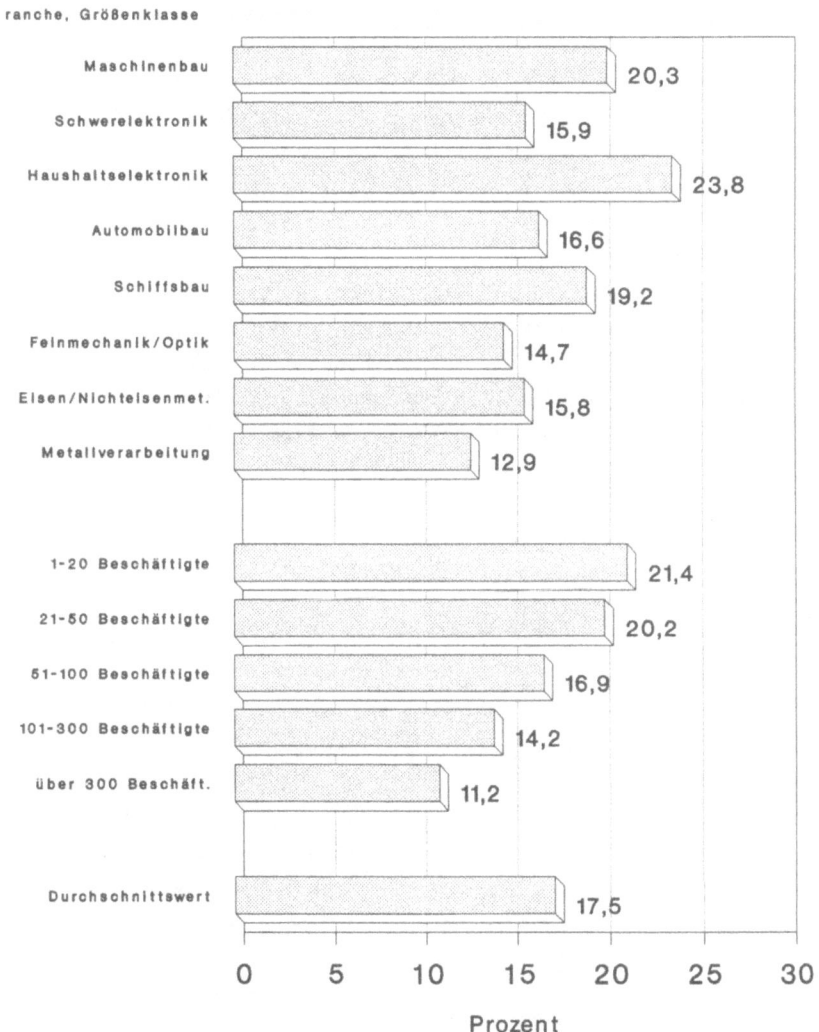

ranche, Größenklasse

Branche / Größenklasse	Prozent
Maschinenbau	20,3
Schwerelektronik	15,9
Haushaltselektronik	23,8
Automobilbau	16,6
Schiffsbau	19,2
Feinmechanik/Optik	14,7
Eisen/Nichteisenmet.	15,8
Metallverarbeitung	12,9
1-20 Beschäftigte	21,4
21-50 Beschäftigte	20,2
51-100 Beschäftigte	16,9
101-300 Beschäftigte	14,2
über 300 Beschäft.	11,2
Durchschnittswert	17,5

Prozent

Quelle: Shôkô Chûkin (1989)

elektronik und im Maschinenbau weit überdurchschnittlich, in der Metallverarbeitung weit unterdurchschnittlich. Grundsätzlich ist zu beobachten, daß weitgehend zentral bestimmte Vereinbarungen in Industriezweigen mit vorwiegend synthetischer Produktion häufiger anzutreffen sind als in Bereichen mit vorwiegend durchgängiger Produktion.

Bei der nach Größenklassen differenzierten Betrachtung ist die Tendenz eindeutig: Mit zunehmender Unternehmensgröße nimmt der Anteil der Unternehmen, die nur wenig Einfluß auf die Preisfestlegung im Verhältnis zu ihren Abnehmern ausüben können, stetig ab.

Ein Vergleich mit früheren Untersuchungsergebnissen zeigt schließlich, daß seit den siebziger Jahren die weitgehend zentralisierte Preiskonditionierung durch die Abnehmer im Schiffsbau deutlich zurückgegangen, in der Automobilindustrie hingegen stark angestiegen ist[1].

5.3.2.6 Das Ausmaß personeller und finanzieller Verflechtungen

Auch zu diesem Fragenkreis liefert die *Shôkô Chûkin*-Untersuchung Daten, die nach Industriezweigen und Unternehmensgrößenklassen differenziert sind[2]. Die branchenspezifischen Besonderheiten des finanziellen und personellen Engagements der Abnehmer bei den Zulieferunternehmen sind bei den einzelnen abgefragten Tatbeständen sehr unterschiedlich. So sind im Automobilbau und der Metallindustrie Kapitalbeteiligungen und die Entsendung von Führungspersonal, in der Haushaltselektronik finanzielle Beihilfen und

---

entscheiden. Vgl. auch die Kategorien A und B in Abschnitt 5.2.6, Abbildung 17.

[1] Vgl. Shôkô Chûkin (1977), S. 36; Shôkô Chûkin (1983), S. 37.

[2] Vgl. zu den folgenden Ausführungen Shôkô Chûkin (1989), S. 35.

Personalausbildung und in der Schwerelektronik und im
Schiffsbau die Entsendung von technischem Personal weit
überdurchschnittlich verbreitet. Im Maschinenbau, der feinmechanischen und der metallverarbeitenden Industrie ist
schließlich in allen genannten Kategorien das Engagement
der Abnehmer bei den Zulieferern unterdurchschnittlich.
Größenklassenspezifisch wurde ermittelt, daß in allen
betrachteten Kategorien das Engagement der Abnehmer mit zunehmender Unternehmensgröße ansteigt. Eindrucksvoll ist vor
allem der nach Unternehmensgröße differenzierte Vergleich
des Anteils der Unternehmen, deren Abnehmer sich am Kapital
beteiligt haben (44,4% bei über 300 Beschäftigten gegenüber
4,8% bei bis zu 20 Beschäftigten) bzw. Vorstandspersonal
entsandt haben (62,4% gegenüber 4,4%).
Auch bei einer früheren Untersuchung waren die genannten branchen- und größenklassenspezifischen Unterschiede in
ähnlicher Form erkennbar[1], wobei allerdings seinerzeit
nur Kapitalbeteiligungen und die Entsendung von Vorstandsmitgliedern untersucht wurden.

5.3.2.7 Die Eigenfertigungstiefe der Unternehmen

Es stellt sich schließlich die Frage nach branchen-
und größenspezifischen Unterschieden bei der Verbreitung
von unternehmensinternen Kooperationen, die mit der
Eigenfertigungstiefe der Unternehmen gemessen werden können. Entsprechende Informationen liefert die statistische
Analyse des vom MITI durchgeführten Industriezensus: Indem
der gesamte Materialaufwand[2] von den Umsatzerlösen sub-

---

[1] Vgl. Shôkô Chûkin (1983), S. 25.

[2] Der Materialaufwand umfaßt in dieser Erhebung ausdrück-
lich alle Aufwandsarten für Roh-, Hilfs- und Betriebs-
stoffe, Zulieferungen von Vor- und Zwischenprodukten sowie den Energieaufwand; vgl. Tsûshô Sangyôshô (1992b),
S. 4.

trahiert und diese Differenz, d.h. die Wertschöpfung, auf
die Umsatzerlöse bezogen wird, ergibt sich die prozentuale
Eigenfertigungstiefe als Gradmesser für den Anteil
unternehmensinterner vertikaler Arbeitsteilungen[1]. Die
Berechnungen zeigen (siehe hierzu Abbildung 24), daß die
Eigenfertigungstiefe vor allem in einigen materialorien-
tierten Branchen wie der Öl-, der Nahrungsmittel-, der
Holz-, der Leder-, der eisenschaffenden und der Papier-
industrie ausgesprochen niedrig ist, was mit dem hohen
Anteil des Vormaterials an der gesamten Wertschöpfung
erklärt werden kann. Andererseits fällt vor allem der sehr
niedrige Wert beim Fahrzeugbau stark auf; auch in der
Elektroindustrie liegt die Eigenfertigungstiefe noch unter
dem Gesamtdurchschnittswert. Da in diesen Industriezweigen
das Vormaterial wertmäßig eine weit geringere Rolle spielt,
entfällt der vorgenannte Grund. Die Ergebnisse sind vielmehr als Indiz dafür zu betrachten, daß der Anteil nicht
unternehmensinterner vertikaler Arbeitsteilungen im Verar-
beitungs- und Montagebereich tendenziell hoch ist[2].

---

[1] Dieses Maß ist zur Ermittlung der Eigenfertigungstiefe
schon verschiedentlich angewandt worden; vgl. Waldenberger (1991), S. 95. Die hier betrachteten Daten sind zwar
aggregiert, aber als einfache Summe der von den einzelnen Unternehmen genannten Angaben zu betrachten, d.h.
der Zulieferungsaufwand wurde nicht mit dem entsprechenden Umsatzerlös konsolidiert. Die Ergebnisse sind daher
nicht als Materialkostenintensität der gesamten Branche,
sondern als durchschnittliche Eigenfertigungstiefe aller
befragten Unternehmen der Branche zu interpretieren und
somit für die hier interessierende Betrachtung geeignet.

[2] Es muß allerdings konzediert werden, daß der sektorale
Vergleich der Eigenfertigungstiefe auf der Basis der beschriebenen Wertrelation problematisch ist, da neben der
Gestaltung der Arbeitsteilungsstrukturen auch produktionstechnische Gegebenheiten die Materialkostenintensität entscheidend beeinflussen; vgl. auch Dichtl
(1993), Sp. 3520. Die gezogene Schlußfolgerung gilt
daher nur unter Vorbehalten.

151

**Abbildung 24: Eigenfertigungstiefe der japanischen
Industrieunternehmen, 1990
- differenziert nach Branchen und Größenklassen -**

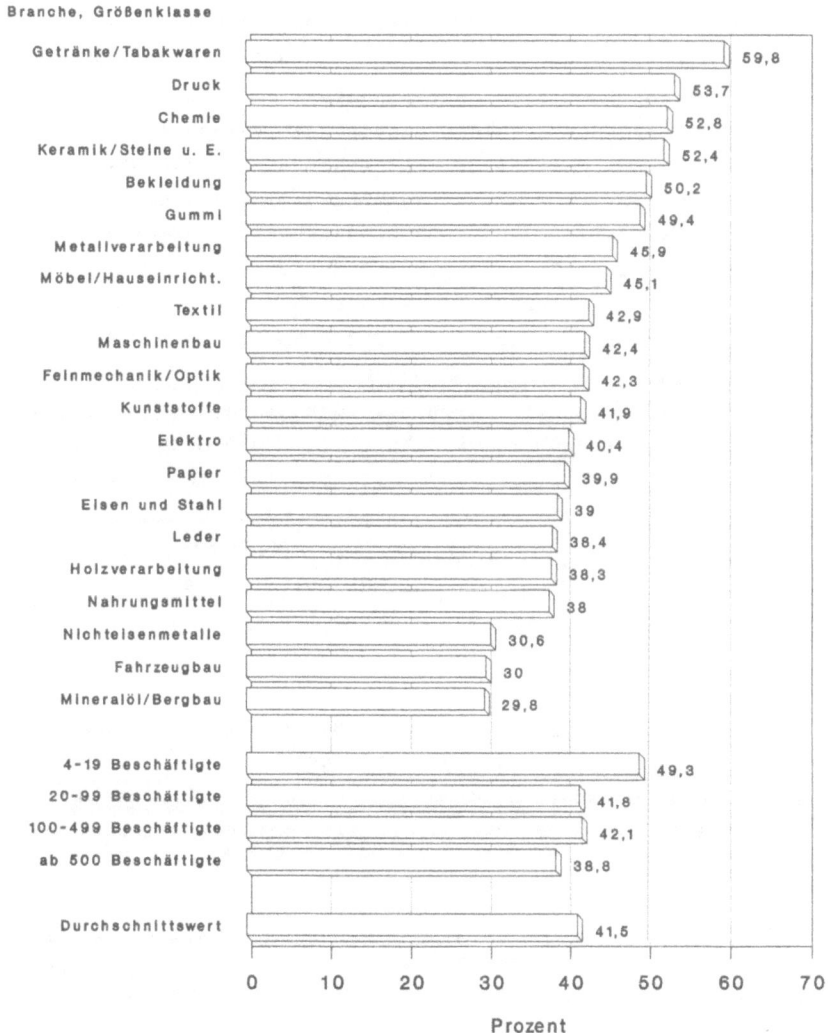

Quelle: eigene Berechnungen nach Daten aus Tsûshô Sangyôshô
(1992b)

Die größenklassenspezifische Betrachtung zeigt demgegenüber, daß die durchschnittliche Eigenfertigungstiefe der Unternehmen in der japanischen Industrie mit zunehmender Unternehmensgröße deutlich abnimmt. Vor allem der stark überdurchschnittliche Wert bei den Kleinunternehmen unter 20 Beschäftigen hebt sich deutlich ab.

Die Untersuchungen Shôkô Chûkin zur Weitervergabe von Zulieferaufträgen bestätigen die genannten Ergebnisse[1]: Das *sai-shitauke* ist demnach in der feinmechanischen Industrie, im Automobilbau und in der Haushaltselektronik am stärksten verbreitet und nimmt mit der Unternehmensgröße stetig zu. Diese Struktur hat sich auch gegenüber den Ergebnissen der Vorgängerstudie sechs Jahre zuvor nicht wesentlich verändert[2]. Bemerkenswert ist aber, daß im Jahr 1982 die Zahl der Unternehmen, die das *sai-shitauke* vermindern wollten, gegenüber den Unternehmen, die eine Ausweitung dieser Praxis planten, wesentlich überstieg, sich dieses Verhältnis jedoch bei der jüngsten Untersuchung umgekehrt hat[3]. Dies spricht dafür, daß insgesamt in der japanischen Industrie ein Trend zur weiteren Verminderung der Eigenfertigungstiefe der Unternehmen besteht.

5.3.3 Ergebnisse empirischer Feldstudien: Die Kooperationsformen in ausgewählten Industriezweigen

5.3.3.1 Die Kooperationsformen in der Automobilindustrie

5.3.3.1.1 Die Struktur des produktionswirtschaftlichen Systems

Die Automobilindustrie steht in Japan ähnlich wie in Deutschland im Mittelpunkt der öffentlichen Diskussion über

---

(1) Vgl. Shôkô Chûkin (1989), S. 65f.

(2) Vgl. Shôkô Chûkin (1983), S. 34f.

(3) Vgl. Shôkô Chûkin (1983), S. 35; Shôkô Chûkin (1989), S. 67.

das verarbeitende Gewerbe. Dies findet auch seine Entsprechung in der Intensität, mit der dieser Bereich von wissenschaftlicher Seite untersucht wird: Zum Aufbau des produktionswirtschaftlichen Systems in der japanischen Automobilindustrie wurden schon seit längerer Zeit extensive empirische Studien betrieben, deren Ergebnisse in zahlreichen Veröffentlichungen, teilweise auch in englischer und deutscher Sprache, dokumentiert sind.

Die japanische Automobilindustrie besteht auf Endherstellerebene aus sieben Unternehmen bzw. Unternehmensgruppen: Toyota, Nissan, Honda, Mazda, Mitsubishi, Suzuki und Isuzu[1]. Die meisten empirischen Studien konzentrieren sich allerdings auf die beiden größten dieser Hersteller, Toyota und Nissan. Dies ist insofern bemerkenswert, als nicht selbstverständlich davon ausgegangen werden kann, daß die Zuliefersysteme der übrigen Unternehmen völlig gleichartig organisiert sind[2].

Grundsätzlich ist das produktionswirtschaftliche System der japanischen Automobilhersteller vielstufig organisiert (siehe hierzu Abbildung 25). Auf oberster Ebene stehen die Endhersteller und die ihnen zugehörigen Gruppenunternehmen. Diese Gruppenunternehmen sind mit den Endherstellern kapitalmäßig verflochten[3] und übernehmen neben

---

[1] Daneben existieren noch die Marken Daihatsu und Hino, die zur Toyota-Gruppe gehören, und Nissan Diesel und Fuji Jûkô (Subaru), die zur Nissan-Gruppe gehören; vgl. Nissan Jidôsha (1990), S. 150ff. Vgl. ferner ausführlich zur Branchenstruktur auf Endherstellerebene und deren historischer Entwicklung Shimokawa (1990), S. 72ff.

[2] Vgl. hierzu auch Demes (1989), S. 253ff sowie Cusumano (1985), der auf beträchtliche Unterschiede der Zulieferkooperationen auch zwischen Toyota und Nissan hinweist, vgl. Cusumano (1985), S. 261.

[3] Die Kapitalbeteiligungen der Endhersteller an den Gruppenunternehmen sind fallweise sehr unterschiedlich, wobei Mehrheitsbeteiligungen von über 50% eher die Ausnahme sind; vgl. z.B. Demes (1989), S. 257 und Cusumano (1985), S. 248ff.

Abbildung 25: Produktionswirtschaftliche Arbeitstellungsstruktur
der japanischen Automobilindustrie

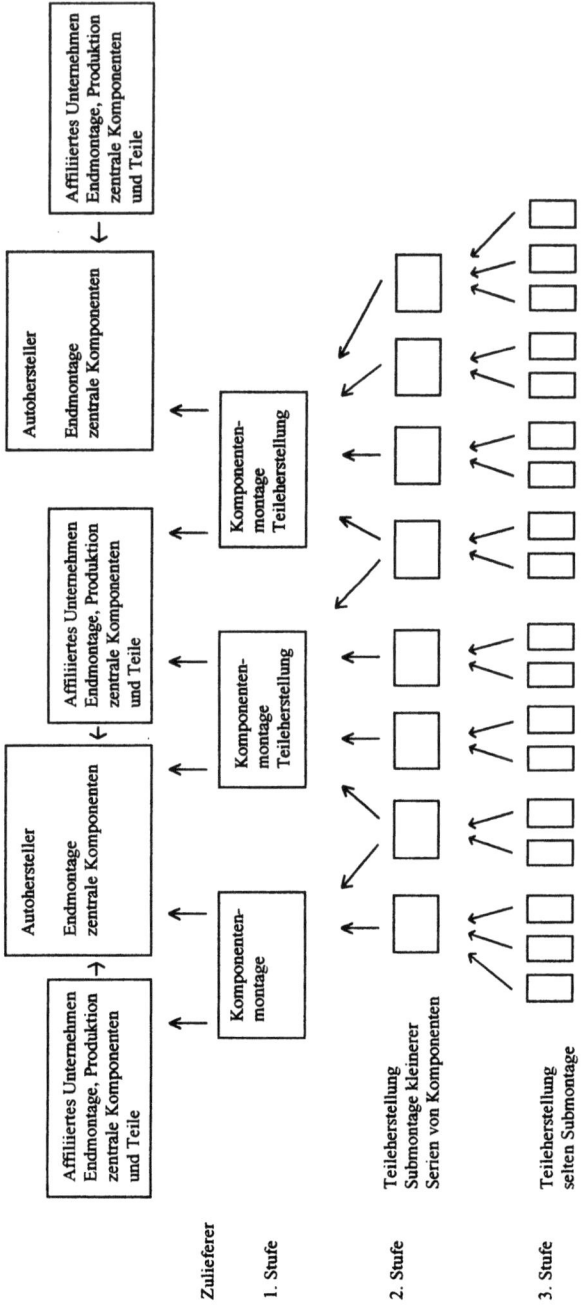

Quelle: Demes (1989)

der Montage eines Großteils der Hauptkomponenten bei Toyota
und Nissan auch rund ein Drittel der Endmontage[1]. Allein
dieser Umstand legt den Schluß nahe, daß die genannten
Gruppenunternehmen (*kanren gaisha*) auch ohne mehrheitliche
Kapitalbeteiligung in sehr ähnlicher Weise wie Konzern-
unternehmen in Deutschland unter einheitlicher Leitung der
Mutter stehen[2]. Auf der nächsten Ebene folgen die Zulieferer erster Ordnung, welche Hauptkomponenten und größere
Teile herstellen. Diese Unternehmen haben wiederum zahlreiche Vorlieferanten, die für sie oft in Lohnfertigung Komponenten oder Teile produzieren. An der Basis der Produk-
tionspyramide steht eine sehr große Zahl von Klein- und
Kleinstunternehmen, die - ebenfalls zum großen Teil in
Lohnfertigung - einfachste Vorverarbeitungs- und Bearbei-
tungsschritte vornehmen. Während die Anzahl der Direktzulieferer der japanischen Endhersteller im allgemeinen nicht
mehr als zwei- bis dreihundert beträgt, ist auf nachgela-
gerter Ebene nach allerdings nicht mehr ganz aktuellen
Berechnungen eine vierstellige Zahl zweitrangiger und eine
fünfstellige Zahl dritt- oder noch höherrangiger Vorlieferanten ermittelt worden[3]. Insofern ist die oftmals
verwendete Bezeichnung der Zulieferstruktur als Pyramiden-
form durchaus zutreffend. Dabei ist allerdings zu berücksichtigen, daß zwischen den zahlreichen kleinen und mittleren Unternehmen auf Vorverarbeitungsebene zahllose
Querverbindungen bestehen[4].

Häufig wird die im Vergleich zu amerikanischen oder
europäischen Unternehmen geringe Eigenfertigungstiefe der

---

[1] Vgl. Demes (1989), S. 257.

[2] Vgl. auch Dolles/Jung (1990), S. 33.

[3] Vgl. Chûshô Kigyôchô (1978), S. 168f. Dabei ist allerdings zu betonen, daß zumindest auf erster Ebene in Japan die Materiallieferanten nicht in die Berechnungen
einbezogen werden.

[4] Vgl. auch Watanabe (1989), S. 52f.

japanischen Automobilhersteller in den Vordergrund gestellt[1]. Dabei ist aber zu beachten, daß in diese Berechnungen nur das oberste Mutterunternehmen, nicht aber die
Gruppenunternehmen einbezogen wurden. Alternativ hierzu hat
Cusumano die "Eigenfertigungstiefe" unter Einbeziehung aller Unternehmen berechnet, bei denen eine Kapitalbeteiligung von wenigstens 20% vorliegt[2], und kam dabei in der
ersten Hälfte der achtziger Jahre für Toyota und Nissan auf
Werte von über 70%. Danach wäre der vertikale Integrations-
grad dieser Unternehmen höher als der aller westlichen Automobilhersteller einschließlich General Motors. Es ist
zwar zu berücksichtigen, daß, wie Cusumano selbst ausführt,
in diese Modellrechnung viele Schätzparameter eingegangen
sind, die die Genauigkeit der Ergebnisse erheblich beein-
trächtigt haben könnten. Dennoch wird deutlich, daß die Unterschiede in der Eigenfertigungstiefe zwischen japanischen
und westlichen Automobilherstellern nicht so groß sind wie
oft vermutet, wenn auf japanischer Seite die eng an das
Mutterunternehmen angebundenen Gruppenunternehmen und Zulieferer mit berücksichtigt werden.

Ferner ist darauf hinzuweisen, daß die gegenwärtige
vielstufige Struktur des produktionswirtschaftlichen Systems in der japanischen Automobilindustrie nicht zu allen
Zeiten bestanden, sondern sich erst in der Nachkriegszeit
entwickelt hat. In den dreißiger und vierziger Jahren waren
die damals schon existierenden Hersteller Toyota und Nissan
hochintegriert und bezogen nur relativ einfache Teile, aber
keine Komponenten von ihren Zulieferern. Dies läßt sich
u.a. damit erklären, daß die Anbieter von Zulieferteilen zu
dieser Zeit in Japan nicht sehr zahlreich und die Möglich-

---

[1] Vgl. z.B. Shitauke Shinkô Kyôkai (1991), S. 15; Chûô
Daigaku Keizai Kenkyûsho (1990), S. 64ff.

[2] Vgl. Cusumano (1985), S. 190ff.

keiten zum Fremdbezug von daher begrenzt waren[1]. Dies änderte sich in den fünfziger und sechziger Jahren durchgrei-
fend: In einer Zeit äußerst starken Nachfragewachstums bau-
ten die Endhersteller ihre eigenen Fertigungskapazitäten
nur zögerlich aus und verlagerten immer größere Teile der
Produktion auf ihre Zulieferer[2]. Die in der Gegenwart bestehende vielstufige Struktur dürfte daher im wesentlichen
in diesem Zeitabschnitt entstanden sein.

Die in jüngster Zeit ist zu beobachten, daß sowohl bei den
Endherstellern als auch bei den Zulieferern erster Ordnung
eine Tendenz dazu besteht, die Eigenfertigungstiefe langsam
wieder zu erhöhen[3]. Es ist allerdings nicht bekannt, ob
die Pyramidenstruktur sich infolgedessen schon wesentlich
verändert hat.

5.3.3.1.2 Die Kooperationsformen zwischen Endherstellern und Zulieferern erster Ordnung

Die nächste Ebene des produktionswirtschaftlichen Systems nach dem Endhersteller und dessen Gruppenunternehmen
bilden die Zulieferer erster Ordnung, welche sich auf die
Komponentenmontage konzentrieren, teilweise aber auch in
der Teileherstellung engagiert sind. Ihre Zahl ist relativ
überschaubar und jedenfalls weit geringer als die der direkten Automobilzulieferer in westlichen Industrielän-

---

[1] Vgl. Cusumano (1985), S. 241. Ferner waren die
relevanten Technologien seinerzeit einfacher und damit
die Bedingungen für die Selbstbeherrschung durch die
Endhersteller günstiger.

[2] Vgl. Cusumano (1985), S. 248f.; Smitka (1991), S. 69f.

[3] Vgl. Kokumin Kin'yû Kôko (1989), S. 146. Über die
Ursachen für diese jüngste Entwicklung liegen noch keine
genaueren Erkenntnisse vor.

dern[1]. Diese Zulieferer erster Ordnung haben oft mehr als
1000 Beschäftigte[2] und sind mit Ausnahme von Honda sämt-
lich in Zuliefervereinigungen (*kyôryokukai*) der Endhersteller organisiert[3]. Die *kyôryokukai* dienen dabei in erster
Linie der Institutionalisierung und Intensivierung des
Kommunikationsaustausches zwischen Endherstellern und
Zulieferern[4] und sind zumindest in jüngerer Zeit sehr
stabil, d.h. die Anzahl der eintretenden und ausscheidenden
Unternehmen ist im Zeitablauf sehr gering[5]. Dies war
nicht immer in dieser Form der Fall: Die Gründung des ersten *kyôryokukai* durch Toyota datiert zwar auf das Jahr
1939[6]; zu stabilen Institutionen entwickelten sich die
Zuliefervereinigungen aber erst seit der zweiten Hälfte der
fünfziger Jahre[7].

Aus den oben beschriebenen Zusammenhängen wird klar,
daß auf dieser Ebene der vertikalen Arbeitsteilung der
Spezifitätsgrad ausgesprochen hoch ist, da die Hauptkomponenten zweifellos abnehmerspezifische Güter darstellen.
Vrboski weist ferner darauf hin, daß die japanischen Automobilhersteller dazu übergegangen sind, auch nicht produkt-
spezifische Standardteile fast ausschließlich abnehmerspezifisch fertigen lassen[8]. In der japanischen Automobilindustrie wird daher weniger nach der Abnehmerspezifität der Teile als vielmehr danach differenziert,

---

[1] Vgl. Womack/Jones/Roos (1990), S. 157; Im (1990), S.
30ff.

[2] Vgl. Demes (1989), S. 262.

[3] Vgl. Demes (1989), S. 277.

[4] Vgl. hierzu ausführlich Demes (1989), S. 280ff.

[5] Vgl. Smitka (1991), S. 84.

[6] Vgl. Cusumano (1985), 252.

[7] Vgl. Smitka (1991), S. 75.

[8] Vgl. Vrboski (1988), S. 51f.

welche Seite die Teileentwicklung vornimmt. Danach wird zwischen Zulieferern, die nach Konstruktionsvorgaben des Endherstellers (taiyôzu) produzieren, und solchen, die ihre Produkte selbst konstruieren und sich vom Abnehmer genehmigen lassen (shôninzu) unterschieden[1]. Die zweite Gruppe von Zulieferern soll die erstere inzwischen zahlenmäßig überwiegen[2].

Der Konzentrationsgrad der Transaktionen zwischen Endherstellern und erstrangigen Zulieferern ist demgegenüber weniger eindeutig; zu dieser Frage sind zahlreiche empirische Untersuchungen durchgeführt worden. Nach den Berechnungen von Matsui beträgt der Abhängigkeitsgrad der Zulieferer von Toyota und Nissan bezogen auf den Umsatz in den meisten Fällen deutlich über 50%, erreicht allerdings nur selten 100%[3]. Nicht wenige Zulieferer gehören auch mehreren kyôryokukai an; dennoch sind die meisten dieser Unternehmen primär von einem Endhersteller abhängig[4]. Demgegenüber ist die Beschaffungspolitik der Endhersteller in den meisten Fällen nicht auf single, sondern auf double und manchmal sogar auf multiple sourcing ausgerichtet[5]. Von

---

[1] Vgl. Vrboski (1988), S. 50f; Asanuma (1989), S. 12.

[2] Vgl. Demes (1989), S. 274.

[3] Vgl. Shiomi (1985), S. 98f.; Matsui (1987), S. 4; Matsui (1988), S. 45ff.

[4] Vgl. Demes (1989), S. 278.

[5] Vgl. Womack/Jones/Roos (1990), S. 154, sowie Matsui (1985), S. 13ff; Matsui (1990), S. 251, der Einzelberechnungen für knapp 300 Zulieferteile und -komponenten von Toyota und Nissan angestellt hat und dabei zu folgenden Ergebnissen kam: Etwa 30% der Teile werden von einem, 50% von zweien, 20% von drei oder mehr Zulieferern bezogen. Die Berechnungen beruhen allerdings auf Daten aus dem Jahr 1975 und sind von daher nur noch bedingt aussagekräftig. Nach Womack/Jones/Roos wurden 1990 nur noch 12,1% der Zulieferteile von nur einem Zulieferer bezogen; vgl. Womack/Jones/Roos (1990), S. 157, sowie mit gleichgerichteten Tendenzaussagen Hayashi (1992); o.V. (1992b).

daher scheint die Abhängigkeit im bilateralen Verhältnis in
einem Großteil der Fälle asymmetrisch zu sein. Die Vorstellung, der Endhersteller könne die Transaktionen mit einem erstrangigen Zulieferer auch kurzfristig problemlos
beenden und durch Eigenfertigung oder Bezug von einem anderen Unternehmen kompensieren, dürfte aber auch bei zwei
oder drei Zulieferern der gleichen Komponente unrealistisch
sein, da dies bedeutende Überkapazitäten an einer der
letztgenannten Stellen voraussetzen würde.

Die Zuliefervereinbarungen werden grundsätzlich für
eine ganze Modellreihe abgeschlossen, die i.a. einen Zeitraum von drei bis vier Jahren umfaßt[1]. Die Kooperation
beginnt dabei bereits in einem frühen Stadium der Produktentwicklung; nicht selten beschränkt sich der Endhersteller
auf die Übergabe von Vorgabeskizzen und überläßt die
Produktentwicklung, falls notwendig, dem Zulieferer[2]. Die
Vereinbarungsform ist ebenfalls stark internalisiert: Der
Abnehmer gibt einen Zielpreis vor, dem der Zulieferer eine
Vorkalkulation entgegenstellt. Falls diese Kalkulation den
Zielpreis übersteigt, was die Regel sein dürfte, werden
Überlegungen dazu angestellt, wie das Kostenziel doch noch
erreicht werden kann. Ferner werden bereits im Vorhinein
stufenweise Preissenkungen über den Vertragszeitraum
vereinbart, die sich ebenfalls am Ausmaß der erwarteten
Kostensenkungen orientieren[3].

Ein solches Vorgehen setzt voraus, daß der Zulieferer
seine innerbetrieblichen Daten weitgehend offenlegt. Die
Vereinbarungen von Preissenkungen im voraus erinnern
letztlich stark an innerbetriebliche Plankostenrechnungen,

---

[1] Vgl. Womack/Jones/Roos (1990), S. 150.

[2] Vgl. Womack/Jones/Roos (1990), S. 147. Nach Smitka ist
diese Tendenz verstärkt seit den siebziger Jahren zu beobachten, vgl. Smitka (1991), S. 83.

[3] Vgl. hierzu ausführlich Sei (1991).

die sich etwa auf Lernkurveneffekte stützen[1]. Die
mancherorts aufgestellte Allgemeinbehauptung, Zulieferer
und Abnehmer würden sich im Rahmen solcher Vereinbarungen
stets eine "faire Profitrate" teilen[2], erscheint jedenfalls im Einzelfall als überprüfungsbedürftig. Das Eini-
gungsverfahren hat zwar auf formaler Ebene bilateralen
Charakter; die Vorstellung, daß der große Endhersteller in
manchen Fällen gegenüber seinen wesentlich kleineren Zulieferern bei der Festlegung der Konditionen ein Übergewicht
hat, dürfte dennoch keinesfalls abwegig sein.

Die Lieferbeziehungen zwischen erstrangigem Zulieferer
und Endhersteller sind von äußerst hoher Intensität geprägt. Die Vorreiterrolle übernahm dabei Toyota mit seinem
weltweit bekannt gewordenen Kanban-Lieferabrufsystem; die
anderen Hersteller führten kurze Zeit später JiT-Systeme
nach dem gleichen Grundprinzip ein. Die Kanban-Systeme sind
dabei in jüngerer Zeit nochmals verfeinert worden[3], was
dazu geführt hat, daß Anlieferungen mehrmals täglich inzwischen allgemein verbreitet sind. Die Online-Vernetzung zwischen Endherstellern und erstrangigen Zulieferern ist ebenfalls weit fortgeschritten[4]. In Ergänzung zu der allgemeinen JiT-Implementierung und Online-Vernetzung kommt
ferner ein Null-Fehler-Qualitätsmanagement zum Zuge, d.h.
es wird auf umfangreiche Qualitätskontrollen der Zulieferteile verzichtet, dafür aber grundsätzlich davon ausgegangen, daß die angelieferten Waren hundertprozentig fehler-

---

[1] Vgl. auch Kokumin Kin'yû Kôko (1982), S. 154.

[2] Vgl. etwa Womack/Jones/Roos (1990), S. 153f.

[3] Vgl. hierzu ausführlich Monden (1991), S. 67ff, ferner
    Ikeda (1989); Ikeda (1990), S. 190ff. Nach Smitka wurde
    die JiT-Anlieferung auch bei Toyota erst ab 1974 konse-
    quent verwirklicht, vgl. Smitka (1991), S. 80f.

[4] Vgl. Mitsui (1989), S. 26.

frei sind[1]. Diese Form des Qualitätsmanagements hat sich
seit den sechziger Jahren bei den japanischen Endherstellern durchgesetzt; zuvor wurden dort in gleicher Weise wie
bei den Herstellern anderer Länder umfangreiche Eingangskontrollen durchgeführt[2].

In der japanischen Automobilindustrie sind Kapitalbeteiligungen zwischen Zulieferern und Endherstellern zwar
nicht unüblich, stellen aber auch kein allgemein verbreitetes Phänomen dar[3]. Demgegenüber scheinen personelle Verflechtungen wesentlich häufiger zu sein, wobei vor allem
die Entsendung von älteren Mitarbeitern aus dem Mutterunternehmen in den Vorstand der Zulieferfirmen oft zu
beobachten ist[4]. Schließlich dürften technologische Hil-
festellungen und Anleitungen des Zulieferers durch den Endhersteller eher als Regel denn als Ausnahme zu betrachten
sein[5]. Es bestehen zahlreiche Kommunikationswege, die
durch die Aufbauorganisation der *kyôryokukai* zusätzlich unterstützt werden.

Insgesamt kann festgestellt werden, daß die Zusammenarbeit zwischen Endherstellern und Zulieferern erster
Ordnung in der japanischen Automobilindustrie von äußerst
hoher Intensität und hoher Konzentration geprägt ist. In
den letzten Jahrzehnten gab es dabei eine deutliche Tendenz
hin zu noch engeren Kooperationsformen bei zunehmender Spe-

---

[1] Vgl. Kokumin Kin'yû Kôko (1982), S. 128f.; Chûô Daigaku
Keizai Kenkyûsho (1991), S. 221ff; Womack/Jones/Roos
(1990), S. 152; Smitka (1991), S. 83.

[2] Vgl. Cusumano (1985), S. 279, 328.

[3] Vgl. Demes (1989), S. 271.

[4] Vgl. Dolles/Jung (1990), S. 55.

[5] Häufig wird in diesem Zusammenhang auch auf die gemeinsame Durchführung von Wertanalysen durch Endhersteller
und Zulieferer hingewiesen; vgl. z.B. Womack/Jones/Roos
(1990), S. 153 und Smitka (1991), S. 147ff.

zialisierung der Zulieferunternehmen[1]. Es erscheint daher gerechtfertigt, davon auszugehen, daß in diesem Bereich inzwischen verbundene gegenüber geschlossen-bilateralen Kooperationen vorwiegen[2].

5.3.3.1.3 Die Kooperationsformen zwischen Zulieferern erster Ordnung und Vorlieferanten

Die Kooperationsformen zwischen den Zulieferern erster Ordnung und deren Vorlieferanten sind innerhalb des Bereichs der japanischen Automobilindustrie weit weniger gründlich untersucht worden als das Verhältnis zwischen Zulieferern erster Ordnung und Endherstellern. Dennoch liegen auch zu diesem Teilbereich eine Reihe von Fallstudien aus jüngerer Zeit vor, deren Hauptergebnisse nachfolgend zusammengefaßt werden sollen.

In den sechziger und siebziger Jahren organisierten die Automobilzulieferer erster Ordnung ihre eigenen Zulieferer weitgehend in *kyôryokukai* höherer Ordnung. In der zweiten Hälfte der achtziger Jahre war aber oftmals zu beobachten, daß diese Zuliefervereinigungen aufgelöst wurden oder ihre ursprüngliche Funktionen als enges Kooperationsforum verloren und zu *shinbokukai* (wörtlich etwa "Freundschaftskreise") umbenannt wurden[3]. Diese Tendenz war in den untersuchten Fällen überwiegend darauf zurückzuführen, daß die zweitrangigen Zulieferer den Preisnachlaßforderungen ihrer Abnehmer oftmals nicht mehr entsprechen konnten.

---

[1] Vgl. auch Smitka (1991), S. 76.

[2] Diese Schlußfolgerung wird auch durch die Ergebnisse einer neueren ökonometrischen Studie bestätigt, nach der die japanischen Automobilhersteller Rentabilitätsschwankungen ihrer erstrangigen Zulieferer zum größten Teil absorbieren; vgl. Asanuma/Kikutani (1992).

[3] Vgl. Chûô Daigaku Keizai Kenkyûsho (1991), S. 179ff; Oda (1991), S. 34f.

Letztere sahen sich demzufolge veranlaßt, entweder die
Zulieferer enger an sich zu binden, um die gewünschten
Kostensenkungen durch technische Unterstützung und durch-
greifende Betriebsrationalisierung doch noch realisieren zu
können oder aber die Geschäftsbeziehungen zu beenden und
sich neue Kooperationspartner zu suchen[1].

Aus diesen Entwicklungen läßt sich indirekt entnehmen,
daß die Kooperationsformen auf dieser Ebene wesentliche
Unterschiede zu der Zusammenarbeit zwischen erstrangigen
Zulieferern und Endherstellern aufweisen. Die Aufstellung
von Preisforderungen, denen der Kooperationspartner nicht
entsprechen kann, deutet darauf hin, daß hier zuvor keine
langfristigen Preisverhandlungen auf Kostenbasis geführt
wurden. Dies wird auch durch die aus anderen Untersuchungen
stammende Erkenntnis bestätigt, daß die Zulieferer zweiter
Ordnung fast ausschließlich nach Spezifikationen ihrer Abnehmer fertigen und keine eigene Forschungs- und Entwick-
lungskapazitäten besitzen[2]. Eine technologische Zusammenarbeit findet also in diesem Sinne nicht statt, es kann
lediglich von einer technologischen Unterweisung gesprochen
werden.

Zur Frage, inwieweit die erstrangigen Zulieferer die
Bestellungen an ihre Vorlieferanten streuen, ist dem Verfasser keine aussagekräftige empirische Untersuchung bekannt. Demgegenüber ist die Umsatzkonzentration der zweitrangigen Zulieferer zumindest im Rahmen von Fallstudien
untersucht worden; sie beläuft sich bezogen auf den größten
Abnehmer häufig auf mehr als 50%. Durchschnittlich betrachtet sind diese Unternehmen aber doch wesentlich stärker
diversifiziert als die erstrangigen Zulieferer[3]. In

---

(1) Vgl. Chûô Daigaku Keizai Kenkyûsho (1991), S. 179ff.

(2) Vgl. Vrboski (1988), S. 45.

(3) Vgl. Vrboski (1988), Fallstudien Automobilindustrie; EC
   Fact Finding Mission (1989), S. 101ff; Smitka (1991), S.
   122ff.

Einklang hiermit sind auch die Vertragslaufzeiten wesentlich kürzer; allerdings bestehen auch hier ex post betrachtet die Kooperationsbeziehungen zwischen Zulieferern
und Abnehmern meist über viele Jahre[1].

Die Informationen zu den Kooperationsformen auf noch
niedrigerer Ebene sind noch weit spärlicher. Aussagekräftige Ergebnisse liefern hierzu lediglich die Fallstudien
von Smitka[2]. Danach beschäftigen die dort untersuchten
zweitrangigen Zulieferer wiederum eine Vielzahl von Kleinunternehmen, die großteils in deren Produktionsstätten ge-
meinsam mit deren Personal auf eigene Rechnung arbeiten
oder aber in eigenen Produktionsstätten einfachste Vorfer-
tigungen vornehmen. Diese Klein- und Kleinstunternehmen befinden sich in fließendem Übergang zu Tagelöhnern. Eine Arbeitsplatzgarantie gibt es nicht, und der Auftraggeber be-
hält sich bei Nachfrageschwankungen kurzfristige Freiset-
zungen jederzeit vor. Dies schließt allerdings nicht aus,
daß bei guter Auftragslage ex post betrachtet auch auf dieser Ebene Geschäftsbeziehungen über viele Jahre hinweg bestehen.

Insgesamt können die Formen der Zusammenarbeit zwischen erst- und zweitrangigen Zulieferern, soweit bislang
untersucht, überwiegend als geschlossen-bilaterale Kooperationen charakterisiert werden. Die oben beschriebenen Tendenzen, welche letztlich eine Folge des Kostensenkungs-
drucks durch die Endhersteller sind, führen aber auch auf
dieser Ebene neuerdings dazu, daß verbundene Kooperationen
sich stärker verbreiten[3]. Auf noch niedrigerer Ebene
herrschen hingegen, soweit erkennbar, offen-bilaterale Kooperationen vor.

---

[1] Vgl. Smitka (1991), S. 133.

[2] Vgl. zu den nachfolgenden Ausführungen Smitka (1991),
S. 122ff.

[3] Vgl. hierzu auch Chûô Daigaku Keizai Kenkyûsho (1991),
S. 184ff.

5.3.3.1.4 Zwischenbetriebliche Kooperationen in der deutschen Automobilindustrie - Gemeinsamkeiten und Unterschiede im Vergleich zu Japan

Auch in Deutschland wurde in den letzten Jahren eine Reihe von empirischen Studien zum Zulieferwesen in der Automobilindustrie durchgeführt. Dabei sind wesentliche Unterschiede, aber auch Gemeinsamkeiten zu den Verhältnissen in Japan deutlich erkennbar.

Bei Untersuchung der Gesamtstruktur fällt zunächst die im Vergleich zu Japan weit größere Zahl an direkten Zulieferern auf[1]. Dies läßt sich einerseits damit erklären, daß die Eigenfertigungstiefe der Endhersteller höher ist als in Japan, obgleich bezweifelt werden muß, ob der Unterschied zwischen den deutschen und den japanischen Herstellern in diesem Punkt wirklich noch so bedeutend ist[2]. Andererseits kann der Strukturunterschied darauf zurückgeführt werden, daß die Endhersteller in Deutschland gleichartige Teile von einer Reihe verschiedener Zulieferer beziehen (multiple sourcing). Wie jedoch neuere Untersuchungen zeigen, haben sich die Verhältnisse gerade hier in den

---

(1) Nach Womack/Jones/Roos beträgt die durchschnittliche Zahl direkter Zulieferer pro Montagewerk der Endhersteller in Europa ca. 440 gegenüber ca. 170 in Japan; vgl. Womack/Jones/Roos (1990), S. 157. Auch wenn dieser Gegenüberstellung keine rein deutschen Daten zugrundeliegen, so ist sie aufgrund des großen Gewichts der deutschen Automobilindustrie in Europa doch nicht aussagelos.

(2) Verschiedene Autoren schätzen die gegenwärtige Eigenfertigungstiefe der deutschen Automobilhersteller auf knapp 40% mit langsam sinkender Tendenz; vgl. Fieten (1989a), S. 11; Sauer (1990), S. 60; Fieten (1991), S. 187; Wildemann (1992), S. 395. Außerdem ist zu beachten, daß erstens, wie bereits angesprochen wurde, auf japanischer Seite die Gruppenunternehmen der Endhersteller meist nicht in die Berechnungen einbezogen werden und zweitens der Begriff der Eigenfertigungstiefe ohnehin von verschiedenen Autoren unterschiedlich ausgelegt wird; vgl. auch Sauer (1990), S. 58ff.

letzten Jahren gründlich verändert: In der Beschaffungspolitik der deutschen Automobilhersteller scheint inzwischen das double sourcing weit verbreitet zu sein[1] und für die Zukunft wird sogar eine starke Tendenz zum single sourcing prognostiziert[2]. Dementsprechend wird zumindest auch für die Zukunft eine drastische Verringerung der Zahl der Direktzulieferer erwartet[3], was zu einer den japanischen Zuständen angenäherten mehrstufigen Zulieferstruktur mit erstrangigen Systemlieferanten und zweitrangigen Teileherstellern führen würde[4].

Demgegenüber ist der Konzentrationsgrad der Transaktionen aus Zulieferersicht weit geringer als in Japan. Bei einer Untersuchung vor ca. zehn Jahren wurde ermittelt, daß der größte Teil der Zulieferunternehmen eine hohe Abnehmerdiversifikation aufweist und auch vom größten Einzelabnehmer nicht zu mehr als 30% des Umsatzes abhängt[5]. Allerdings weisen neuere Untersuchungen darauf hin, daß der Konzentrationsgrad inzwischen deutlich angestiegen ist[6]. Dennoch sind hier weitreichende Unterschiede zu den japanischen Verhältnissen weiterhin unverkennbar.

Der Spezifitätsgrad der Transaktionen dürfte ebenfalls bei weitem nicht so hoch sein wie in Japan. Die Zulieferteile der Endhersteller umfassen auch eine beträchtliche Zahl an Standardteilen[7], und es ist zumindest bisher nicht bekannt geworden, daß die deutschen Hersteller ähn-

---

[1] Vgl. Fieten (1989a), S. 18; Böttcher (1990), S. 113.

[2] Vgl. Richter (1992), S. 33f.

[3] Vgl. Sauer (1990), S. 216f.

[4] Vgl. hierzu Fieten (1989a), S. 17; Fieten (1991), S. 59f.

[5] Vgl. Geck/Petry (1983), S. 94.

[6] Vgl. Schmidt/Richter (1991), S. 54ff.

[7] Vgl. Fieten (1989a), S. 19; Sauer (1990), S. 107; Fieten (1991), S. 25.

168

lich wie in Japan auch solche Standardteile abnehmerspezifisch fertigen lassen. Gleichwohl gibt es einen Trend weg
von Standardteilen hin zu spezifischen Teilen[1]. Ohne daß
in diesem Punkt eine quantitative Gegenüberstellung möglich
wäre, dürfte aber jedenfalls davon auszugehen sein, daß der
Spezifitätsgrad der Transaktionen in Deutschland noch
deutlich niedriger ist als in Japan.

Der Formalisierungsgrad der Kooperationen dürfte in
Deutschland ebenfalls wesentlich höher sein als in Japan.
Zwar werden auch in Deutschland "unvollständige" Rahmenverträge abgeschlossen, in diesen Verträgen aber immerhin die
Preise schriftlich fixiert[2]. Unterschiede bestehen auch
bei den Vertragslaufzeiten; hier haben sich allerdings in
den letzten Jahren in der deutschen Automobilzulieferindustrie deutliche Veränderungen abgezeichnet. Vor zehn Jahren
wurden noch ganz überwiegend Jahresverträge abgeschlossen[3]. Inzwischen ist ein allgemeiner Trend zu längeren
Laufzeiten erkennbar[4], und für die nahe Zukunft werden
mehrjährige Verträge als Normalfall erwartet[5]. Dabei wird
konkret von einer Laufzeit von drei bis fünf Jahren gesprochen[6]; dies entspricht der üblichen Dauer einer Modellreihe und auch den in Japan üblichen Vertragslaufzeiten.

Die Intensität der Transaktionen zwischen Zulieferern
und Endherstellern ist in den letzten Jahren ebenfalls angestiegen. So hat die informationstechnische Vernetzung erheblich zugenommen[7], und bei den JiT-Lieferabrufsystemen

---

[1] Vgl. Sauer (1990), S. 109.

[2] Vgl. Fieten (1991), S. 29.

[3] Vgl. Geck/Petry (1983), S. 39.

[4] Vgl. Sauer (1990), S. 65ff; Richter (1992), S. 31f.

[5] Vgl. Böttcher (1990), S. 111.

[6] Vgl. Lopez de Arriortua (1989), S. 40.

[7] Vgl. Fieten (1989b), S. 40; Okamuro (1992), S. 95.

wird ebenfalls eine zunehmende Verbreitung erwartet[1].
Parallel dazu werden von den Herstellern einerseits verstärkt Lieferantenbeurteilungssysteme eingesetzt[2]. Außerdem werden die Zulieferer zumindest teilweise schon früh-
zeitig in den Produktentwicklungsprozeß einbezogen[3].

Demgegenüber sind personelle und finanzielle Verflechtungen zwischen Zulieferern und Endherstellern weiterhin
äußerst selten[4]. Unter diesem Blickwinkel bestehen also
unverändert große Unterschiede zu den japanischen Verhältnissen.

Das Verhältnis zwischen den Direktzulieferern und deren Vorlieferanten ist schließlich in Deutschland ebenfalls
differenziert zu betrachten. Ein großer Teil der Unternehmen sieht sich wenigen großen Vorlieferanten gegenüber und
kann daher im Gegensatz zu Japan den Kostensenkungsdruck
der Endhersteller in vielen Fällen nicht weitergeben[5].
Offen-bilaterale und geschlossen-bilaterale Kooperationen
scheinen zu überwiegen.

Insgesamt ist festzustellen, daß sich die Zulieferer-
Abnehmer-Beziehungen in der deutschen Automobilindustrie
unter zahlreichen Aspekten den zuvor beschriebenen Zuständen in Japan annähern. Andererseits deutet aber die noch

---

[1] Vgl. Böttcher (1990), S. 111.

[2] Vgl. Richter (1992), S. 40ff.

[3] Vgl. Jokisch (1989), S. 34; Sauer (1990), S. 209. Dabei
wird in jüngster Zeit eine zunehmende Differenzierung
zwischen Systemlieferanten mit Eigenentwicklungskapa-
zität und konventionellen Teilelieferanten deutlich.
Enge Kooperationsformen streben die Endhersteller vor
allem mit den ersteren an; vgl. Fieten (1991), S. 59f.;
Sauer (1992), S. 64f.

[4] Vgl. Okamuro (1992), S. 96ff.

[5] Vgl. Fieten (1991), S. 63f. Dabei ist allerdings zu beachten, daß die genannten "großen Vorlieferanten", insbesondere Rohmaterialhersteller, natürlich auch in Japan
existieren, aber dort aus Analysen des Zulieferwesens
gemeinhin ausgeschlossen werden.

immer weit geringere Abnehmerkonzentration der Zulieferer,
die noch geringe Verbreitung von JiT-Anlieferungen sowie
das weitgehende Fehlen personeller und finanzieller Verflechtungen darauf hin, daß weiterhin erhebliche Unterschiede zu Japan bestehen. Die Formen der Zusammenarbeit
zwischen Endherstellern und Direktzulieferern mögen sich
von vorwiegend offen-bilateralen zu vorwiegend geschlossen-
bilateralen Kooperationen gewandelt haben. Von den in Japan
vorherrschenden verbundenen Kooperationen sind sie jedoch
noch deutlich entfernt.

5.3.3.2 Die Kooperationsformen in der elektronischen Indu-
strie

Die elektronische Industrie Japans ist gesamtwirtschaftlich ungefähr gleichbedeutend mit der Automobilindustrie[1], so daß die zwischenbetrieblichen Kooperationen in diesem Industriezweig ebenfalls innerhalb des verarbeitenden Gewerbes breiten Raum einnehmen. Der größte Teil
der Branche entfällt dabei auf die Unterhaltungselektronik;
dieser Bereich stand demzufolge auch im Mittelpunkt von
empirischen Forschungen über das Zulieferwesen. Dabei ist
vorweg zu bemerken, daß die unterhaltungselektronische
Industrie im Gegensatz zur Automobilindustrie eine große
Heterogenität der Endprodukte aufweist und daher Erkennt-
nissse über die zwischenbetrieblichen Kooperationen in einzelnen Teilbereichen nicht verallgemeinert werden können.
Bei der Fertigung von Farbfernsehgeräten weist die
Grundstruktur zunächst starke Ähnlichkeiten zu der zuvor
untersuchten Automobilindustrie auf (siehe Abbildung 26).

---

[1] Von der Beschäftigtenzahl her stand die elektronische
Industrie im Jahre 1990 mit einem Gesamtanteil von 16,6%
an erster Stelle innerhalb des verarbeitenden Gewerbes,
beim Umsatz lag sie mit 14,4% nach der Automobilindustrie an zweiter Stelle; vgl. Tsûshô Sangyôshô (1992b),
S. 10f.

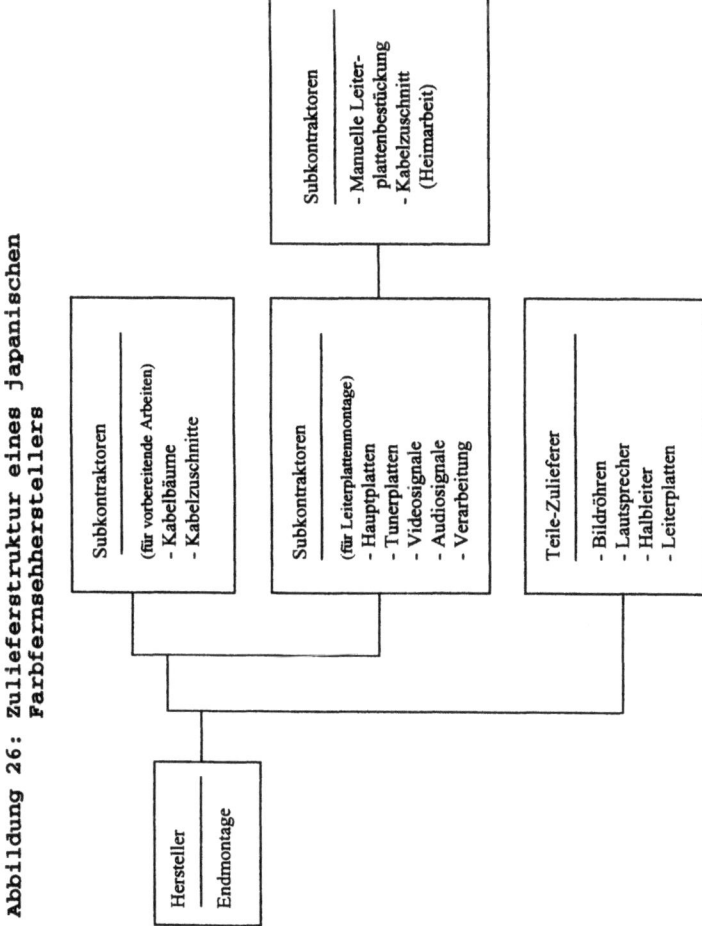

Abbildung 26: Zulieferstruktur eines japanischen Farbfernsehherstellers

Quelle: Ernst / Laumer (1989); ähnlich Ikeda (1989a)

Der Endhersteller steht in Verbindung mit einer größeren
Zahl erstrangiger Zulieferer, die wiederum eine noch weit
größere Anzahl von Vorlieferanten haben[1]. Der Endhersteller konzentriert sich auf die Endmontage, während die Vor-
montagen sowie die Teileherstellung auf Zulieferunternehmen
verlagert sind[2]. Die Eigenfertigungstiefe der Endhersteller ist entsprechend dieser vielstufigen Struktur relativ
gering[3]. Ferner organisieren die Endhersteller auch hier
ihre Zulieferer in *kyôryokukai*[4].

Bei einer näheren Betrachtung fallen jedoch in der
elektronischen Industrie einige im Vergleich zur Automobilindustrie signifikante Unterschiede ins Auge. So ist erstens die Anzahl der direkten Zulieferer der Endhersteller
unternehmensbezogen zwar weit größer, betriebsbezogen aber
deutlich niedriger als in der Automobilindustrie[5]. Zwei-

---

[1] Takada fand bei der Untersuchung der Zulieferstruktur
eines Montagewerks für Farbfernseher eine den aus der
Automobilindustrie bekannten Verhältnissen sehr ähnliche
Pyramidenstruktur vor: Das Werk hatte nur 42 Direktzulieferer, aber über 400 Zulieferer zweiter und über 4000
dritter Ordnung; vgl. Takada (1989), S. 113.

[2] Teilweise wird sogar die Endmontage bei Zulieferunternehmen vorgenommen; vgl. EC Fact Finding Mission (1989),
S. 99.

[3] So betrug die Eigenfertigungstiefe der Hersteller von
unterhaltungselektronischen Geräten Anfang der achtziger
Jahre rund 30%; vgl. Kokumin Kin'yū Kôko (1982), S. 73f.

[4] Vgl. etwa EC Fact Finding Mission (1989), S. 88;
Asanuma (1989), S. 9.

[5] Hier kommt die zuvor bereits angesprochene Produktviel-
falt der Branche zum Ausdruck. So stellt etwa die Firma
Toshiba nicht nur unterhaltungs-, sondern auch schwer-
elektronische Produkte her und ist außerdem stark in der
Kommunikationsindustrie engagiert. Demzufolge hat das
Unternehmen insgesamt nicht weniger als 1600 Direktzu-
lieferer; vgl. EC Fact Finding Mission (1989), S. 85.
Demgegenüber haben einzelne Montagewerke für bestimmte
Produkte meist nur eine zweistellige Anzahl direkter
Zulieferer; vgl. Ikeda (1986), S. 37; Takada (1989), S.
110ff; Asanuma (1989), S. 9.

tens sind die Kooperationen zwischen Endhersteller und Zulieferer erster Ordnung bei weitem nicht so einheitlich organisiert wie in der Automobilindustrie, wie eine betriebs-
und produktübergreifende Analyse der Beschaffungsstruktur
eines großen Elektronikkonzerns zeigt (siehe zu den nachfolgenden Ausführungen Abbildung 27). Es existiert eine
größere Zahl selbständiger Teilehersteller, die nicht
abnehmerspezifisch produzieren und den Endherstellern
standardisierte Produkte verkaufen[1]. Andererseits ist ein
großer Teil der Zulieferer, die abnehmerspezifische Vorleistungen herstellen, technologisch nicht eigenständig. Ähnlich wie in der Automobilindustrie wird schließlich ein
nicht unbeträchtlicher Teil der Gesamtleistung von Gruppenunternehmen des Endherstellers erbracht.

Der Konzentrationsgrad der Transaktionen zwischen den
Zulieferern abnehmerspezifischer Teile und den Endherstellern ist durchweg hoch; Abhängigkeitsgrade von nahezu 100%
sind der Normalfall[2]. Aus Abnehmersicht sind jedoch
neuerdings Bemühungen erkennbar, vom single sourcing zum
double sourcing überzugehen[3].

Die Form der Vertragsvereinbarung weist grundsätzlich
starke Ähnlichkeiten zu den Verhältnisssen in der Automobilindustrie auf: Dem Kooperationsverhältnis liegt ein relativ unspezifischer Rahmenvertrag zugrunde; konkrete
Preis-, Mengen- und Qualitätsbestimmungen werden auf das
Tagesgeschäft verlagert. Ein wesentlicher Unterschied besteht darin, daß im Gegensatz zur Automobilindustrie der
Bezug bestimmter Teile nicht über einen mehrjährigen Zeitraum hinweg festgelegt wird. Vielmehr gilt jeder kurz-

---

[1] Vgl. auch Dolles/Jung (1990), S. 58.

[2] Vgl. Ikeda (1986), S. 37; Ikeda (1988a), S. 5.

[3] Vgl. Vrboski (1988), S. 63. Demgegenüber stand in den
siebziger Jahren noch das Bemühen im Vordergrund, die
Zulieferungen auf wenige, technologisch leistungsfähige
Unternehmen zu konzentrieren; vgl. Takada (1989), S.
122f.

**Abbildung 27: Zulieferstruktur eines großen japanischen
Unterhaltungselektronikherstellers
- Anteile in Prozent der Gesamtwertschöpfung -**

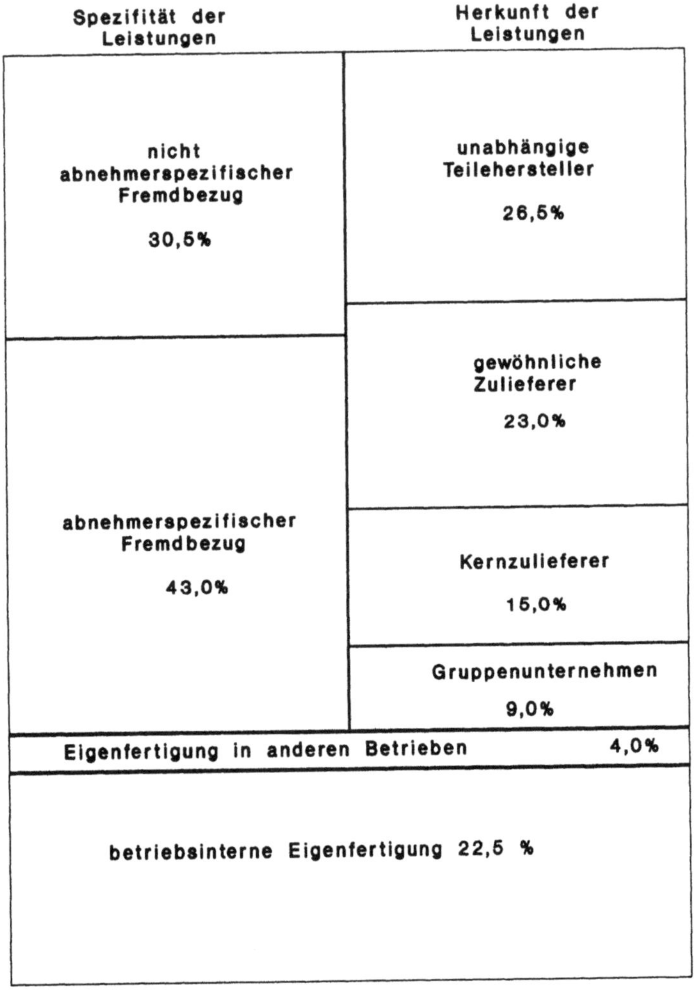

Spezifität der
Leistungen

Herkunft der
Leistungen

nicht
abnehmerspezifischer
Fremdbezug

30,5%

unabhängige
Teilehersteller

26,5%

gewöhnliche
Zulieferer

23,0%

abnehmerspezifischer
Fremdbezug

43,0%

Kernzulieferer

15,0%

Gruppenunternehmen

9,0%

Eigenfertigung in anderen Betrieben   4,0%

betriebsinterne Eigenfertigung 22,5 %

Quelle: Asanuma (1989)

fristige Einzelauftrag als eigenständiger Vertrag[1]. Insofern ist der mittel- und langfristige Formalisierungsgrad
hier deutlich geringer. Ein Grund hierfür könnte, wie Asanuma ausführt, in dem im Vergleich zu Automobilen kürzeren
Lebenszyklus vieler elektronischer Produkte liegen. Im
Falle der Zulieferung von Aggregaten für Massenprodukten
ist indes die ex-ante-Vereinbarung von Preissenkungen der
Zulieferteile in etwa halbjährlichen Abständen durchaus üb-
lich[2].

Die Transaktionsintensität zwischen Endherstellern und
Zulieferern spezifischer Teile hat noch nicht das aus der
Automobilindustrie bekannte Ausmaß erreicht; dennoch sind
auch hier JiT-Systeme teilweise bereits implementiert[3].
Zur Kostensenkung von Zulieferteilen und -leistungen kamen
seit den siebziger Jahren Managementtechniken wie die Wert-
analyse verstärkt zur Anwendung[4]; hier ist mit einer
Zeitverzögerung von rund zehn Jahren eine weitere Paralle-
lität zur Automobilindustrie feststellbar. Die Online-
Datenvernetzung zwischen Zulieferer und Endhersteller
scheint demgegenüber allerdings noch wenig verbreitet zu
sein[5].

Schließlich ist zu bemerken, daß in der elektronischen
Industrie ausgefeilte Lieferantenbeurteilungssysteme zur
Anwendung kommen. Asanuma konnte in seinen Fallstudien eine
Einteilung der Zulieferer in vier Klassen beobachten[6].
Während die Unternehmen der Klassen A und B als Kernzulie-
ferer betrachtet werden, bilden die in die Klassen C und D

---

[1] Vgl. Asanuma (1989), S. 7.

[2] Vgl. Asanuma (1989), S. 8.

[3] Vgl. Vrboski (1988), Fallstudien Elektroindustrie.

[4] Vgl. Takada (1989), S. 122.

[5] Vgl. Chûshô Kigyôchô (1985), S. 50; EC Fact Finding
Mission (1989), S. 98.

[6] Vgl. hierzu ausführlich Asanuma (1989), S. 17.

eingestuften Unternehmen die "gewöhnlichen Zulieferer". Mit
den Kernzulieferern bestehen langfristige und stabile Geschäftsbeziehungen; mit Unternehmen der Klasse A werden
nicht selten Kapitalverflechtungen angestrebt. Demgegenüber
sind die Aufträge an die Unternehmen der Klasse C weit weniger stabil; diese Unternehmen fungieren faktisch als Ka-
pazitätspuffer bei Nachfrageschwankungen. Gegenüber Unternehmen der Klasse D wird schließlich eine Beendigung der
Geschäftsbeziehungen beziehungsweise deren Rückstufung zu
Vorlieferanten zweiter Ordnung angestrebt.

In jüngerer Zeit war neben den bereits genannten Bemühungen der Endhersteller um eine engere Anbindung der
Kernzulieferer auch eine Tendenz zur Auslagerung weiterer
Fertigungsschritte in Tochter-, Gruppen- und Zulieferunternehmen zu erkennen[1].

Die Transaktionsbeziehungen zwischen den Zulieferern
erster Ordnung und deren Vorlieferanten sind durch ein vergleichsweise geringeres Maß an Stabilität bestimmt, obgleich es auch auf dieser Ebene vereinzelt sekundäre
Zulieferervereinigungen gibt[2]. Die montageorientierten
Zulieferer erster Ordnung lagern erneut zahlreiche Vor- und
Zwischenmontageschritte an noch kleinere Vorlieferanten
aus[3]. Diese Vor- und Zwischenmontagen bestehen primär in
noch nicht automatisierten Arbeitsgängen und wurden traditionell großteils von Heimarbeitern, insbesondere Haus-
frauen ausgeführt[4]. Auch wenn ein großer Teil dieser
Heimarbeiter(innen) ex post betrachtet über viele Jahre
hinweg für die gleichen Auftraggeber tätig ist, gibt es in

---

[1] Vgl. hierzu Mitsui (1989), S. 14; Nagai (1990), S. 23;
Kitamura (1990), S. 75ff.

[2] Vgl. EC Fact Finding Mission (1989), S. 92.

[3] Vgl. z.B. Kokumin Kin'yû Kôko (1982), S. 84.

[4] Vgl. ausführlich Kokumin Kin'yû Kôko (1982), S. 84ff.

diesem Bereich keine Arbeitsplatzsicherheit; die Auftragsvergabe wird ständig dem schwankenden Bedarf angepaßt[1].
In den achtziger Jahren ist es gelungen, einen Teil
der bisher manuell ausgeführten Arbeitsschritte zu mechani-
sieren; entsprechend ging die Bedeutung der Heimarbeit
stark zurück[2]. Andererseits ergaben auch jüngere Untersuchungen noch, daß in den Kleinbetrieben der Vorlieferanten
der Frauenanteil meist sehr hoch ist. Das Motiv der Ar-
beitskostenreduzierung stand hier nach Angaben der Be-
triebsleiter als Grund für die Auslagerung im Vordergrund[3]. Eine weitere jüngere Tendenz zur Bewahrung des
Arbeitskostenvorteils liegt in der Auslagerung von Vormon-
tagefabriken in südostasiatische Schwellenländer[4].

Insgesamt sind die Formen zwischenbetrieblicher Kooperationen in der japanischen Elektroindustrie im Vergleich
zur Automobilindustrie nicht nur vertikal, sondern auch horizontal stark differenziert. Die Beziehungen der Endhersteller zu den unabhängigen Teileherstellern sind vorwiegend extern und offen-bilateral, zu den "gewöhnlichen" Zulieferern vorwiegend geschlossen-bilateral und zu den Kernzulieferern zumindest teilweise auch verbunden. Bei den
Transaktionen zwischen den Direktzulieferern und deren Vorlieferanten scheinen ähnlich wie in der Automobilindustrie
geschlossen-bilaterale und offen-bilaterale Koordinationen
vorzuherrschen.

Zu den Zulieferverhältnissen in der deutschen Elektronikindustrie liegen bisher nur rudimentäre Erkenntnisse
vor. Nach den Ermittlungen von Geck/Petry Anfang der achtziger Jahre war die Abhängigkeit der Zulieferer von ihren

---

[1] Vgl. Kokumin Kin'yû Kôko (1982), S. 101.

[2] Vgl. Kokumin Kin'yû Kôko (1982), S. 107; Takada (1989),
S. 122ff.

[3] Vgl. EC Fact Finding Mission (1989), S. 86ff.

[4] Vgl. Kitamura (1990), S. 84f.

größten Abnehmern, aber auch der Anteil des Zulieferumsatzes am Gesamtumsatz in diesem Bereich deutlich geringer
als in der Automobilindustrie[1]. Der Lagervorrat der Hersteller war außerdem im Vergleich zur Automobilindustrie
weit höher[2]. Nach neueren Untersuchungen gehen allerdings
auch deutsche Unterhaltungselektronik-Hersteller zumindest
teilweise zur JiT-Beschaffung über[3].

Die vorliegenden Erkenntnisse sind insgesamt zu lük-
kenhaft, um einen Vergleich mit der elektronischen Industrie in Japan zu ermöglichen.

5.3.3.3 Die Kooperationsformen in anderen Industriezweigen

In Ergänzung der vorangehenden konzentrierten Analyse
der vertikalen zwischenbetrieblichen Kooperationsformen in
den beiden größten Einzelbranchen der japanischen Industrie
sollen nun die aus Feldstudien vorliegenden Erkenntnisse
über die Arbeitsteilungsformen in anderen Industriezweigen
gestrafft zusammengefaßt werden. Die feinmechanische und
optische Industrie, Gegenstand des nachfolgenden Abschnitts
der Arbeit, wird dabei ausgespart.

Innerhalb des Maschinenbaus hat besonders die Werk-
zeugmaschinenindustrie große Beachtung gefunden. Der Bereich ist durch eine extrem hohe Produktindividualisierung
und dementsprechend niedrige Losgrößen gekennzeichnet[4];
die Unternehmensgröße der Endhersteller ist dementsprechend
relativ klein. Trotzdem liegt auch hier wieder eine mehrstufige Zulieferstruktur vor: Die relativ überschaubare
Gruppe der Endhersteller wird durch eine große Zahl kleiner

---

[1] Vgl. Geck/Petry (1983), S. 49f.

[2] Vgl. Geck/Petry (1983), S. 56.

[3] Vgl. Fieten (1991), S. 57.

[4] Vgl. Kokumin Kin'yû Kôko (1982), S. 23.

und kleinster Unternehmen beliefert[1]. Der Schwerpunkt der
Zulieferungen liegt dabei auf der Auftragsvergabe für einzelne maschinelle Produktionsstufen und -prozesse in Lohnfertigung, während Montagearbeiten eine geringere Rolle
spielen[2]. Die Eigenfertigung der Endhersteller beschränkt
sich grundsätzlich auf die Fertigung der zentralen Teile
mit den höchsten Präzisionsanforderungen, die Produktion
von Teilen, deren Transport mit hohen Kosten verbunden ist,
sowie die Endmontage[3]. Dennoch beträgt die Eigenferti-
gungsquote teilweise bis zu 70% und ist damit weit höher
als in anderen Branchen[4]. Die Abhängigkeitsgrade der Zulieferer für Lohnfertigungen sind fallweise sehr unterschiedlich. Insgesamt ist aber zu beobachten, daß diese Unternehmen, welche über prozeßspezifisches Know-how verfügen, meist nicht so extrem von einem Abnehmer abhängen wie
in anderen Branchen[5]. Demgegenüber sind die montageorientierten Zulieferer in vielen Fällen weitgehend auf nur
einen Abnehmer ausgerichtet. Die Endhersteller bemühten
sich in jüngerer Zeit verstärkt, noch größere Teile der
Montagearbeiten auf diese Unternehmen zu übertragen[6]. So

---

[1] Ishiro ermittelte in einer Feldstudie 1013 Zulieferer
erster und 1086 Zulieferer zweiter Ordnung, die 43 Endhersteller beliefern; vgl. Ishiro (1986), S. 134.

[2] Vgl. Ishiro (1986), S. 140; Kikai Shinkô Kyôkai (1989),
S. 49.

[3] Vgl. Kokumin Kin'yû Kôko (1982), S. 28.

[4] Vgl. Mizuno (1990), S. 111. Im übrigen ist auch in dieser Branche die Tendenz zu beobachten, daß die Endhersteller die Qualitätskontrolle der Zulieferteile an
technologisch qualifizierte Zulieferer weitgehend übertragen und selbst keine Eingangskontrollen mehr durch-
führen; vgl. Kokumin Kin'yû Kôko (1989), S. 65.

[5] Vgl. Ishiro (1986), S. 140, der häufig Umsatzkonzentra-
tionen von 40-70% auf den größten Abnehmer beobachtet
hat.

[6] Vgl. Ishiro (1986), S. 138; Kokumin Kin'yû Kôko (1982),
S. 28.

scheinen insgesamt gegenüber den erstgenannten Zulieferern geschlosssen-bilaterale, gegenüber den letzteren hingegen verbundene Kooperationen zu überwiegen.

Die Metallindustrie ist eine klassische Zulieferindustrie für die vorgenannten montageorientierten Industriezweige und dementsprechend stark fragmentiert[1]. Die hergestellten Produkte sind großteils abnehmerspezifisch; die Kooperationen erstrecken sich daher oft über die Modelllaufzeit der Produkte des Abnehmers, in vielen Fällen zwei bis drei Jahre[2]. Die Hersteller sind überwiegend gut abnehmerdiversifiziert[3]. Insgesamt scheinen in diesem Bereich geschlossen-bilaterale Kooperationen zu überwiegen.

Die Schiffsbauindustrie ist durch Produktionsbedingungen gekennzeichnet, die von den bisher beschriebenen Branchen grundverschieden sind; dies hat entsprechende Konsequenzen für die vertikalen Kooperationsformen. Die Werftunternehmen beziehen einerseits Zulieferteile von relativ unabhängigen und abnehmerdiversifizierten Spezialherstellern und vergeben Lohnfertigungsaufträge für einzelne Produktionsvorstufen an stärker gebundene Unternehmen der Metallindustrie[4]. Andererseits arbeitet jedoch ein Großteil der Zulieferunternehmen innerhalb des Werftgeländes der Endhersteller (sogenanntes *kônai shitauke*)[5]. Die Beschäftigten dieser Unternehmen verrichten überwiegend wenig qualifizierte Arbeiten wie Malen und Schweißen. Diese

---

[1] Vgl. Watanabe (1981), S. 295; Kokumin Kin'yû Kôko (1982), S. 215.

[2] Vgl. Kokumin Kin'yû Kôko (1982), S. 231.

[3] Vgl. Kokumin Kin'yû Kôko (1982), S. 232.

[4] Vgl. Itozono (1978), S. 60ff; Dolles/Jung (1990), S. 61f.

[5] Vgl. Ide (1990), S. 25, wonach das Verhältnis zwischen werftinternen und externen Zulieferern gemessen an der Beschäftigtenzahl traditionell bei 7:3 lag und sich erst in jüngster Zeit dem Verhältnis 5:5 annähert.

werksinternen Zulieferunternehmen sind überwiegend sehr
klein und - wie leicht nachvollziehbar - extrem abhängig
von ihren Auftraggebern[1]. Das Arbeitsentgelt der Beschäftigten liegt weit unter dem der Stammarbeiter der Werft.
Eine weitere Funktion der werksinternen Zulieferer besteht
in der Abfederung von Beschäftigungsschwankungen; für die
Beschäftigten besteht keinerlei Arbeitsplatzgarantie oder
das Recht auf Zahlung von Abfindungen im Entlassungsfall.
Andererseits können auch Überstunden kurzfristig veranlaßt
werden. Zumindest in den sechziger und siebziger Jahren
wurde von diesen Möglichkeiten der Beschäftigungsanpassung
auch lebhaft Gebrauch gemacht[2]. Da aus Sicht des Auftrag-
gebers hier keine erkennbaren Austrittsbarrieren bestehen,
sind die beschriebenen Arbeitsteilungen trotz extremer
räumlicher Verflechtung unter die offen-bilateralen Kooperationen zu subsumieren.

Kônai shitauke läßt sich im übrigen auch in der Stahl-
und teilweise der Chemieindustrie finden[3]. Im Vergleich
zur Schiffsbauindustrie ist dabei aber eine weit größere
Differenzierung der Kooperationsformen feststellbar. So hat
in der Stahlindustrie ein Teil der werksinternen Zulieferer
den Status von Gruppenunternehmen; andere sind in *kyô-*
ryokukai eingebunden[4]. Die Eigenfertigungstiefe der Hersteller ist aufgrund der extensiven Anwendung von *kônai*
shitauke sehr gering; nur in den Kernbereichen wie der Roh-
eisen- und Stahlerzeugung sind ausschließlich Beschäftigte
des Mutterunternehmens tätig. Andere anspruchsvolle Ar-

---

[1] Vgl. auch Chûshô Kigyôchô (1980), S. 160.

[2] Vgl. hierzu ausführlich Itozono (1978), S. 30ff. Die
Beschäftigtenzahl der werksinternen Zulieferer ist annä-
hernd so hoch wie die des Endherstellers; dies läßt auf
eine erhebliche "werksinterne Fremdfertigung" schließen.

[3] Vgl. Itozono (1978), S. 142ff; 193ff.

[4] Vgl. Itozono (1978), S. 143ff; Dolles/Jung (1990), S.
65f.

beitsteilungsfelder wie die Energieversorgung und der Ver-
trieb werden an Gruppenunternehmen vergeben, während die in
kyôryokukai eingebundenen Zulieferer z.b. mit der Instand-
haltung beauftragt werden. Anspruchslose Tätigkeiten werden
schließlich an periphere Zulieferer vergeben. Damit scheint
in der Stahlindustrie innerhalb des *kônai shitauke* das gesamte Spektrum von verbundenen, geschlossen-bilateralen und
offen-bilateralen Kooperationen abgedeckt zu sein.

Die japanische Textilindustrie ist durch eine äußerst
geringe durchschnittliche Betriebsgröße gekennzeichnet; Unternehmen mit 10 bis 20 Beschäftigten zählen schon zu den
größeren innerhalb der Branche[1]. Zwischen den vielen
Klein- und Kleinstunternehmen und Heimarbeit ist der Übergang fließend; eine pyramidenförmige Zulieferstruktur existiert hier nicht in dem aus anderen Branchen bekannten Umfang. Die zwischenbetrieblichen Arbeitsteilungsformen sind
in diesem Industriezweig in besonderem Maße vor geschicht-
lichem Hintergrund zu betrachten[2]: In der Vorkriegszeit
war die Textilindustrie ein Hauptträger der Industrialisie-
rung Japans. Bereits in der ersten Hälfte der fünfziger
Jahre kam es jedoch zu einer Strukturkrise, die hohen Ra-
tionalisierungsdruck mit sich brachte. Die Hersteller der
Rohfasern - meist Großunternehmen - brachten in Reaktion
auf diese Anpassungszwänge einen Großteil der kleinen Spin-
nereibetriebe unter ihre unmittelbare Kontrolle und ließen
die Textilprodukte in Lohnfertigung produzieren[3]. Die übrigen Klein- und Kleinstunternehmen organisierten sich
selbständig in Einkaufs- und Vertriebsgemeinschaften. Auf
diese Weise konnten der völlige Untergang der Branche verhindert und die Beschäftigungsverluste in Grenzen gehalten
werden. Es ist jedoch nicht zu übersehen, daß auch heute

---

[1] Vgl. Nakamura (1983), S. 138; Takada (1989), S. 148ff.

[2] Vgl. zu den nachfolgenden Ausführungen ausführlich
Kokumin Kin'yû Kôko (1984), S. 17ff.

[3] Vgl. Takada (1989), S. 170f.

noch gemessen am gesamtwirtschaftlichen Durchschnitt sowohl das Lohnniveau als der technologische Stand ausgesprochen niedrig sind. Unter dem Blickwinkel der Gestaltung der zwischenbetrieblichen Kooperationen gibt es deutliche Hinweise darauf, daß in der Textilindustrie offen-bilaterale und geschlossen-bilaterale Arbeitsteilungen vorherrschen.

Die Druckindustrie schließlich bildet unter dem Aspekt der zwischenbetrieblichen Arbeitsteilung einen weiteren Sonderfall. Die Produktionsstruktur ist in diesem Bereich horizontal; eine Zulieferpyramide wie in anderen Branchen hat sich nicht entwickelt[1]. Andererseits bestehen intensive Lieferverflechtungen zwischen den Unternehmen. Um eine volle Auslastung der Kapazitäten zu sichern, werden oft mehr Aufträge angenommen, als bearbeitet werden können. Der überschüssige Teil wird dann horizontal an Unternehmen der gleichen Branche weitergeleitet[2]. Auf diese Weise werden die Unternehmen oft gleichzeitig zu Auftraggebern und Auftragnehmern, wobei die Beziehungen zwischen den Unternehmen aber eher horizontaler als vertikaler Natur sind. Die gegenseitige Verflechtung ist hoch, aber der individuelle Abhängigkeitsgrad der Unternehmen untereinander niedrig. Ohne die Struktur des Industriezweigs hier vertieft diskutieren zu können[3], ergibt sich der Eindruck, daß offen-bilaterale Koordinationen in diesem Bereich eine große Rolle spielen.

---

[1] Vgl. Rodenwaldt (1987), S. 199ff.

[2] Vgl. Rodenwaldt (1987), S. 195ff.

[3] Vgl. für ausführliche Darstellungen der Struktur der japanischen Druckindustrie Mitsui (1986), S. 90ff und Rodenwaldt (1987).

5.3.4 Zusammenfassung

Die vorangegangene bereichsspezifische Analyse der
vertikalen Arbeitsteilungsformen in der japanischen Industrie führte zu folgenden Ergebnissen:

1.) Der Internalisierungsgrad der zwischenbetrieblichen Kooperationen ist in einigen montageorientierten Branchen wie im Automobilbau, der elektronischen Industrie und
der Feinmechanik, außerdem auch in der Textil- und der Bekleidungsindustrie überdurchschnittlich hoch.

2.) Je größer die Unternehmen, desto höher sind die
Spezifität und Konzentration der Transaktionen, die In-
ternalisierung der Entscheidungsfindung, die Intensität der
Lieferbeziehungen und das Ausmaß an personeller und finanzieller Verflechtung.

3.) Der Internalisierungsgrad der zwischenbetrieblichen Kooperationen hat in den letzten Jahrzehnten in der
japanischen Industrie stetig zugenommen. Dies gilt besonders für technologieintensive Bereiche wie die Automobilindustrie, die Elektroindustrie und die feinmechanische und
optische Industrie.

4.) Die aufgezeigten branchen- und größenspezifischen
Unterschiede beim Internalisierungsgrad der zwischenbetrieblichen Kooperationen sind, soweit adäquate Daten vorliegen, auch in Deutschland zu beobachten.

5.) Die japanische Automobilindustrie ist durch eine
niedrige Eigenfertigungstiefe der einzelnen Unternehmen gekennzeichnet. Bei der Zusammenarbeit zwischen Endherstellern und Zulieferern erster Ordnung überwiegen verbundene
Kooperationen, bei den Transaktionen zwischen Zulieferern
erster und zweiter Ordnung geschlossen-bilaterale Kooperationen und im Verhältnis zwischen nachgelagerten Zulieferern offen-bilaterale Kooperationen.

6.) Soweit erkennbar, nimmt auch in der deutschen Automobilindustrie der Internalisierungsgrad der zwischenbe-

trieblichen Kooperationen mit zunehmendem Fertigstellungsgrad der Produkte zu.

7.) In der japanischen Elektroindustrie ist bei der
Zusammenarbeit zwischen Zulieferern und Endherstellern ein
breites Spektrum an Kooperationsformen zu beobachten. Je
größer die technologische Distanz zwischen dem Endmontage-
prozeß und der Fertigung der Vorprodukte ist, desto stärker
ist die Zusammenarbeit externalisiert. Außerdem ist auch
hier erkennbar, daß die Kooperationsform tendenziell mit
dem Fertigstellungsgrad der Produkte enger wird.

8.) Der Internalisierungsgrad der vertikalen Kooperationen ist im technologieintensiven Werkzeugmaschinenbau
höher als in weniger technologieintensiven Bereichen wie
der Textil- und der Druckindustrie. In der Stahlindustrie
und im Schiffsbau ist die Eigenfertigungstiefe der Endhersteller sehr niedrig; die Kooperationsformen mit den Zulieferern sind überwiegend nicht sehr stark internalisiert.

Die genannten bereichsspezifischen Unterschiede können
durch eine Reihe von Einflußfaktoren erklärt werden. In
montageorientierten Branchen wie dem Automobilbau, der
elektronischen Industrie und der Feinmechanik sind zumindest auf der Ebene der fortgeschrittenen Produktionsstufen
die Technologieintensität und die Bedeutung der Lager- und
Transportkosten überdurchschnittlich hoch; außerdem ist die
Zahl der benötigten Arbeitsgänge ebenfalls sehr groß. In
der Textil- und der Bekleidungsindustrie ist hingegen die
Fertigungstechnologie als sehr homogen zu bezeichnen. Je
höher der Fertigstellungsgrad von Produkten, desto technologieintensiver sind sie und desto höher sind die kalkulatorischen Lager- und Transportkosten. In Bereichen, in
denen die Endverbrauchermärkte groß sind und Großserien-
und Massenproduktion vorherrschen, haben die Endhersteller
eine sehr niedrige Eigenfertigungstiefe. Je größer die
technologische Separabilität zwischen Endherstellungprozeß
und vorgelagertem Produktionsprozeß, desto geringer ist der
Internalisierungsgrad der Kooperation. In konjunkturanfäl-

ligen Bereichen mit großen Nachfrageschwankungen bevorzugen
die Endhersteller schließlich großteils Kooperationsformen
mit hohem Externalisierungsgrad.

Das gesamte Spektrum der im Bezugsrahmen angeführten
sektoralspezifischen Einflußfaktoren kommt zur Anwendung,
um die Unterschiede im Internalisierungsgrad der zwischenbetrieblichen Arbeitsteilungen zu erklären. Die Hypothesen
werden zusätzlich durch die Tatsache bestätigt, daß - soweit erkennbar - in Deutschland ähnliche bereichsspezifische Unterschiede zu erkennen sind. Andererseits wurde erneut deutlich, daß in Deutschland offen-bilaterale und interne Kooperationsformen häufiger anzutreffen sind als in
Japan, was den auf regionalspezifische Besonderheiten ausgerichteten Teil des Bezugsrahmens nochmals bestätigt.

5.4 Die zwischenbetrieblichen Kooperationsformen in der feinmechanischen und optischen Industrie Japans: Ergebnisse empirischer Studien

5.4.1 Einleitende Bemerkungen

In Ergänzung der vorstehenden, auf der Auswertung
statistischer Datenanalysen und empirischer Feldstudien beruhenden Betrachtungen sollen nunmehr die Ergebnisse eigener empirischer Untersuchungen des Verfassers vorgestellt
werden. Die nachfolgenden Ausführungen basieren auf einer
Fragebogenaktion vom Sommer 1991 und auf Interviewbefragungen vom Frühjahr/Sommer 1992, in denen die vertikalen
Arbeitsteilungsstrukturen in der feinmechanischen und optischen Industrie Japans untersucht wurden.

Zunächst wird ein Überblick über die Struktur des gesamten Industriezweigs gegeben; anschließend werden die Besonderheiten der einzelnen Unterbranchen sowie deren Entwicklung in den letzten Jahrzehnten aufgezeigt. Vor diesem
Hintergrund werden dann die Ergebnisse der empirischen Untersuchungen analysiert. Die Primärdatenanalyse basiert ei-

nerseits auf betriebswirtschaftlichen Grunddaten der Unternehmen sowie deren Einschätzung von Umfeldfaktoren, andererseits auf Angaben zur Gestaltung der vertikalen Kooperationen zwischen den befragten Unternehmen und ihren Zulieferern. In der Sekundärdatenanalyse werden dann mögliche Zusammenhänge zwischen einzelnen Arbeitsteilungsformen und den Ausprägungen von Umfeldfaktoren untersucht. Damit wird der der Arbeit vorangestellte Bezugsrahmen auf mikroanalytischer Ebene überprüft und die vorherigen, überwiegend auf aggregierten Daten beruhenden Ergebnisse werden unter sektoralspezifischem Blickwinkel ergänzt.

5.4.2 Die gesamtwirtschaftliche Stellung und Struktur des Industriezweigs

5.4.2.1 Die Stellung der feinmechanischen und optischen Industrie innerhalb des verarbeitenden Gewerbes

Über die relative Bedeutung der Feinmechanik und Optik innerhalb der japanischen Industrie geben die Daten des vom MITI durchgeführten Industriezensus umfassend Auskunft (siehe hierzu Tabelle 3). Aus der Statistik geht hervor, daß quantitativ gesehen die gesamtwirtschaftliche Bedeutung der Branche begrenzt ist und der Umsatz und die Beschäftigtenzahlen nur einen Bruchteil der Vergleichswerte in der Automobil- und Elektronikindustrie erreichen[1]. Weiterhin fällt der im Vergleich zu den anderen Kennzahlen überdurchschnittlich hohe Anteil an der Beschäftigtenzahl und den Arbeitskosten auf, was darauf schließen läßt, daß dieser Industriezweig durch eine überdurchschnittlich arbeitsintensive Produktion gekennzeichnet ist.

---

[1] Wie zuvor bereits ausgeführt, entfallen auf den Automobilbau und die Elektrotechnik jeweils mehr als 10% des Umsatzes und der Beschäftigung des verarbeitenden Gewerbes; vgl. Abschnitt 5.3.3.2.

Tabelle 3: Stellung der feinmechanischen und optischen Industrie Japans innerhalb des verarbeitenden Gewerbes, 1990

	Summe fein-mechanische und optische Industrie	Anteil am verarbeiten-den Gewerbe (in Prozent)
Betriebsstättenzahl	7 193	1,65%
Beschäftigtenzahl	250 625	2,24%
Arbeitskosten (in Mrd. Yen)	979,9	2,30%
Materialkosten (in Mrd. Yen)	2 960,1	1,57%
Umsatz (in Mrd. Yen)	5 132,2	1,59%

Quelle: Tsûshô Sangyôshô (1992b)

Der Vergleich mit den entsprechenden Anteilswerten der Branche in der deutschen Industrie bestätigt diese Beobachtung: Im Jahre 1989 entfielen in der Bundesrepublik Deutschland 2,1% der Beschäftigten und 1,9% der Arbeitskosten, aber nur 1,3% des Umsatzes im verarbeitenden Gewerbe auf die feinmechanische und optische Industrie[1]. Außerdem wird deutlich, daß die gesamtwirtschaftliche Bedeutung der Branche in Japan mit der in Deutschland ungefähr vergleichbar ist.

---

[1] Vgl. StBA (1990), S. 182f. Die amtliche Statistik in Deutschland basiert allerdings nur auf den Daten der Betriebe mit 20 und mehr Beschäftigten. Da in dieser Branche jedoch auf die Kleinbetriebe mit unter 20 Beschäftigten weniger als 5% der Beschäftigung entfallen, können die genannten Strukturdaten als repräsentativ für den Industriezweig betrachtet werden; vgl. StBA (1990), S. 184.

Bei Betrachtung der Entwicklung der Strukturdaten[1]
zeigt sich einerseits, daß die Arbeitskostenintensität der
Branche vor 20 Jahren noch ausgeprägter war. Anderseits ist
ein deutlicher Anstieg der gesamtwirtschaftlichen Bedeutung
innerhalb des verarbeitenden Gewerbes zu beobachten. Da die
japanische Industrie insgesamt in den siebziger und achtziger Jahren stark expandiert ist, deutet dies auf ein star-
kes Wachstum der Branche in dem genannten Zeitraum hin.

In den vorangegangenen Abschnitten dieser Arbeit wurde
bereits deutlich, daß die feinmechanische und optische Industrie gegenüber dem Durchschnitt des verarbeitenden Gewerbes durch einen hohen Anteil an Zulieferunternehmen und
eine hohe Spezifität und Konzentration der zwischenbetrieblichen Transaktionen, gleichzeitig aber durch eine
nur mäßige Intensität der zwischenbetrieblichen Lieferbeziehungen und eine durchschnittliche Eigenfertigungstiefe
gekennzeichnet ist[2].

5.4.2.2 Die Struktur des Industriezweigs

Nach dem offiziellen Industriebranchenschlüssel wird
die feinmechanische und optische Industrie Japans in folgende Unterbranchen eingeteilt[3]:

(1) Meß-, Ablese-, Analyse- und Prüfgeräte
 - allgemeine Längenmeßgeräte
 - Zulademeßgeräte
 - Waagen
 - Thermometer

---

[1] Im Jahre 1970 entfielen 1,4% der Betriebsstätten, 2,1%
der Beschäftigten, 2,1% der Arbeitskosten, 1,2% der Materialkosten und 1,3% des Umsatzes des verarbeitenden
Gewerbes in Japan auf die feinmechanische und optische
Industrie; vgl. Tsûshô Sangyôshô (1972), S. 20f.

[2] Vgl. hierzu im einzelnen die Abbildungen 5, 20, 21, 23,
24, 25.

[3] Vgl. Gyosei Kanrichô (1984).

- Druck-, Flüssigkeitsmengen-, Oberflächenmeßgeräte
  usw.
- Präzisionsmeßgeräte
- Analysegeräte
- Prüfgeräte
- Sonstige

(2) Vermessungsgeräte

(3) medizinische Geräte
  - allgemeinmedizinische Geräte
  - zahnmedizinische Geräte
  - tiermedizinische Geräte
  - allgemeinmedizinisches Material
  - zahnmedizinisches Material

(4) chemische und physikalische Laborgeräte

(5) optische Geräte und Linsen
  - Mikroskope, Ferngläser usw.
  - Kameras und Zubehör
  - Filmvorführgeräte und Zubehör
  - optische Linsen und Prismen

(6) Brillen (einschließlich Brillengestelle)

(7) Uhren und Uhrenteile
  - Uhren, Uhreneinbauteile (ohne Zubehör)
  - Uhrenzubehör

Zur Erhöhung der Übersichtlichkeit sollen die genannten Unterbranchen nachfolgend zu vier Kategorien zusammengefaßt werden:

- Meßgerät (Kategorien (1) und (2))
- medizinisches und Laborgerät (Kategorien (3) und (4))
- optisches Gerät (Kategorien (5) und (6))
- Uhren (Kategorie (7))

Eine Strukturanalyse nach den Ergebnissen des jüngsten
MITI-Industriezensus macht erhebliche Unterschiede zwischen
den einzelnen Unterbranchen deutlich (siehe hierzu die Abbildungen 28 und 29). Zwar entfällt sowohl bei den Betriebsstätten als auch bei der Beschäftigtenzahl und beim
Umsatz der größte Einzelanteil auf die optische Industrie.
Zwischen den einzelnen Kategorien sind aber teilweise große

Abbildung 28: Struktur der feinmechanischen und optischen Industrie Japans, 1990
- Anteile der Unterbranchen an den Betriebsstätten, am Umsatz und an den Beschäftigten in Prozent -

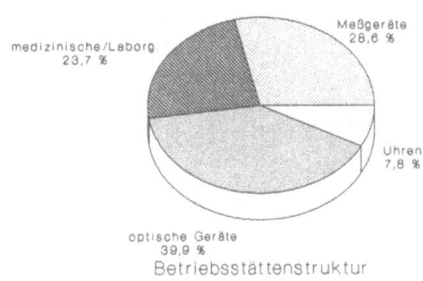

Betriebsstättenstruktur

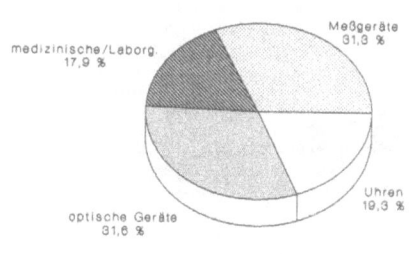

Umsatzstruktur

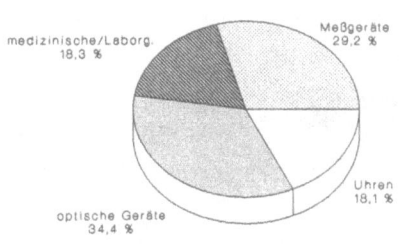

Beschäftigtenstruktur

Quelle: eigene Berechnungen nach Daten aus Tsûshô Sangyôshô (1992b)

**Abbildung 29: Betriebswirtschaftliche Kennzahlen der
Unterbranchen der feinmechanischen und optischen Industrie
Japans, 1990
- durchschnittliche Beschäftigtenzahl je Betrieb; Arbeits-
und Materialkostenintensität in Prozent -**

Unterbranche

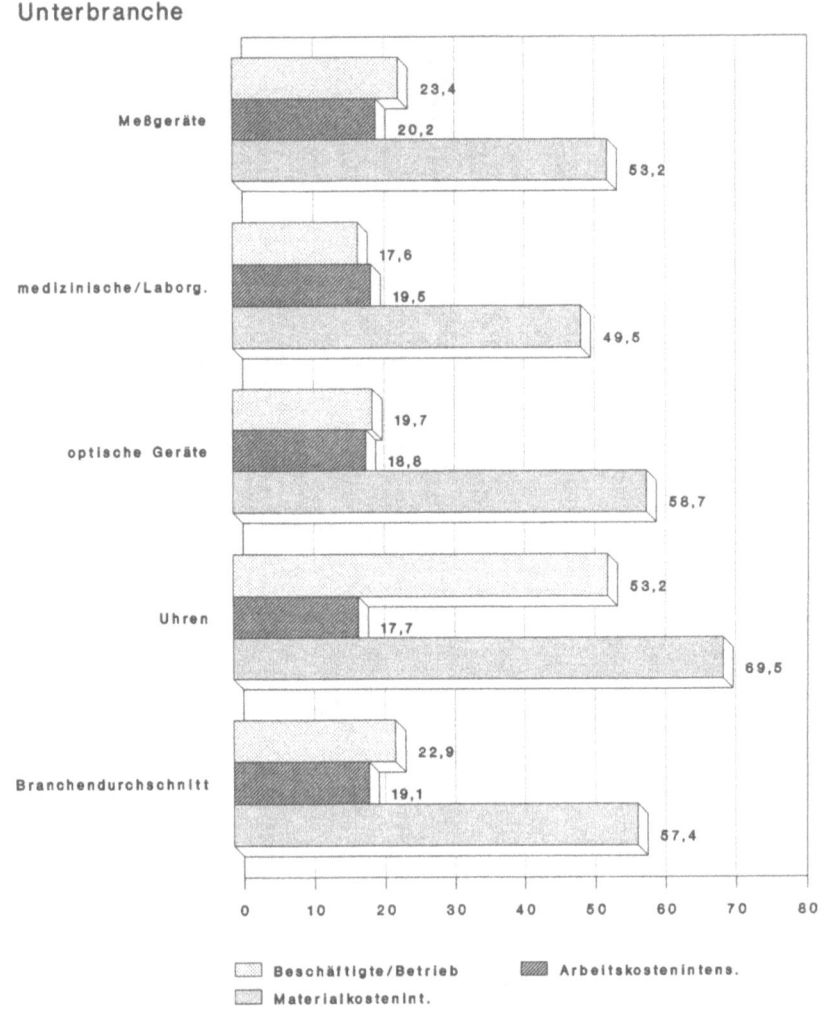

Quelle: eigene Berechnungen nach Daten aus Tsûshô Sangyôshô
(1992b)

Verschiebungen erkennbar. So ist in der medizinischen und
Laborgeräteindustrie und der optischen Industrie der Anteil
an den Betriebsstätten relativ hoch, am Umsatz relativ
niedrig. Bei der Meßgeräteindustrie und der Uhrenindustrie
verhält es sich umgekehrt; diese Tendenz ist insbesondere
im Fall der Uhrenindustrie stark ausgeprägt.

Ein Blick auf die durchschnittliche Betriebsgröße bestätigt diese Beobachtungen: In der Uhrenindustrie beträgt
die durchschnittliche Betriebsgröße fast das zweieinhalbfa-
che des Branchendurchschnitts, während die Vergleichszahlen
für die medizinische und Laborgeräteindustrie sowie die optische Industrie deutlich unter dem Mittelwert liegen. Die
Arbeitskostenintensität ist in der Meßgeräteindustrie am
höchsten, in der Uhrenindustrie am niedrigsten. Schließlich
weist die Uhrenindustrie eine sehr hohe, die medizinische
und Laborgeräteindustrie eine stark unterdurchschnittliche
Materialkostenintensität auf.

Innerhalb der feinmechanischen Industrie standen in
den letzten Jahrzehnten die Kameraindustrie, welche den
größten Teil der optischen Industrie umfaßt, und die Uhrenindustrie im Mittelpunkt des wissenschaftlichen und sonstigen Interesses. Die Entwicklung der übrigen Unterbranchen
fand demgegenüber weniger starke Beachtung. Entsprechend
sollen nachfolgend die Besonderheiten der Kamera- und der
Uhrenindustrie in jeweils einem separaten Abschnitt erläutert und die Position der übrigen Unterbranchen in einem
dritten Abschnitt gestrafft zusammengefaßt werden, um die
Ergebnisinterpretation der empirischen Untersuchung zu un-
terstützen.

5.4.3 Die Spezifika der einzelnen Unterbranchen
5.4.3.1 Die Kameraindustrie

Aus den Ausführungen des vorangegegangenen Abschnitts
ging bereits hervor, daß die Kameraindustrie die quantita-

tiv größte Unterbranche innerhalb der feinmechanischen und
optischen Industrie Japans ist. Zugleich sind die japanischen Kamerabauer schon seit einiger Zeit unumstrittener
Weltmarktführer in ihrer Branche[1].

Die rapide Aufwärtsentwicklung des Industriezweigs begann in den fünfziger und sechziger Jahren, als bereits ein
großer Teil der Produktion exportiert und früher als in anderen Industriezweigen internationale Wettbewerbsfähigkeit
erreicht wurde[2]. In den siebziger und achtziger Jahren
wurde die Expansion durch eine umfassende Exportoffensive
in westliche Industrieländer fortgesetzt und die deutschen
und amerikanischen Hersteller, sofern sie überhaupt noch
als selbständige Unternehmen existieren, auf dem Weltmarkt
in die Bedeutungslosigkeit gedrängt[3]. Die internationale
Bedeutung der japanischen Kameraindustrie läßt sich aus der
Tatsache ablesen, daß inzwischen die Exportquote in diesem
Bereich trotz des großen innerjapanischen Marktes über 80%
beträgt[4].

Trotz des großen Produktionsvolumens ist die Anzahl
der Endhersteller in der Kameraindustrie überschaubar. Der
größte Teil der Produktion entfällt auf nur sieben Unternehmen: Fuji Shashin Film, Canon, Konika, Nihon Kôgaku (=
Nikon), Olympus, Minolta und Asahi Kôgaku[5]. Andererseits
existieren nach dem jüngsten MITI-Industriezensus in der
japanischen Kameraindustrie nicht weniger als 1 756 Unter-

---

[1] Vgl. z.B. Saitô (1987), S. 73ff und Nihon Shashinki
Kensa Kyôkai (1984), S. 553.

[2] Vgl. Satô/Mori (1976), S. 36ff; Nihon Shashinki Kensa
Kyôkai (1984), S. 55ff; Kokumin Kin'yû Kôko (1989), S.
210.

[3] Vgl. Saitô (1987), S. 87ff.

[4] Vgl. Tsûshô Sangyôshô (1987), S. 230.

[5] Vgl. Saitô (1987), S. 123; Matsumoto (1989), Anhang, S.
30f.

nehmen; hinzu kommen noch 1 149 Unternehmen in der Linsen-
und Prismenindustrie[1].

Die große Diskrepanz zwischen der Anzahl der Endhersteller und der Zahl der insgesamt in dem Industriezweig
engagierten Unternehmen wird nachvollziehbar, wenn die zur
Kameraherstellung notwendigen Produktionsstufen betrachtet
werden (siehe hierzu Abbildung 30). Die Hauptkomponenten
des Endprodukts bestehen in dem Gehäuse und der Linse. Die
Gehäuseproduktion ist vorwiegend synthetisch, die Linsen-
produktion vorwiegend durchgängig. Deutlich wird aus dem
Produktionsflußdiagramm vor allem, daß die Herstellung beider Komponenten eine große Zahl von Vor- und Zwischenpro-
duktionsstufen bedingt. So erfordert die Herstellung einer
Kamera der mittleren Preisklasse zwischen 600 und 1000
Einzelarbeitsschritte[2], was darauf zurückzuführen ist,
daß ein großer Teil der Fertigungsprozesse noch stark manuell geprägt ist.

Die zahlreichen Vorverarbeitungs- und -montageschritte
werden in der japanischen Kameraindustrie von einer großen
Zahl kleiner und mittlerer Unternehmen vorgenommen; die
Endhersteller konzentrieren sich auf die Endmontage und
Qualitätskontrolle und haben dementsprechend eine sehr geringe Eigenfertigungstiefe[3]. Insgesamt ist die produktionswirtschaftliche Struktur der Kameraindustrie damit stark
an die zuvor in der Automobilindustrie und Teilen der elektronischen Industrie dargestellten Arbeitsteilungsformen
angenähert. Mitunter wird auch hier von einer pyramidenför-
migen Fertigungsorganisation gesprochen[4].

---

[1] Vgl. Tsûshô Sangyôshô (1992b), statistischer Teil, S.
13.

[2] Vgl. Kokumin Kin'yû Kôko (1982), S. 179; Tsûshô
Sangyôshô (1987), S. 230; Saitô (1987), S. 96.

[3] Vgl. Saitô (1987), S. 96f.; Kokumin Kin'yû Kôko (1989),
S. 212f.

[4] Vgl. Kokumin Kin'yû Kôko (1989), S. 213.

Abbildung 30: **Produktionsprozesse zur Fertigung von Filmkameras**

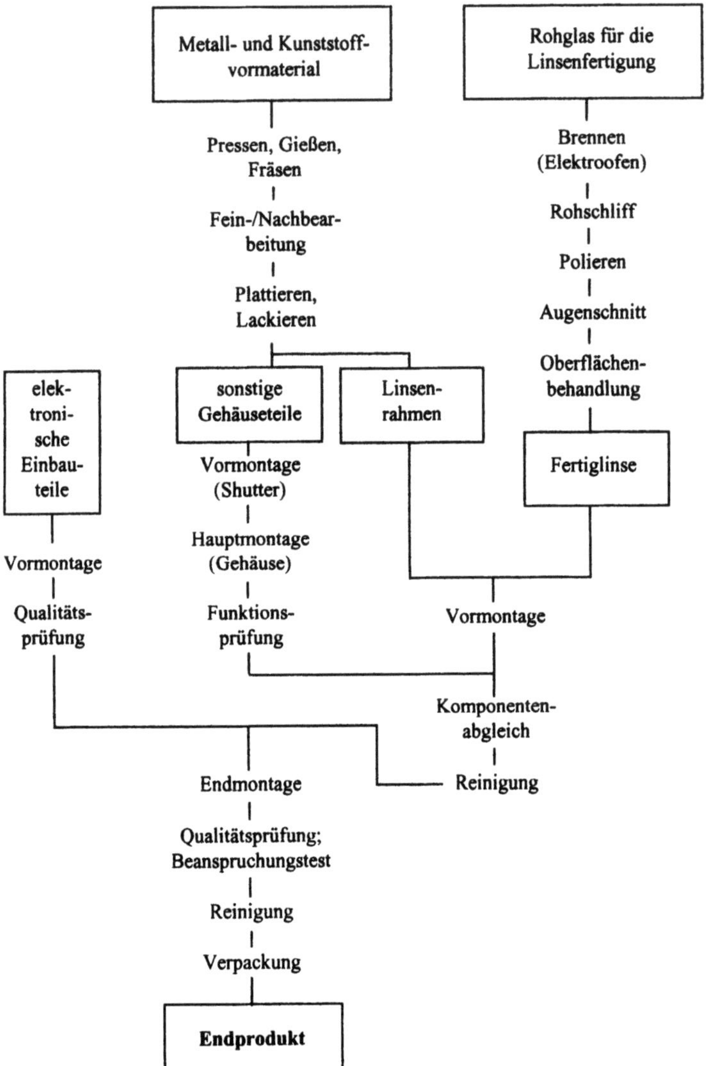

| Metall- und Kunststoff-vormaterial | Rohglas für die Linsenfertigung |

Pressen, Gießen, Fräsen
|
Fein-/Nachbear-beitung
|
Plattieren, Lackieren

Brennen (Elektroofen)
|
Rohschliff
|
Polieren
|
Augenschnitt
|
Oberflächen-behandlung

elek-tronische Einbauteile

sonstige Gehäuseteile

Linsen-rahmen

Fertiglinse

Vormontage (Shutter)

Vormontage
|
Qualitäts-prüfung

Hauptmontage (Gehäuse)
|
Funktions-prüfung

Vormontage

Komponenten-abgleich
|
Reinigung

Endmontage
|
Qualitätsprüfung; Beanspruchungstest
|
Reinigung
|
Verpackung

Endprodukt

Quelle: eigene Darstellung (angelehnt an Satô/Mori (1976), S. 288; Tsûshô Sangyôshô (1987), S. 237, Kokumin Kin'yû Kôko (1989), S. 218)

Der Basisbericht des MITI gibt über die Kamera- und
die Linsenindustrie separiert Auskunft, woraus sich weitere
Informationen über die Ausgestaltung der zwischenbetrieblichen Arbeitsteilungsformen ergeben. Der Anteil der Zulieferunternehmen (*shitauke kigyô*) ist in beiden Unterbranchen
mit 89,7% bzw. 88,1% extrem hoch[1]. Demgegenüber ist der
Anteil abnehmerspezifischer Zulieferungen (*gaichû*) am
Umsatz in der Kameraindustrie mit 43,5% ebenfalls äußerst
hoch, in der Linsenindustrie allerdings mit 16,9% weit
niedriger[2]. Der niedrige *gaichû*-Anteil in der Linsenindustrie kann mit der Tatsache erklärt werden, daß dieser
Industriezweig vor allem als Zulieferbranche für die Kameraindustrie fungiert. Da auf der Vormaterialstufe der
Spezifitätsgrad generell wesentlich niedriger ist, kann der
geringere Anteil spezifischer Zulieferungen aus Abnehmersicht nicht mehr überraschen. Die Daten zur Gestaltung der
Vormateriallieferungen bestätigen den Eindruck, daß die
Spezifität der Kooperationen in diesem Bereich sehr hoch
ist: Mit 86,5% in der Kameraindustrie und 90,6% in der
Linsenindustrie beschafft der größte Teil der Unternehmen
abnehmerspezifisches Vormaterial[3].

Die Abnehmerkonzentration ist ebenfalls sehr hoch,
wenn auch vergleichsweise weniger extrem ausgeprägt als die
Spezifität: Der Anteil der Unternehmen, die mit mehr als
80% des Umsatzes von ihren drei größten Abnehmern abhängig
sind, beträgt in der Kameraindustrie 87,4% und der Linsen-

---

[1] Vgl. Chûshô Kigyôchô (1990b), statistischer Teil, S.
364ff.

[2] Vgl. Chûshô Kigyôchô (1990b), statistischer Teil, S.
246ff.

[3] Vgl. Chûshô Kigyôchô (1990b), statistischer Teil, S.
324ff. Gemessen an den Vormateriallieferungen ist also
die Spezifität der Transaktionen in der Linsenindustrie
sogar noch höher als in der Kameraindustrie, während die
übrigen genannten Indikatoren auf das Gegenteil hindeuten. Auf nähere Untersuchungen zur Erklärung dieser
gegenläufigen Informationen soll hier verzichtet werden.

industrie 81,8%[1]. In der Kameraindustrie bestreiten ferner 87,2% und in der Linsenindustrie 80,3% der Unternehmen
mehr als 70% des Zulieferumsatzes mit ihren beiden größten
Abnehmern[2].

Ein weiteres Merkmal der Kameraindustrie besteht
darin, daß - mit Ausnahme quantitativ nicht stark ins Gewicht fallender Spezialprodukte - in Großserienfertigung
produziert wird. Technologisch betrachtet wird dieser Bereich inzwischen als ausgereift angesehen[3]. Ferner sind
angesichts der führenden Stellung der japanischen Kameraindustrie auf dem Weltmarkt und der hohen Marktsättigung die
Wachstumsraten in den letzten Jahren stark zurückgegangen[4]. Alle diese Faktoren dürften dazu beigetragen haben,
daß die Endhersteller vor allem in jüngster Zeit in starkem
Preiswettbewerb liegen und die Modellzyklen immer kürzer
werden[5]. Dementsprechend sind die Auswirkungen auf den
Zulieferbereich: Die Zulieferunternehmen werden einerseits
mit kontinuierlichen Forderungen nach Kostensenkungen konfrontiert; andererseits ist eine Tendenz zur Konzentration
auf leistungsfähige Zulieferunternehmen aus Abnehmersicht
zu beobachten[6]. Damit einher gehen systematische Wertanalysen für die Zulieferteile, wie sie aus anderen

---

(1) Vgl. Chûshô Kigyôchô (1990b), statistischer Teil, S.
324ff.

(2) Vgl. Chûshô Kigyôchô (1990b), statistischer Teil, S.
364ff.

(3) Vgl. Kokumin Kin'yû Kôko (1989), S. 210f. Diese
Beobachtung wird auch durch die Ergebnisse des neuesten
MITI-Basisberichts bestätigt, wonach die Intensität an
Erfindungsschutzrechten in der Kamera- und Linsenin-
dustrie unterdurchschnittlich ist; vgl. Chûshô Kigyôchô
(1990b), S. 166ff.

(4) Vgl. Kokumin Kin'yû Kôko (1989), S. 213; Matsumoto
(1989), Anhang, S. 30f.

(5) Vgl. Saitô (1987), S. 113ff.

(6) Vgl. Kokumin Kin'yû Kôko (1989), S. 218ff.

Industriezweigen in Japan schon bekannt sind[1]. Eine
weitere Folge der allgemeinen Bemühungen um Kostensenkung
ist die zunehmende Verlagerung von Fertigungsstätten ins
Ausland, vor allem in südostasiatische Länder[2].

5.4.3.2 Die Uhrenindustrie

Nach der Kameraindustrie ist die Uhrenindustrie in Japan innerhalb der feinmechanischen und optischen Industrie
produktbezogen die zweitgrößte abgrenzbare Einzelbranche.
Auch dieser Bereich ist durch rapides Wachstum in den letzten Jahrzehnten und eine hierdurch bedingte sehr hohe
Exportquote gekennzeichnet[3].

Im Gegensatz zur Kameraindustrie begann jedoch die
starke Expansion der japanischen Uhrenindustrie erst in den
siebziger Jahren. Der Hauptanstoß dazu lag in der Revolu-
tionierung der Uhrenherstellung, die zur rapiden Substitu-
tion von mechanischen durch Quarzuhren führte. Diese technologische Umwälzung führte dazu, daß das angestammte Know-
how zur mechanischen Uhrenproduktion wertlos wurde, technologisches Wissen im mikroelektronischen Bereich hingegen
plötzlich zur Anwendung kommen konnte[4].

Vor diesem Hintergrund steigerte die ursprünglich eher
inlandsmarktorientierte japanische Uhrenindustrie sprung-
haft ihre Exporte, und das Land wurde innerhalb weniger
Jahre nach Hongkong zum weltweit zweitgrößten Hersteller.
Die Unternehmen sind also international stark präsent, aber
doch bei weitem nicht so dominierend wie die japanischen
Kamerahersteller, zumal die schweizerische Uhrenindustrie

---

[1] Vgl. Kokumin Kin'yû Kôko (1989), S. 223.

[2] Vgl. hierzu Saitô (1987), S. 87ff.

[3] Vgl. Kokumin Kin'yû Kôko (1989), S. 224ff.

[4] Vgl. Koike (1990), S. 150f.

in der zweiten Hälfte der achtziger Jahre beträchtliche
Weltmarktanteile zurückgewinnen konnte[1].

In der Gesamtstruktur der Uhrenindustrie sind ebenfalls einige grundlegende Unterschiede zur Kameraindustrie
auszumachen, wenn auch die Zahl der Endhersteller in dieser
Branche ebenfalls überschaubar ist. Shimizu nennt in seiner
Abhandlung insgesamt zwölf Unternehmen und Unternehmensgruppen[2]. Der Hauptanteil des Umsatzes konzentriert sich
jedoch auf fünf Unternehmen: Citizen, Seikô-Epson, Casio,
Orient und Ricoh[3]. Insgesamt umfaßte die Branche im Jahr
1990 unter Ausschluß der Zubehörhersteller 628 Unternehmen[4]. Dies ist verglichen mit der Kameraindustrie eine
weit geringere Gesamtzahl an Unternehmen bei einer vergleichbaren Anzahl von Endherstellern.

Eine Betrachtung der produktionswirtschaftlichen
Struktur zur Herstellung von Quarzarmbanduhren, dem Haupt-
produkt des Industriezweigs, macht die Unterschiede im Vergleich zur Kameraindustrie nachvollziehbar (siehe hierzu
Abbildung 31). Die Zahl der notwendigen Fertigungsschritte
ist vor allem vertikal betrachtet weit niedriger als bei
der Kameraherstellung. Außerdem stehen insgesamt die
materialbehandlungsorientierten Prozesse im Vordergrund.
Die Zahl der zur Uhrenherstellung notwendigen Arbeitsschritte ist durch den technischen Fortschritt und die
damit einhergehende Automatisierung in den letzten Jahren
erheblich zurückgegangen und beträgt nunmehr lediglich 25
bis 30[5]; ein Bruchteil des Vergleichswertes bei der
Kameraherstellung.

---

[1] Vgl. hierzu ausführlich Shimizu (1991), S. 122ff.

[2] Vgl. Shimizu (1991), S. 156ff.

[3] Vgl. z.B. Saitô (1987), S. 61ff; Koike (1990), S. 169.

[4] Vgl. Tsûshô Sangyôshô (1992b), statistischer Teil, S.
13.

[5] Vgl. Kokumin Kin'yû Kôko (1989), S. 226ff.

Abbildung 31: Produktionsprozesse zur Fertigung von Quarzarmbanduhren

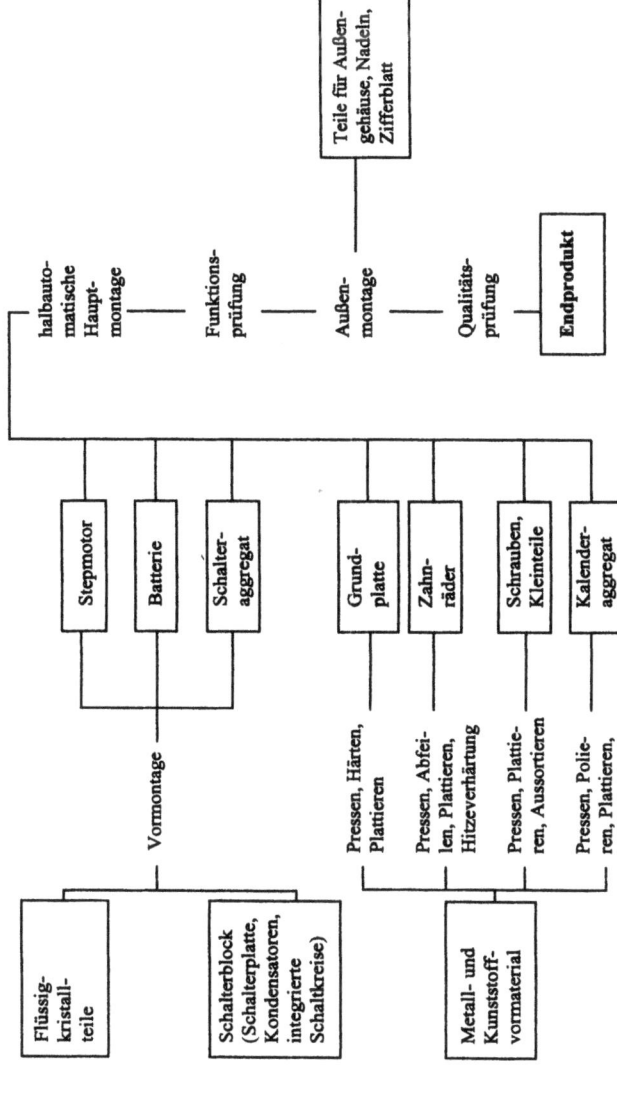

Quelle: eigene Darstellung (angelehnt an Saitō (1987), S. 20; Tsūshō Sangyōshō (1987), S. 269; Kokumin Kin'yū Kōko (1989), S. 235)

Dieser prozeßwirtschaftliche Rahmen spiegelt sich in
den vertikalen Arbeitsteilungsformen der Uhrenindustrie
deutlich wider: Die Zulieferstruktur ist relativ flach,
zweitrangige Vorlieferanten sind selten. Die Endhersteller
lagern vor allem technologisch relativ anspruchslose Mon-
tage- und Materialbehandlungsarbeiten an die Zulieferunternehmen aus[1]. Da die Uhrenindustrie in den Basisberichten
des MITI statistisch nicht separat erfaßt wird, liegen zum
Spezifitäts- und Konzentrationsgrad der Zuliefertransaktionen keine genaueren Informationen vor.

Die elektronischen Armbanduhren, auf welche der größte
Teil des Umsatzes der Uhrenindustrie entfällt, sind ein
Massenprodukt und gelten inzwischen ebenfalls als technologisch ausgereift[2]. Die Endprodukte waren in den letzten
Jahren rapidem Preisverfall ausgesetzt; eine wesentliche
Gegenmaßnahme der Hersteller lag auch hier in der Verlagerung von Produktionsaktivitäten ins Ausland[3]. Andererseits waren in den letzten Jahren auch Bemühungen der
Endhersteller zu beobachten, die Eigenfertigungstiefe zu
erhöhen, was zu nicht wenigen Unternehmenszusammenbrüchen
und Geschäftsaufgaben in der Zulieferindustrie führte[4].

Eine weitere Tendenz in der japanischen Uhrenindustrie
ist ihre starke Diffusion mit der mikroelektronischen Industrie. Dies ist vor dem o.g. technologischen Hintergrund
leicht nachvollziehbar. Die Unternehmen nutzen ihr aus der
Uhrenproduktion erworbenes Know-how zur Diversifikation in
verschiedenste Bereiche, u.a. auch für die Halbleiterplattenproduktion. Mit Ausnahme von Orient sind inzwischen

---

[1] Vgl. Koike (1990), S. 152.

[2] Vgl. Kokumin Kin'yû Kôko (1989), S. 238f. Dies kann
allerdings nicht über die zugrundeliegende Basistechnologie, die Halbleiterplattenproduktion gesagt werden.

[3] Vgl. ausführlich Koike (1990), S. 155ff.

[4] Vgl. Kokumin Kin'yû Kôko (1989), S. 226ff.

alle Hersteller stark umsatzdiversifiziert[1]. Andererseits ist auch mit Casio ein Hersteller von Taschenrechnern und mikroelektronischen Bauteilen erst seit Mitte der siebziger Jahre in der Uhrenproduktion engagiert[2].

5.4.3.3 Die anderen Unterbranchen

In den vorangegangenen Abschnitten wurden Besonderheiten des produktionswirtschaftlichen Systems in den beiden zentralen Bereichen der optischen und der Uhrenindustrie erläutert. Als weitere Teilbereiche verbleiben die Meßgeräteindustrie einerseits und die medizinische und Laborgeräteindustrie andererseits. Beide Industriezweige haben, wie bereits erwähnt, bei weitem nicht so viel Aufmerksamkeit auf sich gezogen wie die o.g. Unterbranchen.

Ein naheliegender Grund für dieses Informationsgefälle liegt in der hohen Fragmentierung der letztgenannten Industriezweige, welche schon aus dem in Abschnitt 5.4.2.1 aufgeführten Branchenschlüssel ersichtlich ist. So finden sich insbesondere in der Meßgeräteindustrie neben höchst einfachen Produkten wie Thermometern auch äußerst komplexe Erzeugnisse wie Präzisionsmeßgeräte für industrielle oder wissenschaftliche Anwendungen. Auch aus losgrößentheoretischer Sicht ist keine einheitliche Sichtweise möglich: Es sind sowohl Einzel- und Kleinserien- als auch Großserienprodukte präsent.

Nach einem MITI-Bericht aus dem Jahre 1987 stehen etwa 1000 mittelgroße Unternehmen mit einem Nominalkapital von jeweils etwa 500 Mio. Yen im Zentrum der Meßgeräteindu-

---

[1] Vgl. Saitô (1987), S. 61ff. Zu der strategischen Ausrichtung der einzelnen Endhersteller vgl. ferner ausführlich Shimizu (1991), S. 156ff.

[2] Vgl. Saitô (1987), S. 65.

strie[1]. Auch wenn in diesem Zusammenhang nicht ausdrück-
lich vermerkt ist, daß es sich bei allen diesen Unternehmen
um Hersteller von Endprodukten handelt, so ist die genannte
Zahl vor dem Hintergrund, daß der Industriezweig insgesamt
nur aus gut 3000 Unternehmen besteht[2], doch als ausgesprochen hoch zu bezeichnen. Die Strukturdaten des Industriezensus bekräftigen diesen Eindruck: In der gesamten
Meßgeräteindustrie gibt es demnach nur vier Unternehmen mit
mehr als 1000 Beschäftigten nebst 15 Unternehmen mit 500
bis 999 Beschäftigten[3].

Die Exportquote der Meßgeräteindustrie lag im Jahre
1985 bei knapp 20% des Umsatzes[4], fällt also gegenüber
der Kamera- und Uhrenindustrie stark zurück. In einigen
Teilbereichen ist der Anteil der Exporte am Umsatz zwar
deutlich höher. Es kann jedoch keine der Unterbranchen als
vorwiegend exportorientiert bezeichnet werden; in einigen
Bereichen werden die Exporte sogar von den Importen über-
troffen[5]. Satô und Mori kommen in ihren allerdings nicht
mehr ganz aktuellen Strukturanalysen der Meß- und Vermes-
sungsgeräteindustrie zu Schlußfolgerungen gleichen Inhalts:
Die Unterbranche ist durch eine große Zahl mittelgroßer
Endhersteller geprägt und überwiegend inlandsmarktorien-
tiert. Die Wachstumsraten sind parallel zur Entwicklung der
japanischen Gesamtwirtschaft langsam gesunken[6].

---

[1] Vgl. Tsûshô Sangyôshô (1987), S. 999.

[2] Vgl. Tsûshô Sangyôshô (1992b), statistischer Teil, S.
13.

[3] Vgl. Tsûshô Sangyôshô (1992b), statistischer Teil, S.
290.

[4] Vgl. Tsûshô Sangyôshô (1987), S. 1000.

[5] Vgl. ausführlich zur Außenhandelsbilanz in den einzelnen Teilbereichen der Meßgeräteindustrie Tsûshô
Sangyôshô (1987), S. 1003ff.

[6] Vgl. Satô/Mori (1976), S. 79ff und 84ff.

Aus einer Fallstudie zur medizinischen Geräteindustrie
geht hervor, daß dieser Bereich von einem besonders hohen
Ausmaß an staatlichen Regulierungen geprägt ist[1]. Einzel-
und Kleinserienfertigung stehen im Vordergrund; es ist eine
große Varietät an zwischenbetrieblichen Arbeitsteilungen zu
beobachten[2]. Die Zulieferer verfügen oft über eigenes
technisches Know-how und haben deshalb eine starke Position
gegenüber den Abnehmern[3].

Weitere Informationen enthält der Basisbericht des
MITI, in dem die Waagenindustrie, die Druck-, Flüssigkeits-
und Oberflächenmesserindustrie (nachfolgend Druckmesserindustrie) und die medizinische Geräteindustrie getrennt
analysiert wurden. Der Anteil der Zulieferunternehmen
(*shitauke*) beträgt in den drei Unterbranchen 47,3%, 66,8%
und 59,1%[4]. Der Anteil abnehmerspezifischer Zulieferungen
(*gaichû*) am Umsatz der Branchen beläuft sich auf 20,7%,
31,2% und 24,8%[5]. Schließlich sind in der Waagenindustrie
62,8%, in der Druckmesserindustrie 72,7% und in der medizinischen Geräteindustrie 67,0% der Unternehmen in der
Vormaterialbeschaffung unselbständig[6]. Die Spezifität der
vertikalen Kooperationen ist also verglichen mit dem
Mittelwert für die feinmechanische und optische Industrie
in der Waagenindustrie leicht unterdurchschnittlich, in der

---

[1] Vgl. Hosono (1992), S. 122. Ein Grund hierfür könnte in
dem generell hohen Ausmaß staatlicher Regulierungen im
Gesundheitswesen liegen.

[2] Vgl. Tôkyô-to Shôkô Shidôsho (1992), S. 334ff; Hosono
(1992), S. 130ff.

[3] Vgl. Hosono (1992), S. 150ff.

[4] Vgl. Chûshô Kigyôchô (1990b), statistischer Teil, S.
362ff.

[5] Vgl. Chûshô Kigyôchô (1990b), statistischer Teil, S.
244ff.

[6] Vgl. Chûshô Kigyôchô (1990b), statistischer Teil, S.
322ff.

Druckmesserindustrie leicht überdurchschnittlich und in der
medizinischen Geräteindustrie sehr nahe am Durchschnitt.
Die allgemeine Umsatzkonzentration auf die drei größten Abnehmer überschreitet in der Waagenindustrie bei
50,8%, in der Druckmesserindustrie bei 69,5% und in der medizinischen Geräteindustrie bei 71,9% der Unternehmen die
80%-Marke[1]. Innerhalb des Zulieferbereichs beträgt ferner
der Anteil der Unternehmen, die zu mehr als 70% des Umsatzes von ihren beiden größten Abnehmern abhängen, jeweils
73,6%, 74,4% und 75,5%[2]. Die Abnehmerkonzentration liegt
damit in allen Teilbereichen unter dem Durchschnittswert
für die feinmechanische und optische Industrie.

5.4.4 Ergebnisse der empirischen Untersuchungen
5.4.4.1 Untersuchungsrahmen und Untersuchungsmethode

Die empirischen Untersuchungen des Verfassers zu den
vertikalen zwischenbetrieblichen Kooperationen in der feinmechanischen und optischen Industrie Japans erfolgten in
zwei Schritten. Zunächst wurde eine schriftliche Befragung
mit postalischer Versendung der Fragebögen durchgeführt. In
Ergänzung dazu führte der Verfasser bei einer Reihe von Unternehmen Einzelinterviews.
Die schriftliche Fragebogenuntersuchung wurde im Früh-
jahr/Sommer 1991 vorbereitet. Bei der Entwicklung des Fragebogens wurde eine Grundeinteilung in drei Fragenblöcke
vorgenommen: Fragen zu den Grunddaten der Unternehmen
(Größe, Branchenzugehörigkeit, produktionswirtschaftliche
Grunddaten), Fragen zu dem Transaktionsumfeld der Unternehmen (Technologieintensität, Marktumfeld usw.) und

---

[1] Vgl. Chûshô Kigyôchô (1990b), statistischer Teil, S.
322ff.

[2] Vgl. Chûshô Kigyôchô (1990b), statistischer Teil, S.
362ff.

Fragen zu den Kooperationsformen der Unternehmen mit ihren
Zulieferern. Der Fragebogen wurde mit Blick auf den Adressatenkreis von Beginn an in japanischer Sprache entwickelt
und unter Kooperation von Mitarbeitern der Forschungsabtei-
lung des *Shôkô Chûkin* und des Forschungsinstituts der *Kikai
Shinkô Kyôkai* mehrfach modifiziert. Beide Institutionen
sind seit Jahrzehnten kontinuierlich in der Durchführung
empirischer Untersuchungen zum Zulieferwesen engagiert.
Nach enger Abstimmung mit den Mitarbeitern der genannten
Forschungsinstitute wurde das Risiko von größeren Mißver-
ständnissen oder Beantwortungsschwierigkeiten durch die
Adressaten für sehr gering erachtet und auf einen Pretest
verzichtet. Für den Fall von Bearbeitungsproblemen wurden
die Fragebögen mit dem Angebot zur Telefonhilfe versehen,
wovon aber nur sehr wenige Unternehmen Gebrauch machten.
Mit Ausnahme einiger einfacher Sachverhalte wie der Umsatzhöhe und der Beschäftigtenzahl wurden fast ausschließlich
geschlossene Fragen mit vorgegebenen Antwortalternativen
formuliert, um die Beantwortung zu erleichtern und die
Rücklaufquote zu erhöhen[1].

Bei der Auswahl des Adressatenkreises diente das offizielle Betriebsstättenverzeichnis des MITI als Grundlage;
innerhalb der feinmechanischen und optischen Industrie waren dort rund 4000 Betriebe aufgelistet[2]. Da eine Befragung mit hundertprozentiger Abdeckung sowohl die finanziellen als auch die zeitlichen Kapazitäten überschritten
hätte, mußte eine Eingrenzung vorgenommen werden. Im Vergleich zu einer Auswahl nach dem Zufallsprinzip erschien es
sinnvoller, die Klein- und Kleinstbetriebe aus der Befragung auszugrenzen, da bei diesen Betrieben erfahrungsgemäß
nicht mit einem hohen Rücklauf gerechnet werden kann. Der
Adressatenkreis wurde daher auf die Betriebe beschränkt,

---

[1] Vgl. zu den Vor- und Nachteilen offener und geschlosse-
ner Fragen Atteslander (1984), S. 127ff.

[2] Vgl. Tsûshô Sangyôshô (1990), S. 777ff.

die laut MITI-Verzeichnis 100 oder mehr Beschäftigte hatten. Der inhaltliche Schwerpunkt des Fragebogens wurde dementsprechend auf die Kooperationen zwischen den befragten Unternehmen und ihren Zulieferern gelegt. Außerdem wurden die Betriebe, die in der Unterbranche "medizinische Geräte" aufgeführt waren, zusätzlich von der Befragung ausgenommen, weil zu diesem Bereich ansonsten fast keine Hintergrundinformationen erhältlich waren, die die Interpretation der Ergebnisse unterstützt hätten.

Nach diesen Auswahlkriterien verblieben 373 Betriebe[1], die Anfang Juli 1991 mit einem Begleitbrief von der Hitotsubashi-Universität aus angeschrieben wurden. Im Falle eines Betriebes war der Empfänger unbekannt verzogen (Zahl der mit dem Fragebogen erreichten Betriebe: 372). Bis Ende August 1991 gingen insgesamt 121 Antworten ein, unter denen sich 116 auswertbare Fragebögen befanden (gültige Rücklaufquote: 31,2%).

In Ergänzung dieser Befragung führte der Verfasser im Frühjahr/Sommer 1992 Einzelinterviews bei 17 Unternehmen der feinmechanischen und optischen Industrie. Einerseits kann mit solchen Einzelbefragungen natürlich kein so hoher Abdeckungsgrad wie bei einer schriftlichen Fragebogenuntersuchung erzielt werden. Dafür ist die qualitative Erfassungsgenauigkeit bei dieser Befragungsmethode weit höher. Während bei schriftlichen Erhebungen die Fragen zwangsläufig weitgehend standardisiert sind und von daher eine nicht unerhebliche Gefahr besteht, wesentliche Aspekte zu übersehen und die Ergebnisse falsch zu interpretieren, kann bei Interviews weit differenzierter nachgefragt und einer

---

(1) Aus Gründen der begrifflichen Einheitlichkeit wird nachfolgend nicht von Betrieben, sondern von Unternehmen gesprochen. Ohne die inhaltlichen Unterschiede zwischen den Begriffen verwischen zu wollen, erscheint dieses Vorgehen hier als vertretbar, da der größte Teil der angeschriebenen Unternehmen klein bis mittelgroß ist und nur eine Betriebsstätte hat. Insofern besteht in den meisten Fällen räumliche Identität zwischen Betrieb und Unternehmen.

verfälschten Problemsicht auf diese Weise vorgebeugt werden[1]. Die Einzelbefragungen wurden daher als qualitative
Ergänzung der quantitativ ausgerichteten Fragebogenaktion
für nützlich erachtet.

Die Adressaten der Einzelbefragungen wurden aus dem
Kreis der Unternehmen ausgewählt, die den Fragebogen in der
vorigen Untersuchung zurückgesandt hatten. Dies geschah einerseits aus der Erwägung, daß im Falle dieser Unternehmen
der Stand der Vorinformationen relativ fortgeschritten war,
so daß in den Interviews gezielter nach relevanten Einzel-
heiten gefragt werden konnte. Andererseits konnte bei diesen Unternehmen von einer überdurchschnittlichen Kooperationsbereitschaft ausgegangen werden. Ferner wurde darauf ge-
achtet, vorwiegend mittelgroße Unternehmen mit unter 300
Beschäftigten anzusprechen, um den Schwerpunkt der Untersuchung auf die noch relativ wenig erforschten Kooperationsformen zwischen kleinen und mittelgroßen Unternehmen zu legen.

Der Interviewleitfaden wurde auf der Basis der aus der
Fragebogenuntersuchung gewonnenen Erkenntnisse entwickelt
und ebenfalls unter Abstimmung mit Mitarbeitern mehrerer
Forschungsinstitutionen überarbeitet. Die ersten drei
Interviews dienten als Pretest; größere Änderungen des
Leitfadens waren aber nicht erforderlich.

Die Unternehmen wurden individuell angeschrieben; jeweils kurze Zeit nach dem Anschreiben erfolgte eine telefo-
nische Nachfrage. Mehr als die Hälfte der angesprochenen
Unternehmen reagierte auf die Anfrage positiv, so daß im
Zeitraum vom Mai bis August 1992 Interviews bei insgesamt
17 Unternehmen geführt werden konnten[2].

---

[1] Vgl. zu den Vor- und Nachteilen der einzelnen empirischen Untersuchungsmethoden ausführlich Atteslander
(1984), S. 103ff.

[2] Die Interviews erfolgten unter der Zusage, die Anonymi-
tät der befragten Unternehmen zu bewahren. Sie werden
daher werden nachfolgend bei Bezugnahme auf einzelne

Die Ergebnisse beider Befragungen werden nachfolgend
unter den einzelnen inhaltlichen Kategorien parallel vorgestellt. Zunächst werden die primären Ergebnisdatenvertei-
lungen analysiert. Anschließend erfolgt die Korrelationsanalyse, d.h. es werden Zusammenhänge zwischen den Variablen der einzelnen Fragenblöcke überprüft.

5.4.4.2 Die primäre Datenanalyse

5.4.4.2.1 Die Grunddaten der Unternehmen

Die Größe der befragten Unternehmen wurde in der
schriftlichen Untersuchung mit den Indikatoren Nominalkapital, Beschäftigtenzahl und Jahresumsatz ermittelt. Die
letzten beiden Kennnzahlen gelten, wie schon in den vorigen
Kapiteln dieser Arbeit deutlich wurde, als Standardindika-
toren für die quantitative Unternehmensgrößenabgrenzung.
Bei der Beschäftigtenzahl entfielen rund zwei Drittel der
Antworten auf die mittleren Größenklassen zwischen 100 und
300 Mitarbeitern (siehe Abbildung 32). Demnach bestand das
Untersuchungssample überwiegend aus mittelgroßen und nur zu
einem relativ geringen Teil aus Großunternehmen. Die Antwortverteilung bei der Frage zum Jahresumsatz wies in die
gleiche Richtung: Über die Hälfte der Unternehmen hatte weniger als 5 Mrd. Yen und etwa drei Viertel weniger als 10
Mrd. Yen Jahresumsatz. Gleiches gilt für die Interviewbefragungen: Dort lag bei zehn der 17 Unternehmen der Jahresumsatz unter 5 Mrd. Yen[1].

Bei der Brancheneinteilung wurde gegenüber der ursprünglich im Fragebogen vorgenommenen Differenzierung in
neun Kategorien[2] unter inhaltlichen Aspekten eine Zusam-

Interviews mit den Buchstaben A bis Q (in der zeitlichen
Reihenfolge der Befragung) benannt.

[1] Vgl. Anhang III, Punkt (I)6.

[2] Vgl. hierzu Anhang II, Punkt (I)h.

**Abbildung 32: Größenverteilung der schriftlich befragten
Unternehmen
- nach Umsatz- und Beschäftigtenklassen, in Prozent -**

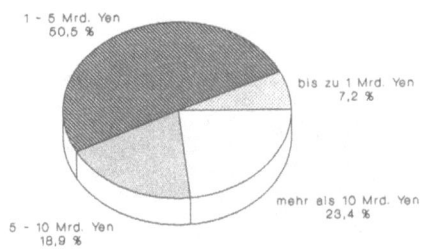

Verteilung nach Umsatzgrößenklassen

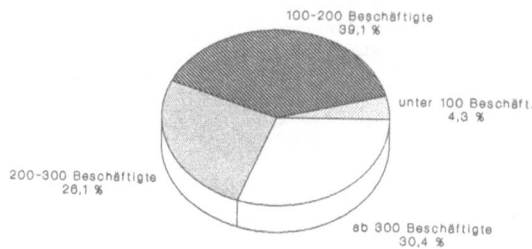

**Quelle: Fragebogenuntersuchung des Verfassers; siehe auch
Anhang II, Punkte (I)f, (I)g**

menfassung zu vier Produktgruppen vorgenommen. Die erste
Gruppe bilden die Meßgerätehersteller (Kategorie 1 im Fragebogen), die zweite die Unternehmen der Kategorien 4, 5, 6
und 7, welche allesamt der optischen Industrie zurechenbar
sind. Drittens wurden vor dem Hintergrund, daß die Uhrenindustrie inzwischen stark mit der mikroelektronischen Industrie verwoben ist, die Unternehmen der Kategorien 2 und 8
zu einer Gruppe "mikroelektronische Feinmechanik" zusammengefaßt. Das Residuum der Kategorien 3 und 9 ergibt die

**Abbildung 33: Branchenzugehörigkeit der schriftlich
befragten Unternehmen
- Antwortverteilung in Prozent -**

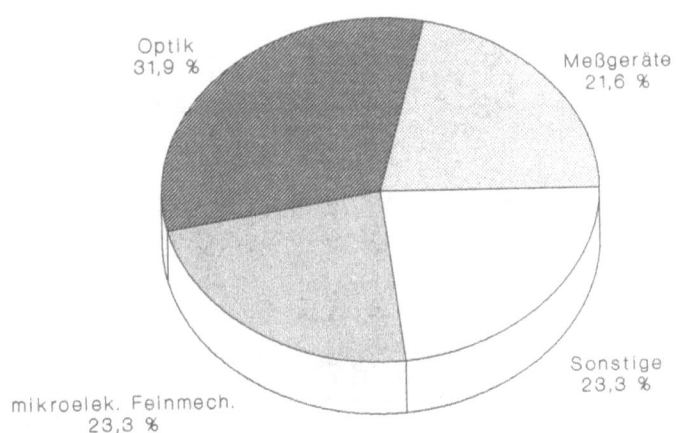

Optik
31,9 %

Meßgeräte
21,6 %

Sonstige
23,3 %

mikroelek. Feinmech.
23,3 %

**Quelle: Fragebogenuntersuchung des Verfassers; siehe auch
Anhang II, Punkt (I)h**

vierte Gruppe "Sonstige"[1]. Insgesamt waren danach die Unternehmen in diesen vier Gruppen ungefähr gleichverteilt
(siehe Abbildung 33). In den Interviewbefragungen war eine
präzisere Zuordnung der Unternehmen zu den Produktkatego-
rien möglich: Hier fielen acht Unternehmen in den Bereich

---

[1] Wie bereits erwähnt, wurden die Unternehmen der medizinischen Geräteindustrie nach den Angaben des MITI-Ver-
zeichnisses von der Befragung ausgenommen. Es zeigte
sich aber, daß die Branchenzuordnung dieses Verzeichnis-
ses nicht in allen Fällen zutreffend bzw. aktuell war:
Sechs der befragten Unternehmen ordneten sich in der genannten Unterbranche ein.

der Meßgeräteindustrie, fünf in die optische Industrie und
vier in die mikroelektronische Feinmechanik[1].

Die produktionswirtschaftliche Grundstruktur der Unternehmen wurde unter mehreren Aspekten beleuchtet. Die
Antwortverteilung zur Frage nach dem Fertigstellungsgrad
des Produkts zeigt, daß mehr als zwei Drittel der befragten
Unternehmen Endprodukte fertigten[2]. Eine ähnliche Verteilung lag bei den Interviewbefragungen vor: Hier waren elf
der 17 Unternehmen vorwiegend Endprodukthersteller[3]. Bei
der Unterteilung nach der vorherrschenden Auflagengröße in
der Produktion entfielen in der schriftlichen Befragung
deutlich mehr Antworten auf die Kategorie "Wechselproduktion" als auf den Bereich "Massen-/Großserienproduk-
tion"[4]. Demgegenüber ergab die Einzelbefragung in den Interviews eine Verteilung von acht Unternehmen mit vorwiegend Massen-/Großserienproduktion gegenüber neun mit vorwiegend Einzel-/Kleinserienproduktion[5].

Die Interviewbefragungen brachten ferner eine Differenzierung nach drei weiteren Kriterien, die bei der Fragebogenuntersuchung nicht berücksichtigt werden konnten:

1.) Differenzierung nach dem vorherrschenden Typ der Stoffverwertung in der Produktion: 13 Unternehmen mit vorwiegend

----

[1] Vgl. Anhang III, Punkt (I)1. Bei einem Unternehmen ent-
fiel ein Großteil des Umsatzes auf chemisches Laborgerät. Große Ähnlichkeiten in den vorgefundenen produktionswirtschaftlichen Strukturen ließen es jedoch gerechtfertigt erscheinen, dieses Unternehmen für Auswertungszwecke in die Meßgeräteindustrie einzureihen.

[2] Vgl. Anhang II, Punkt (I)i.

[3] Vgl. Anhang III, Punkt (I)2.

[4] Vgl. Anhang II, Punkt (III)c.

[5] Vgl. Anhang III, Punkt (I)3. Insgesamt sprechen die Beobachtungen dafür, daß das japanische Idiom "henshu
henryô seisan", das wörtlich mit "Wechselproduktion" zu
übersetzen ist, inhaltlich eher dem deutschen Begriff
"Kleinserienfertigung" nahekommt.

synthetischer/montageorientierter, vier mit vorwiegend durchgängiger/materialbehandlungsorientierter Produktion[1],

2.) Differenzierung nach der Lage des Hauptproduktionsstandortes: Sieben Unternehmen im Großraum Tôkyô, zehn in ländlichen Regionen[2],

3.) Verteilung nach unternehmerischer Selbständigkeit: Neun selbständige, acht unselbständige Unternehmen[3].

5.4.4.2.2 Das Transaktionsumfeld der Unternehmen

Innerhalb der schriftlichen Befragung wurden die Unternehmen um eine Selbsteinschätzung ihrer Ertrags-, Finanz- und Geschäftslage sowie der relativen Wettbewerbsfähigkeit innerhalb der Branche gebeten[4]. Die Ertragslage war bei den meisten Unternehmen befriedigend oder gut: Nur in 5,3% der Fälle war die Umsatzrendite negativ, und bei 45,1% der Unternehmen lag sie über 4%. Die Eigenkapitalausstattung der meisten Unternehmen war höher als erwartet: In 72% der Fälle betrug die Eigenkapitalquote über 15% und bei

---

[1] Vgl. Anhang III, Punkt (I)4.

[2] Vgl. Anhang III, Punkt (I)5.

[3] Vgl. Anhang III, Punkt (I)7. Die Kategorie der "unselbständigen Unternehmen" umfaßt in diesem Zusammenhang sowohl Tochterunternehmen (*kogaisha*) als auch Gruppenunternehmen (*kanren gaisha*) als auch stark abhängige Zulieferer (*shitauke kigyô*) anderer Unternehmen. Außerdem wurde bei den Interviews deutlich, daß mehrere der befragten Unternehmen selbst Gruppenunternehmen unter ihrer Kontrolle hatten; Interviews des Verfassers bei den Firmen D am 03.06.92, F am 24.06.92, H am 06.07.92.

[4] Vgl. hierzu im einzelnen Anhang II, Punkte (I)j, (I)k, (I)l, (III)f.

42,1% der Antworten sogar über 30%. Die allgemeine Geschäftslage schätzten 56,1% der Unternehmen als günstig und
nur 27,2% als ungünstig ein. Schließlich stuften 31,8% der
Befragten ihre Wettbewerbsposition gegenüber Mitanbietern
als überdurchschnittlich, demgegenüber nur 5,6% als unterdurchschnittlich ein. Insgesamt waren also die grundlegenden betriebswirtschaftlichen Erfolgsindikatoren bei den
meisten der befragten Unternehmen positiv ausgeprägt. Dies
kann einerseits als Ausdruck der überwiegend günstigen Rahmenbedingungen in den meisten Unterbranchen betrachtet werden. Andererseits war die konjunkturelle Lage der japanischen Industrie im Sommer 1991 ebenfalls noch relativ gut.

Ein weiterer Fragenkomplex war auf die Anzahl der Erfindungsschutzrechte ausgerichtet, die von den befragten
Unternehmen genutzt wurden[1]. Insgesamt hatten 54,8% der
Unternehmen Patente, 58,9% Gebrauchsmuster und 43,7% Geschmacksmuster in Gebrauch. Der Anteil der Unternehmen, die
jeweils mehr als zehn dieser Schutzrechte nutzten, betrug
respektive 27,9%, 29,0% und 20,4%. Damit ist die Intensität
an Erfindungsschutzrechten im Untersuchungssample durchschnittlich etwas höher als bei den Unternehmen der feinmechanischen und optischen Industrie mit mehr als 100 Beschäftigten im MITI-Basisbericht. Dies kann damit erklärt
werden, daß die Großunternehmen in der Erhebung des Verfassers gegenüber der genannten Basisstatistik leicht überre-
präsentiert sind[2].

Zur Frage der allgemeinen Umfeldunsicherheit wurden
die Unternehmen um Einschätzung der Bedeutung von sechs
Einzelfaktoren für ihr Unternehmen in den letzten fünf Jahren gebeten: zwei absatzmarktorientierte, zwei ressourcen-
orientierte und zwei technologieorientierte Unterfak-

---

[1] Vgl. hierzu im einzelnen Anhang II, Punkt (III)a.

[2] Vgl. die Ergebnisse der MITI-Basisstatistik in Chūshō
Kigyôchô (1990a), statistischer Teil, S. 78ff.

toren[1]. Der Anteil der Unternehmen, die den Einfluß auf
ihr Geschäftsumfeld als "äußerst bedeutend" oder "ziemlich
bedeutend" einstuften, war bei den Faktoren "Personalmangel und Ressourcenknappheit" und "Notwendigkeit von
Ausrüstungsinvestitionen durch das Aufkommen neuer Produktionsprozesse" am höchsten, beim Faktor "Erhöhung der Produktionskosten durch Anstieg der Bodenpreise" mit Abstand
am niedrigsten (siehe hierzu auch Abbildung 34). Der starke
Anstieg der Immobilienpreise in Japan in den achtziger
Jahren hat demnach auf das Geschäftsumfeld der meisten
Unternehmen zumindest direkt keine starken Auswirkungen
gehabt.

Der Anteil der Transport- und Lagerkosten an den Produktionskosten war bei den meisten der befragten Unternehmen nicht sehr hoch[2]. Insbesondere bei den Transportkosten fällt auf, daß mehr als drei Viertel der befragten Unternehmen deren Anteil an den Gesamtkosten der Produktion
auf weniger als drei Prozent bezifferten (siehe hierzu Abbildung 35). Überwiegend hielt sich damit die Bedeutung der
logistikbezogenen, unmittelbar durch die Ausgestaltung zwischenbetrieblicher Transaktionen beeinflußten Kosten in
Grenzen.

Schließlich wurde im Rahmen der schriftlichen Befragung die Wettbewerbssituation sowohl auf den Absatz- als
auch auf den Beschaffungsmärkten der Unternehmen untersucht[3]. Auf den Absatzmärkten überwogen dabei sowohl auf
der Anbieterseite (56,0%) als auch auf der Nachfragerseite
(59,8%) polypolistische Strukturen. Auf den Beschaffungsmärkten war die Situation etwas abweichend: Es gab zwar in
der überwiegenden Zahl der Fälle eine große Zahl von Nach-
fragern (61,4%); auf der Anbieterseite überwogen hingegen

---

[1] Vgl. hierzu im einzelnen Anhang II, Punkt (III)b.

[2] Vgl. hierzu im einzelnen Anhang II, Punkte (III)d,
f(III)e.

[3] Vgl. hierzu Anhang II, Punkte (III)f, (III)g.

**Abbildung 34: Anteil der schriftlich befragten Unternehmen,
von den Umfeldfaktoren als "äußerst bedeutend" oder
"ziemlich bedeutend" eingeschätzt wurden
- in Prozent der eingegangenen Antworten -**

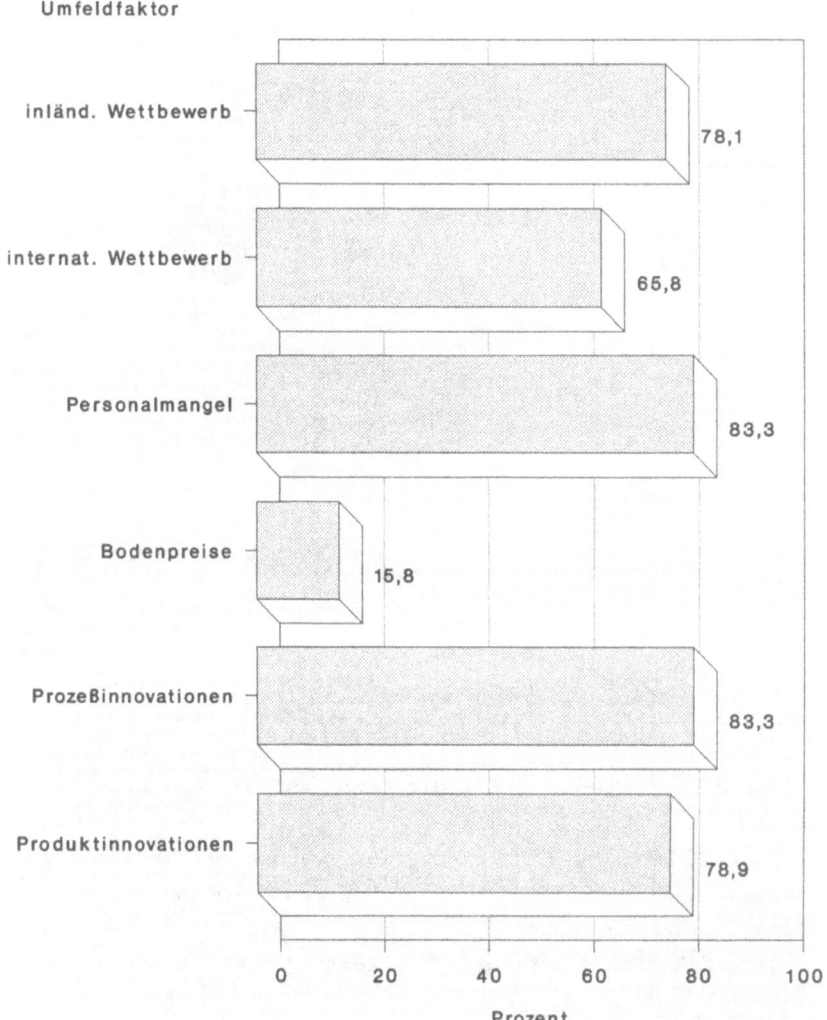

Quelle: Fragebogenuntersuchung des Verfassers; siehe auch
Anhang II, Punkt (III)b

**Abbildung 35: Anteil der Lager- und Transportkosten an den
gesamten Produktionskosten der schriftlich befragten
Unternehmen
- Anteil der Unternehmen mit bis zu 3, 3 bis 10 und über
10% Gesamtkostenanteil in Prozent der Antworten -**

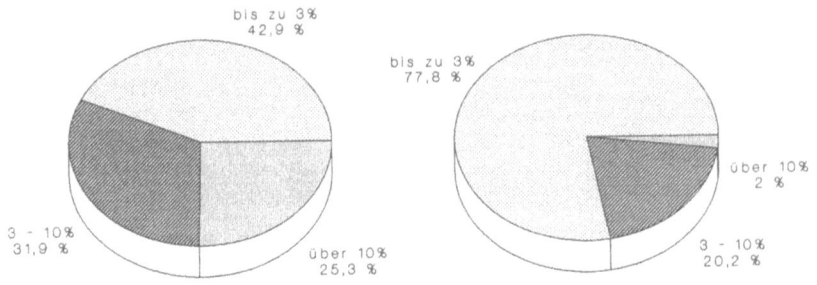

Lagerkostenanteil   Transportkostenanteil

**Quelle: Fragebogenuntersuchung des Verfassers; siehe auch
Anhang II, Punkte (III)d; (III)e**

oligopolistische Verhältnisse (53,2%). Von der Marktformen-
logik her gesehen bestanden also keine Anhaltspunkte für
ein Übergewicht der Nachfragerseite auf den Märkten für
Vorprodukte; eher deuteten die Daten auf das Gegenteil
hin[1].

Im Rahmen der Einzelinterviews wurden die Unternehmen
auf ihr gegenwärtiges betriebliches Hauptproblem hin befragt. Die abgegebenen Antworten waren allerdings so heterogen, daß eine quantitative Auswertung nicht sinnvoll er-

---

[1] Hier ist es wesentlich, darauf hinzuweisen, daß sich
die entsprechende Frage auf unspezifische Vorprodukte
(*kônyû*), nicht aber auf abnehmerspezifische Zulieferungen (*gaichû*) bezog; vgl. auch Anhang I, Punkt (III)g.

schien. Es war aber erkennbar, daß drei Problemkreise im
Vordergrund standen: Auftragsmangel (der überwiegend konjunkturell begründet wurde), Personalknappheit und technologischer Innovationsdruck. Der erste Punkt konnte angesichts der starken konjunkturellen Abkühlung in Japan im
Jahr 1992 nicht überraschen. Bemerkenswert war hingegen,
daß auch in einer solchen Situation noch ein großer Teil
der Unternehmen Personalmangel als ein Hauptproblem be-
trachtete.

5.4.4.2.3 Die Transaktionen der Unternehmen mit ihren Zulieferern

Unter der dem Untersuchungsthema zugrundeliegenden
Fragestellung war der zentrale Teil sowohl der schriftlichen als auch der Interviewbefragungen auf die Gestaltung
der Kooperationen zwischen den angesprochenen Unternehmen
und ihren Zulieferern ausgerichtet. Die schriftliche Befragung war dabei ausschließlich auf abnehmerspezifische Zulieferungen (*gaichū*) ausgerichtet, die auch im Mittelpunkt
der Einzelinterviews standen. In letzteren wurde zusätzlich
nach dem Anteil der Beschaffungskosten für nicht abnehmerspezifische Güter (*kōnyū*) an den gesamten Produktionskosten
gefragt, so daß in diesen Fällen auch die Eigenfertigungstiefe ermittelt werden konnte.

Dabei wurde deutlich, daß bei knapp zwei Drittel der
mündlich befragten Unternehmen die Eigenfertigungstiefe bei
unter 50% lag[1]. Dieses Ergebnis stimmt mit den aggregierten Daten des Industriezensus überein[2]. Bemerkenswert ist
jedoch, wie sich die Beschaffungskosten auf Kosten für

---

[1] Vgl. hierzu Anhang III, Punkt (II)1c.

[2] Vgl. Abschnitt 5.4.2.2, Abbildung 29. Die
Materialkostenintensität liegt im Branchendurchschnitt
bei fast 60%.

(abnehmerspezifische) Zulieferungen und (nicht abnehmerspezifische) Materialbeschaffungen verteilen: Bei den meisten
Unternehmen war der Anteil der Materialbeschaffungskosten
an den Gesamtkosten höher als der der Zulieferkosten[1]. Es
wurde damit deutlich, daß zumindest bei mittelgroßen Unternehmen ein sehr wesentlicher Teil der Beschaffungskosten
auf nicht abnehmerspezifisches Vormaterial entfällt. Die
Antwortverteilung des Gesamtkostenanteils abnehmerspezifischer Zulieferungen in der schriftlichen Befragung zeigt
andererseits (siehe hierzu Abbildung 36), daß je nach Unternehmen eine extreme Bandbreite bei der Bedeutung dieser
Kostenart zu beobachten ist. In gut zwei Fünftel aller
Fälle lag der Gesamtkostenanteil bei bis zu 20%, bei fast
einem Drittel aller Unternehmen andererseits bei über 50%.
Vier Unternehmen gaben an, überhaupt kein spezifisches Vormaterial zu beziehen und entfielen daher für diesen Fragen-
block der schriftlichen Untersuchung.

Die Frage nach der Dauer bzw. der Kontinuität der Geschäftsbeziehungen zu den Zulieferunternehmen brachte Ergebnisse, welche diejenigen anderer Untersuchungen zum Zulieferwesen in Japan voll bestätigten: Sowohl bei der
schriftlichen als auch bei der mündlichen Befragung gaben
fast alle Unternehmen an, langfristige bzw. kontinuierliche
Geschäftsbeziehungen zu ihren Zulieferern zu haben[2]. Das
einzige Unternehmen, das bei der Interviewbefragung darauf
hinwies, zumindest ex ante betrachtet keine langfristig
ausgerichteten Kooperationen mit den Zulieferern zu unterhalten, war eine Tochtergesellschaft und gleichzeitig ein
Zweigwerk eines großen Kameraherstellers[3]. Die Auswahl
der Zulieferer wird dort vom Mutterunternehmen bestimmt,
und es werden im allgemeinen Fertigungslose für einen Zeit-

---

[1] Vgl. hierzu im einzelnen Anhang III, Punkt (II)1d,
(II)1e.

[2] Vgl. Anhang II, Punkt (II)d; Anhang III, Punkt (II)2a.

[3] Interview des Verfassers bei der Firma G am 25.06.92.

Abbildung 36: Anteil der abnehmerspezifischen Zulieferungen
an den gesamten Produktionskosten der schriftlich befragten
Unternehmen
- Anteil der Unternehmen bis mit zu 10, 10 bis 20, 20 bis
30, 30 bis 50, 50 bis 70 und über 70% Gesamtkostenanteil in
Prozent der Antworten -

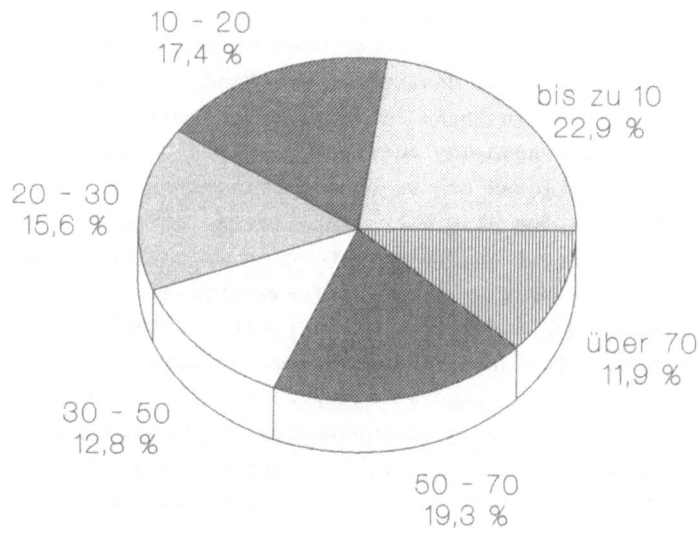

Quelle: Fragebogenuntersuchung des Verfassers; siehe auch
Anhang II, Punkt (II)b

raum von ein bis drei Monaten vergeben. Oberstes Kriterium
bei der Zuliefererauswahl ist Kostenminimierung; dies geschieht mit der Begründung, daß es in der Produktqualität
zwischen den verschiedenen in Frage kommenden Geschäftspartnern meist keine großen Unterschiede gibt. Die Zulieferunternehmen übernehmen die Hauptmontage der Kameras,
liefern dem betreffenden Unternehmen also nahezu Fertigprodukte, weshalb dessen Eigenfertigungstiefe extrem
niedrig ist. Im übrigen wurde aber auch bei diesem Unternehmen betont, daß ex post betrachtet zu vielen Zulieferunternehmen langjährige Geschäftsbeziehungen bestehen. Ferner

gaben fast alle in Einzelinterviews befragten Unternehmen
an, daß zu den Hauptlieferanten (unspezifischen) Vormaterials ebenfalls kontinuierliche, langfristige Geschäftsbeziehungen bestehen, sofern ein permanenter Bedarf für diese
Materialien vorliegt[1]. Kontinuierliche Transaktionen sind
demnach nicht nur im *gaichû-*, sondern auch im *kônyû-*Bereich
die Regel. Im schriftlichen Fragebogen wurden die Unternehmen zusätzlich nach der Häufigkeit der Änderungen der Geschäftskonditionen in ihren Zulieferbeziehungen, also nach
der de-facto-Vertragsdauer befragt[2]. In 53,7% der Fälle
wurden die Konditionen bis zu einmal in zwei Jahren ge-
ändert, es bestanden also sehr langfristige Verträge. Ein
weiterer Schwerpunkt lag indes mit 30,6% der Antworten auf
der jährlichen Änderung der Geschäftskonditionen.

Die Frage der Spezifität der zwischenbetrieblichen
Kooperationen wurde unter quantitativer Sichtweise oben im
Zusammenhang mit der Eigenfertigungstiefe der Unternehmen
angesprochen. In der Fragebogenuntersuchung wurde dieser
Bereich zusätzlich unter dem Aspekt abnehmerspezifischer
Investitionen der Zulieferer, in den Einzelinterviews
bezüglich der Form der Vormaterialbeschaffung der Zuliefer-
unternehmen untersucht. Die Ergebnisse der schriftlichen
Befragung machen deutlich, daß abnehmerspezifische Investi-
tionen der Zulieferer weit verbreitet sind (siehe hierzu
Abbildung 37). Insbesondere fällt auf, daß in weit über der
Hälfte der Fälle, in denen die Frage beantwortet wurde[3],

---

[1] Unspezifische Vormaterialien werden, wie in zahlreichen
Interviews deutlich wurde, oft über Zwischenhandels-
unternehmen bezogen.

[2] Vgl. im einzelnen Anhang II, Punkt (II)h.

[3] Da diese Frage sich nicht auf die befragten Unternehmen
selbst, sondern auf deren Zulieferer bezog, gab es na-
türgemäß einen relativ hohen Prozentsatz von Unternehmen, die sie nicht beantworten konnten. Siehe zum Gesamtanteil dieser Nicht-Antworten Anhang II, Punkt
(II)l.

Abbildung 37: Anteil der der schriftlich befragten
Unternehmen, deren Zulieferer abnehmerspezifische
Investitionen tätigen
- in Prozent der abgegebenen Antworten -

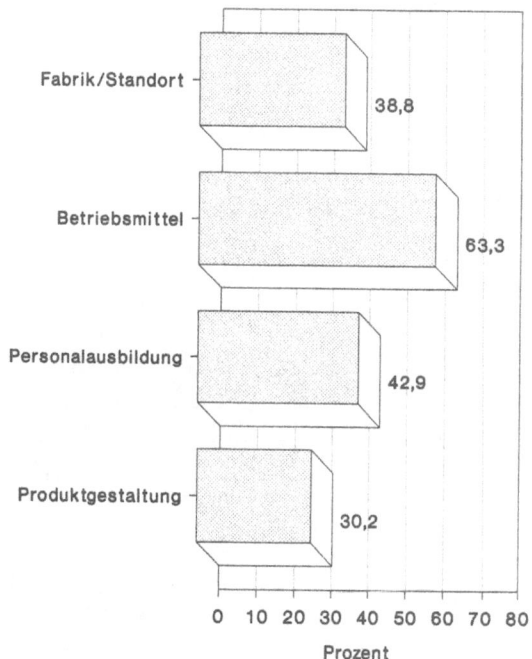

Quelle: Fragebogenuntersuchung des Verfassers; siehe auch
Anhang II, Punkt (II)1

die Zulieferunternehmen abnehmerspezifische Ausrüstungsinvestitionen vornahmen. Die Frage nach der Form der Vormaterialbeschaffung in den Interviewbefragungen ergab, daß
in den meisten Fällen das Material ganz oder teilweise von
den Abnehmern bereitgestellt wurde[1]. Die Untersuchungen
bestätigten also die zuvor genannten Ergebnisse aggregier-

---

[1] Vgl. im einzelnen Anhang III, Punkt (II)2i.

ter Statistiken, nach denen der überwiegende Teil der
Zulieferunternehmen in der Vormaterialbeschaffung nicht
selbständig ist.

Der Konzentrationsgrad der Zuliefertransaktionen wurde
von verschiedenen Blickwinkeln aus untersucht. Zunächst
wurde sowohl in der schriftlichen als auch in den Interviewbefragungen nach der Zahl der Zulieferunternehmen
gefragt, mit denen die betreffenden Unternehmen permanente
Geschäftsbeziehungen pflegen[1]. Dabei wurde deutlich, daß
es hier eine sehr große Bandbreite gibt. Von den Unternehmen aus dem Untersuchungssample der schriftlichen Befragung hatten 38,8% mehr als 50 und 29,3% mehr als 100 Zulieferer. Andererseits wurden in 20,7% aller Fälle Geschäftsbeziehungen mit bis zu zehn Zulieferern und bei 12,9% der
Unternehmen nur mit fünf oder weniger Zulieferern unterhalten. In den Interviewbefragungen wurde zusätzlich die Anzahl der Lieferanten nicht abnehmerspezifischen Vormaterials ermittelt, zu denen Geschäftsbeziehungen bestanden[2]. Die Antworten ergaben, daß trotz großer Unterschiede im Einzelfall die Zahl der Materiallieferanten mit
der Zahl der Zulieferer vergleichbar ist. In der schriftlichen Befragung wurde als ein weiterer Aspekt die unter-
nehmensbezogene Konzentration der Zuliefertransaktionen
bezogen auf die gesamten Zulieferkosten, konkret der Anteil
der Zulieferkosten, der auf die beiden kostenbezogen größten Zulieferer entfällt, erfragt[3]. Die Antworten machten
deutlich, daß in dieser Hinsicht die Zuliefererkonzentra-
tion meist nicht sehr hoch ist: In nur 32,1% der Fälle
entfielen mehr als 20% der Zulieferkosten auf den größten
bzw. in 33,3% der Fälle mehr als 10% der Zulieferkosten auf
den zweitgrößten Zulieferer.

---

[1] Vgl. im einzelnen Anhang II, Punkt (II)a; Anhang III,
Punkt (II)1a.

[2] Vgl. im einzelnen Anhang III, Punkt (II)1b.

[3] Vgl. im einzelnen Anhang II, Punkt (II)c.

Dieses quantitative Maß sagt aber noch nichts darüber
aus, wie hoch die Konzentration der Zuliefertransaktionen
bezogen auf das einzelne Zulieferteil ist, d.h. von wie
vielen Unternehmen die einzelnen Teile jeweils bezogen werden. Diesem Aspekt wurde in den Interviewbefragungen nach-
gegangen[1]. Dabei wurde eine große Bandbreite in der Beschaffungspolitik der befragten Unternehmen deutlich: In
sieben von 17 Fällen wurden die Hauptzulieferteile grundsätzlich von nur einem Unternehmen bezogen, in fünf weiteren war die Streuung auf mehrere Zulieferer die Regel. In
den verbleibenden fünf kamen beide Verfahren parallel zur
Anwendung. Schließlich wurde in den Einzelbefragungen der
umsatzbezogene Abhängigkeitsgrad der Zulieferer vom betreffenden Unternehmen ermittelt[2]. Die Antworten waren auch
hier inhaltlich stark gestreut. In je ungefähr einem Drittel der Fälle waren die Hauptzulieferer von den betreffenden Unternehmen stark bis extrem, mäßig oder nur in geringem Maße abhängig. Insgesamt ist die Konzentration der Zuliefertransaktionen demnach in den einzelnen Unternehmen
sehr unterschiedlich.

Die Intensität der Lieferbeziehungen wurde zunächst
daran gemessen, wie hoch die Anlieferfrequenz für die Zulieferwaren ist[3]. In der schriftlichen Untersuchung lagen
dabei die beiden Antwortschwerpunkte auf "ein- bis mehrmals
wöchentlich" (43,8%) und "ein- bis zweimal täglich"
(41,1%), während bei den Einzelinterviews der Anteil der
Unternehmen, die sich täglich anliefern lassen, deutlich
niedriger war. In der Fragebogenuntersuchung wurde zusätzlich das Bestellverfahren für die Zulieferungen erfragt[4];

---

[1] Vgl. im einzelnen Anhang III, Punkt (II)2b.

[2] Vgl. im einzelnen Anhang III, Punkt (II)2c.

[3] Vgl. im einzelnen Anhang II, Punkt (II)e; Anhang III,
Punkt (II)2f.

[4] Vgl. im einzelnen Anhang II, Punkt (II)g.

dabei wurde deutlich, daß in mehr als zwei Drittel der
Fälle konventionell mit Lieferschein bestellt wurde. Die
Bestellung per Faksimile wurde in 9,8% und per Online-Da-
tenübertragung in 3,6% aller Fälle praktiziert. Die informationstechnische Vernetzung mit den Zulieferern war also
beim größten Teil der Unternehmen nicht sehr weit fortgeschritten.

In den Einzelinterviews wurde außerdem nach dem
Bestellvorlauf für Zulieferungen, der konkreten Anlieferme-
thode und dem Vor- und Zwischenlagerbestand gefragt[1]. Die
Frage nach dem Bestellvorlauf ergab, daß dieser bei immerhin sechs von dreizehn Unternehmen, die hierzu konkrete Angaben machten, mehr als 30 Tage betrug. Ferner wurde ermittelt, daß bei einem nicht geringen Teil der Unternehmen die
Zulieferwaren nicht unmittelbar vom Zulieferer, sondern
über ein Transportunternehmen angeliefert werden. Die Vor-
und Zwischenlagerbestände schwankten je nach Einzelfall
erheblich; in fünf von 14 auswertbaren Fällen betrugen sie
mehr als eine Woche. Insgesamt wurde damit deutlich, daß
die Anlieferfrequenz für Zulieferwaren zwar bei einem Großteil der Unternehmen hoch ist, die Intensität der Lieferbeziehungen aber qualitativ gesehen meist noch stei-
gerungsfähig sein dürfte. JiT-Anliefersysteme, die denen in
der Automobilindustrie nahekämen, waren bei keinem der vom
Verfasser interviewten Unternehmen implementiert.

Als ein weiterer Aspekt der vertikalen Arbeitsteilung
wurde in der schriftlichen Befragung die Form der Entscheidungsfindung für die Geschäftskonditionen untersucht[2].Da-
bei gaben 14,4% der befragten Unternehmen an, die Konditio-

---

[1] Vgl. im einzelnen Anhang III, Punkte (II)2e, (II)2g,
(II)2h. Da in vielen Fällen die Vor- und Zwischenprodukte auch für Zwischenfertigungsschritte vom Abnehmer,
der gleichzeitig zum Lieferanten wird, an die Zulieferer
ausgeliefert werden, erstreckt sich meist das Eingangs-
lager für Zulieferwaren nicht nur auf das Lager für
Vor-, sondern auch das für Zwischenprodukte.

[2] Vgl. im einzelnen Anhang II, Punkt (II)j.

nen einseitig festlegen zu können. Andererseits war die
"Entscheidung in beidseitigen Gesprächen" mit 44,1% der
Fälle die am häufigsten gewählte Antwort. Die Antwortverteilung weist insgesamt erhebliche Ähnlichkeiten zu den Ergebnissen von Befragungen des *Shôkô Chûkin* zur gleichen
Fragestellung auf[1]. Dies ist vor allem deshalb bemerkenswert, weil jene Untersuchungen aus Zulieferersicht, die
Befragungen des Verfassers hingegen aus Abnehmersicht erfolgten.

Der Formalisierungsgrad des Zulieferer-Abnehmer-Ver-
hältnisses wurde sowohl in der schriftlichen als auch in
der mündlichen Befragung untersucht[2]. In ersterer wurden
die Unternehmen dazu befragt, ob sie mit ihren Zulieferern
Rahmenverträge schließen; dies wurde in 69,6% aller Fälle
bejaht. Bei den Einzelinterviews wurde differenzierter
nachgefragt, inwieweit die wesentlichen Geschäftskonditionen in diesen Rahmenverträgen festgelegt sind. Eine weitgehende schriftliche Festlegung von relevanten Konditionen
wie Preisen und Lieferfristen erfolgte bei vier von den elf
Unternehmen, die Rahmenverträge mit ihren Zulieferern ab-
schlossen. Damit wurde zwar einerseits bestätigt, daß der
schriftliche Festlegungsgrad der Geschäftskonditionen in
Japan durchschnittlich betrachtet niedrig ist. Andererseits
kann nicht verleugnet werden, daß es auch in Japan sehr
wohl Unternehmen gibt, die Zulieferverträge mit weitgehender schriftlicher Fixierung der gegenseitigen Rechte
und Pflichten abschließen.

Weiterhin wurde sowohl in der schriftlichen Befragung
als auch in den Einzelinterviews untersucht, inwieweit sich
die betreffenden Unternehmen bei ihren Zulieferern personell, finanziell oder technologisch engagieren. In dem Sample der Fragebogenuntersuchung (siehe hierzu Abbildung 38)

---

[1] Vgl. Abschnitt 5.3.2.5, Abbildung 23.

[2] Vgl. im einzelnen Anhang II, Punkt (II)f; Anhang III,
Punkt (II)2d.

**Abbildung 38: Anteil der schriftlich befragten Unternehmen,
die sich bei ihren Zulieferern technisch, personell und
finanziell engagieren
- in Prozent der abgegebenen Antworten -**

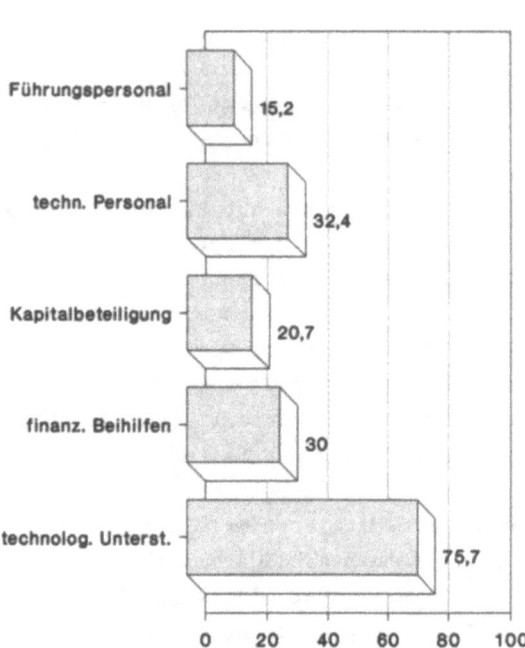

Quelle: Fragebogenuntersuchung des Verfassers; siehe auch
Anhang II, Punkt (II)k

wurde dabei "technologische Unterstützung" mit großem Abstand am häufigsten genannt; die übrigen Formen des Engagements wurden von weniger als ein Drittel der Unternehmen
praktiziert. Bei der Interpretation der Ergebnisse ist zusätzlich zweierlei zu berücksichtigen. Erstens fällt die
mangelnde Differenzierungsmöglichkeit der Fragestellung,
ein Grundproblem bei schriftlichen Befragungen, hier besonders stark ins Gewicht: Ein Engagement bei nur einem der

meist vielen Zulieferer der Unternehmen führt dazu, daß die Fragestellung bejaht wird. Zweitens ist gerade der Begriff "technologische Unterstützung" sehr dehnbar; die Frage kann schon bejaht werden, wenn nur eine kurze Einweisung bei der Auftragsvergabe erfolgt. Von daher ist kann nicht ausgeschlossen werden, daß das Engagement der befragten Unternehmen bei ihren Zulieferern nicht sehr stark ausgeprägt ist, auch wenn sie in der Fragebogenerhebung einzelne Frage positiv beantwortet haben. Die Ergebnisse der Interviewbefragungen bestätigten diese Überlegungen[1]: In fast der Hälfte der auswertbaren Fälle beschränkte sich die Unterstützung der Zulieferunternehmen in der Tat auf nicht routinemäßige, sondern nur fallweise Unterrichtungs- und Unterweisungsmaßnahmen, um die Produkte in der gewünschten Ausfertigung und Qualität fertigen zu können. Ein Teil der Unternehmen stellte bestimmten Zulieferunternehmen Betriebsmittel zur Verfügung, wenn sie diese selbst nicht besaßen und der Investitionsaufwand ihre Finanzkraft überstieg. Dabei ist aber erneut zu betonen, daß diese Maßnahmen ebenfalls immer nur fallweise gegenüber bestimmten Zulieferern getroffen wurden und kein allgemeines Phänomen waren. Kapitalbeteiligungen waren schließlich - auch fallweise betrachtet - die Ausnahme. Insgesamt hielt sich also das technologische, finanzielle und personelle Engagement der befragten Unternehmen bei ihren Zulieferern meist in engen Grenzen.

Ein weiterer Aspekt, der die Form der vertikalen Arbeitsteilung qualitativ beleuchtet, sind die Prioritäten der Unternehmen bei der Auswahl ihrer Geschäftspartner. Diese wurden sowohl im schriftlichen Fragebogen als auch bei den Interviewbefragungen untersucht[2]. In der schriftlichen Befragung gab der größte Teil der Unternehmen die

---

[1] Vgl. im einzelnen Anhang III, Punkt (II)2j.

[2] Vgl. im einzelnen Anhang II, Punkt (II)i; Anhang III, Punkt (II)3a.

Produktqualität und das Einhalten von Präzisionsnormen als wichtigstes Kriterium für die Auswahl von Zulieferunternehmen an. Die Lieferzeiten folgten überwiegend an zweiter, die Lieferpreise und Produktionskosten an dritter und vierter Stelle der Prioritätenliste. Demgegenüber wurde bei den Einzelinterviews deutlich, daß die Produktionskosten neben der Produktqualität sehr wohl eine bedeutende Rolle bei der Auswahl der Geschäftspartner spielten.

Bei der Fortführung bestehender Geschäftsbeziehungen verschieben sich die Prioritäten signifikant[1]: Der Kostenaspekt tritt meist in den Vordergrund, da die Einhaltung von Qualitäts- und Präzisionsstandards schon Voraussetzung für die Aufnahme permanenter Geschäftsbeziehungen war. Die Antworten auf die ebenfalls in den Einzelinterviews gestellte Frage nach dem wichtigsten Hauptproblem bei den Transaktionen mit den Zulieferunternehmen zeigten allerdings, daß auch bei fortlaufenden Geschäftsbeziehungen qualitative Aspekte eine wesentliche Rolle spielen[2]. In fast zwei Drittel der auswertbaren Fälle wurden unzureichende Produktqualität und ungenügendes technologisches Know-how als wichtigstes Problem genannt.

Schließlich wurde unter komparativ-statischer Betrachtung die Frage nach der Entwicklung der Beziehungen zu den Zulieferunternehmen untersucht. In der Fragebogenuntersuchung wurde danach gefragt, wie sich die Zulieferbeziehungen nach Meinung der betreffenden Unternehmen in der Zukunft entwickeln sollten[3]. Über die Hälfte der Unternehmen (61,6%) strebte keine Änderung der Beziehungen zu den Zulieferern an. Indes war auch über ein Drittel der Befragten der Meinung, die Geschäftsbeziehungen sollten enger werden. Demgegenüber plädierte nur eine geringe Minderheit

---

[1] Vgl. im einzelnen Anhang III, Punkt (II)3b.

[2] Vgl. im einzelnen Anhang III, Punkt (II)3d.

[3] Vgl. im einzelnen Anhang II, Punkt (II)m.

für eine Lockerung der vertikalen Arbeitsteilungen mit den
Zulieferern.

In den Einzelinterviews war die Fragestellung vergan-
genheitsbezogen, d.h. die Unternehmen wurden um Auskunft
darum gebeten, wie sich ihre Eigenfertigungstiefe langfristig in den letzten ein bis zwei Jahrzehnten entwickelt
hat. Es ergab sich nahezu eine Gleichverteilung der Antworten: Sieben Unternehmen hatten ihre Eigenfertigungstiefe
verringert, fünf hatten sie erhöht. Bei fünf Unternehmen
schließlich hat sich die Eigenfertigungstiefe auch langfristig nicht wesentlich verändert[1].

Die Unternehmen, bei denen sich die Eigenfertigungstiefe verändert hat, wurden zusätzlich nach den Gründen
hierfür befragt. Die Antworten auf diese Frage waren zu heterogen, um eine quantitative Auswertung sinnvoll erscheinen zu lassen. Indes waren einige gemeinsame Grundtendenzen
bei jeweils mehreren Unternehmen feststellbar. Von den
sieben Unternehmen, die langfristig ihre Eigenfertigungstiefe verringert hatten, wurde überwiegend das Motiv, die
laufenden Produktionskosten zu senken, als Hauptgrund angegeben[2]. Das technologische Niveau der Zulieferunternehmen
wurde als ausreichend angesehen, um auch solche Fertigungsschritte zu übernehmen, die bisher unternehmensin-
tern vorgenommen wurden. Unter diesen Voraussetzungen wurde
die Auslagerung in Zulieferunternehmen als kostengünstiger
betrachtet. In mehreren Interviews wurde in diesem Zusammenhang das Motiv der Arbeitskostensenkung explizit genannt. Einige Unternehmen begründeten die Verringerung der
Eigenfertigungstiefe auch mit dem Bemühen um technologische

---

[1] Vgl. Anhang III, Punkt (II)3c.

[2] Interviews des Verfassers bei den Firmen C am 02.06.92,
D am 03.06.92, E am 05.06.92, L am 22.07.92, P am
29.07.92.

Konzentration auf die Kernbereiche der Eigenfertigung[1].
In diesen Fällen wurde es als vorteilhaft betrachtet, Rand-
bereiche an Zulieferunternehmen auszulagern, die ein ver-
gleichbares oder sogar ein höheres technologisches Niveau
aufweisen konnten.

Bei den Unternehmen, die langfristig ihre Eigenfertigungstiefe erhöht haben, war der am häufigsten genannte
Grund das Auftreten schwerwiegender Qualitätsprobleme bei
den Zulieferprodukten[2]. Diese traten vor dem Hintergrund
grundlegender Verfahrensinnovationen auf, bei deren Imple-
mentierung die Zulieferunternehmen überfordert waren. Weitere für die Erhöhung der Eigenfertigungstiefe genannte
Gründe waren die Verbesserung der Bezugssicherheit[3] und
die Verringerung der laufenden Transaktionskosten im Geschäftsverkehr mit den Zulieferunternehmen[4].

Insgesamt wurde deutlich, daß technologische Entwicklungen in den meisten Fällen maßgeblich für die langfristige Veränderung der Eigenfertigungstiefe waren. In technologisch ausgereiften Bereichen bestand häufig eine Tendenz zur Verringerung, bei schnellem technologischem Fortschritt hingegen zur Erhöhung der Eigenfertigungstiefe.

5.4.4.3 Die Korrelationsanalyse
5.4.4.3.1 Vorbemerkungen

Im vorigen Abschnitt wurden die primären Untersuchungsergebnisse der schriftlichen und mündlichen Befragungen erörtert. Darauf aufbauend soll nun eine Korrelations-

---

[1] Interviews des Verfassers bei den Firmen B am 29.05.92,
    N am 23.07.92.

[2] Interview des Verfassers bei den Firmen G am 25.06.92,
    I am 09.07.92, J am 21.07.92.

[3] Interview des Verfassers bei der Firma A am 28.05.92.

[4] Interview des Verfassers bei der Firma M am 22.07.92.

analyse erfolgen, d.h. es sollen mögliche Zusammenhänge zwischen produktionswirtschaftlichen, technologischen und marktumfeldbezogenen Einflußfaktoren einerseits und den Indikatoren der Ausgestaltung der vertikalen Arbeitsteilungen andererseits untersucht werden. Damit wird gleichzeitig der auf sektoralen Spezifika beruhende Teil des Bezugsrahmens der Arbeit einer Überprüfung unterzogen.

Aufgrund des guten Rücklaufs der schriftlichen Befragungsaktion bot sich eine statistische Datenanalyse an. Diese wurde im Winter 1991/92 im Rechenzentrum der Hitotsubashi-Universität mit Hilfe des Statistikprogramms SAS vollzogen. Da die Überprüfung von Zusammenhängen zwischen verschiedenen Variablen im Mittelpunkt stand, lag der Schwerpunkt der statistischen Untersuchung auf einer Korrelationsanalyse. Der größte Teil der mit der Fragebogenuntersuchung ermittelten Daten war ordinal-intervallskaliert, so daß sich als Korrelationsmaß der Rangkorrelationskoeffizient nach Spearman anbot[1]. Die meisten Daten konnten bei Anwendung dieser Maßzahl ohne weitere Transformation unmittelbar in die Analyse eingehen. Lediglich bei den wenigen kardinal erhobenen Größen wie z.B. den Indikatoren der Unternehmensgröße und der Konzentration der Zuliefertransaktionen mußte noch eine nachträgliche Ordinalisierung vorgenommen werden, d.h. die Rohdaten wurden in Klassen eingeteilt und den einzelnen Klassen Ränge zugewiesen. Außerdem wurden die Ergebnisse von Antwortblöcken, die aus verschiedenen Subvariablen bestanden, durch additive Zusammenfassung zu den Parametern "Unternehmensgröße", "Konzentration der Zulieferkosten auf die [beiden größten] Zulieferunter-

---

[1] Diese Maßzahl ist zwar nicht unproblematisch, da sie streng genommen auf der Annahme beruht, die Abstände zwischen den Rängen seien gleich. Sie stellt aber eine anerkannte und häufig verwendete statistische Meßgröße dar, die insbesondere für die Analyse rangskalierter Daten entwickelt wurde. Vgl. zu den Vor- und Nachteilen verschiedener statistischer Ordinalmaße Benninghaus (1990), S. 232ff.

nehmen", "personelles, finanzielles und technologisches Engagement bei den Zulieferunternehmen", "abnehmerspezifische Investitionen der Zulieferunternehmen", "Zahl der Erfindungsschutzrechte" und "Stärke der Umfelddynamik" transformiert. In den nachfolgenden Ausführungen wird nur auf solche Korrelationen eingegangen, bei denen ein Signifikanzniveau von über 90% erzielt wurde, d.h. bei denen die statistische Wahrscheinlichkeit eines Zusammenhangs bei über 90% lag[1].

Bei den Interviewbefragungen erschien aufgrund der geringen Anzahl der Erhebungseinheiten eine formelle statistische Datenanalyse nicht sinnvoll. Hier konnten jedoch schon durch einfaches Auszählen der Ergebnisse Hinweise auf Zusammenhänge zwischen einzelnen Faktoren ermittelt werden. Diese werden nachfolgend nach inhaltlichen Aspekten geordnet parallel zu den Ergebnissen der o.g. Korrelationsanalyse ausgeführt.

5.4.4.3.2 Analyse nach Unternehmensgröße

Die statistische Datenanalyse der Ergebnisse der schriftlichen Befragung erbrachte zahlreiche signifikante Zusammenhänge zwischen der Unternehmensgröße (für statistische Auswertungszwecke zusammengefaßt aus den ordinalisierten Variablen für Umsatzhöhe, Beschäftigtenzahl, Höhe des Nominalkapitals) und verschiedenen Indikatoren der Ausgestaltung der Zulieferkooperation (siehe hierzu Tabelle 4).

Der positive Zusammenhang zwischen Unternehmensgröße und Dauer der Kooperation entspricht den Erwartungen. Dazu muß allerdings einschränkend angemerkt werden, daß das Signifikanzniveau der Korrelation einerseits relativ nied-

---

[1] In expliziter Form wird dabei nur auf das Signifikanzniveau der statistischen Zusammenhänge rekurriert, die Werte der Spearman-Koeffizienten aber als Zusatzinformation in den Tabellen mit angegeben.

Tabelle 4: Statistische Zusammenhänge zwischen der Unternehmensgröße und der Ausgestaltung der vertikalen Arbeitsteilung mit den Zulieferern

bestimmende Variable: Unternehmensgröße Indikatoren der Ausgestaltung der Zulieferbeziehungen:	Spearman-Koeffizient r_s	Signifikanzniveau (in %)
Dauer der Kooperation	0,1797	93,47
Anteil der Zulieferkosten an den gesamten Produktionskosten	0,3614	99,98
abnehmerspezifische Investitionen der Zulieferer	0,3631	99,60
Anzahl der Zulieferunternehmen	0,5708	99,99
Konzentration der Zulieferkosten auf die Zulieferunternehmen	-0,2396	98,52
Abschluß von Rahmenverträgen	0,3078	99,87
personelles, finanzielles und technologisches Engagement bei den Zulieferern	0,2627	99,23

Quelle: eigene Berechnungen, basierend auf der Fragebogenuntersuchung des Verfassers

rig ist und andererseits aufgrund der primären Datenverteilung die Bedeutung der Variablen "Dauer der Kooperation" generell zurückhaltend zu beurteilen ist[1].

Sehr bemerkenswert ist die starke Korrelation der Unternehmensgröße mit dem Spezifitätsgrad der Arbeitsteilung (gemessen am Anteil der Kosten für abnehmerspezifische

---

[1] Wie aus der Primärdatenanalyse bekannt, unterhielten fast alle befragten Unternehmen zu ihren Zulieferern Geschäftsbeziehungen mit einer Dauer von über fünf Jahren. Eine relativ "kurze" durchschnittliche Gesamtdauer der Zulieferbeziehungen bedeutet also nicht mehr, als daß ein relativ hoher Anteil der Unternehmen bei der Beantwortung der Frage ein Zeitintervall von fünf bis zehn Jahren angegeben hat.

Zulieferungen an den Gesamtkosten und der Intensität abnehmerspezifischer Investitionen der Zulieferunternehmen). Die
zunehmende Anzahl der Zulieferunternehmen und die abneh-
mende Konzentration der Zulieferkosten kann demgegenüber
nicht überraschen: Es ist plausibel, daß mit zunehmender
Unternehmensgröße die Zahl der Zulieferteile zunimmt und
daher die quantitative Konzentration der Zuliefertransaktionen auf die einzelnen Unternehmen zurückgeht. Der positive Zusammenhang zur Häufigkeit des Abschlusses von
Rahmenverträgen mit den Zulieferunternehmen bestätigt ebenfalls die Ergebnisse anderer Untersuchungen. Mit zunehmender Spezifität und Komplexität der Zulieferprodukte steigt
auch der Bedarf nach schriftlicher Fixierung der Geschäfts-
modalitäten. Schließlich steht auch die Korrelation
zwischen der Unternehmensgröße und dem personellen, finanziellen und technologischen Engagement der Unternehmen bei
ihren Zulieferern in Übereinstimmung mit früheren
branchenübergreifenden Untersuchungsergebnissen[1]. Die
Einzelauswertung zeigte, daß der Zusammenhang zur Unter-
variablen "Kapitalbeteiligung" besonders stark war.

Die Ergebnisanalyse der mündlichen Befragungen bestätigte zunächst die Hypothese über den negativen Zusammenhang zwischen Unternehmensgröße und Eigenfertigungstiefe:
Mit zunehmender Unternehmensgröße ging bei den befragten
Unternehmen nicht nur der Kostenanteil für abnehmerspezifische Zulieferungen, sondern auch der für unspezifisches
Vormaterial deutlich zurück, so daß sich insgesamt eine
starke negative Korrelation zur Eigenfertigungstiefe ergab.
Bemerkenswert war, daß sich diese Tendenz im Zeitablauf
noch verstärkte: Die größeren Unternehmen verringerten in
den letzten Jahren überwiegend ihre Eigenfertigungstiefe,
die kleineren Unternehmen erhöhten sie. Ein weiterer
Zusammenhang bestand zur Organisationsform der Anlieferun-

---

[1] Vgl. insbesondere die Ergebnisse der *Shôkô-Chûkin*-Un-
tersuchungen in Abschnitt 5.3.2.6.

gen: Die größeren Unternehmen ließen meist über Transportfirmen anliefern, während bei den kleineren Unternehmen der
selbstorganisierte Antransport die Regel war. Angesichts
der zunehmenden logistischen Probleme bei wachsender Zahl
und steigendem Komplexitätsgrad der Produkte wirkt dieser
Zusammenhang ebenfalls plausibel. Schließlich standen bei
den größeren Unternehmen im Verhältnis zu den Zulieferern
überwiegend Qualitäts-, bei den kleineren überwiegend
Kostenprobleme im Vordergrund. Unter der o.g. Prämisse, daß
größere Unternehmen tendenziell komplexere Produkte fertigen, deren Qualitätsmanagement schwieriger ist als bei einfachen Produkten, ist auch diese Korrelation einleuchtend.

**5.4.4.3.3 Analyse nach produktionswirtschaftlichen Spezi-
fika**

Das erste Kriterium, unter dem die Ausgestaltung der
Zulieferbeziehungen hier betrachtet werden soll, ist der
Fertigstellungsgrad der von den Unternehmen hergestellten
Produkte. Die Analyse der schriftlichen Befragungsergeb-
nisse ergab erneut signifikante statistische Zusammenhänge
zu mehreren Gestaltungsvariablen der vertikalen Arbeitsteilung (siehe hierzu Tabelle 5). Der positive Zusammenhang
zum Anteil der Zulieferkosten an den Gesamtkosten und zur
Anzahl der Zulieferunternehmen ist erwartungsgemäß; die
Gründe wurden schon bei den Ausführungen zur Einflußvariable "Unternehmensgröße" dargelegt[1]. Überraschend wirkt
hingegen der starke negative Zusammenhang zu der Anlieferfrequenz der Zulieferungen. Die Anlieferungen für Zuliefer-

---

[1] Die naheliegende Vermutung, daß die Variablen "Fertigstellungsgrad der Produkte" und "Unternehmensgröße" positiv miteinander korreliert sind, wurde bei der statistischen Überprüfung ebenfalls bestätigt. Das Signifikanzniveau für den Zusammenhang lag bei über 95%.

**Tabelle 5: Statistische Zusammenhänge zwischen dem Fertig-
stellungsgrad der Produkte und der Ausgestaltung der vertikalen Arbeitsteilung mit den Zulieferern**

bestimmende Variable: Fertigstellungsgrad der Produkte	Spearman-Koeffizient r_s	Signifi-kanzniveau (in %)
Indikatoren der Ausgestaltung der Zulieferbeziehungen:		
Anteil der Zulieferkosten an den gesamten Produktionskosten	0,2376	98,71
Anzahl der Zulieferunternehmen	0,3564	99,98
Häufigkeit der Anlieferung	-0,2656	99,53

**Quelle: eigene Berechnungen, basierend auf der Fragebogen-
untersuchung des Verfassers**

produkte sind demnach bei Vor- und Zwischenproduktherstel-
lern wesentlich häufiger als bei Endprodukherstellern.

Die Auswertung der Interviewbefragungen bestätigte
zunächst den positiven Zusammenhang zwischen dem Fertigstellungsgrad der Produkte und der Anzahl der Zulieferunternehmen sowie den negativen Zusammenhang zur Eigenfertigungstiefe noch einmal. Außerdem war - gemessen am Kriterium der Form der Materialbereitstellung - der Spezifitätsgrad der Zulieferbeziehung bei den Vor- und Zwischen-
produktherstellern höher: Alle befragten Unternehmen, die
in diese Kategorie fielen, stellten ihren Zulieferern die
Vormaterialien bei, während dies bei den Endprodukherstellern weniger verbreitet war. Der Konzentrationsgrad der Zulieferbeziehungen war aus Abnehmersicht bei den Endprodukherstellern, aus Zulieferersicht bei den Vor- und Zwischenprodukherstellern größer: Die Endprodukhersteller
praktizierten überwiegend single sourcing, während die Vor-
und Zwischenprodukhersteller ihre Zulieferaufträge meist
auf mehrere Unternehmen streuten. Die Zulieferer waren hingegen umsatzbezogen von den Vor- und Zwischenprodukther-
stellern im Durchschnitt stärker abhängig als von den

Tabelle 6: Statistische Zusammenhänge zwischen der Größe der Fertigungslose und der Ausgestaltung der vertikalen Arbeitsteilung mit den Zulieferern

bestimmende Variable: Größe der Fertigungslose	Spearman-Koeffizient r_s	Signifi-kanzniveau (in %)
Indikatoren der Ausgestaltung der Zulieferbeziehungen:		
abnehmerspezifische Investitionen der Zulieferer	0,2144	90,29
Häufigkeit der Anlieferung	0,1871	94,28

Quelle: eigene Berechnungen, basierend auf der Fragebogenuntersuchung des Verfassers

Endproduktherstellern. Außerdem wurde der negative Zusammenhang zur Häufigkeit der Anlieferungen bestätigt: Auch bei der Auswertung der Interviews ergab sich, daß bei den Vor- und Zwischenprodukherstellern die Anlieferfrequenz meist höher war als bei den Endprodukherstellern. Schließlich gab es bei den Endprodukherstellern in überdurchschnittlich hohem Maße Qualitätsprobleme mit den Zulieferprodukten, ein Zusammenhang, der - wie bereits ausgeführt - plausibel ist[1].

Die Größe der Fertigungslose war im Sample der Fragebogenuntersuchung mit nur zwei Indikatoren der Zulieferbeziehungen signifikant korreliert (siehe hierzu Tabelle 6). Erstens waren bei Massen- und Großserienherstellern abnehmerspezifische Investitionen der Zulieferer häufiger als bei Kleinserien- und Einzelprodukherstellern. Unter der Überlegung, daß Skaleneffekte generell einen Anreiz für erhöhte Spezifität darstellen, ist dieser Zusammenhang ein-

[1] Vgl. die Ausführungen auf S. 104f. zum Zusammenhang zwischen Technologieintensität und Unternehmensgröße sowie die Abschnitte 5.3.3.1.2 und 5.3.3.2. Das Qualitätsmanagement nimmt demnach auch bei den Endherstellern in der Automobil- und der Elektroindustrie einen sehr hohen Rang ein.

leuchtend. Zweitens steigt die Anlieferungshäufigkeit mit
der Größe der Fertigungslose signifikant an. Dies ist unmittelbar nachvollziehbar.

Die Auswertung der Interviewbefragungen wies zunächst
auf einen negativen Zusammenhang zwischen der Größe der
Fertigungslose und der Anzahl der Zulieferunternehmen hin.
Angesichts der Überlegung, daß bei Einzel- und Kleinserienfertigung die Spezifität der Teile niedriger, ihre benö-
tigte Anzahl aber oft höher ist als bei Großserien- und
Massenfertigung, wird dieser Zusammenhang verständlich.
Weiterhin ergab sich, daß die durchschnittlichen Lagerbestände mit der Höhe der Fertigungslose zurückgingen. Auch
diese Korrelation stimmt mit den Erkenntnissen der Produk-
tionswirtschaftslehre überein[1]. Schließlich wurde der
positive Zusammenhang zwischen Losgröße und Anlieferfrequenz bestätigt.

Die Anlieferfrequenz steigt also - erwarteterweise -
mit der Losgröße, während sie - unerwarteterweise - mit dem
Fertigstellungsgrad der Produkte sinkt. Eine Berechnung des
statistischen Zusammenhangs zwischen Fertigstellungsgrad
und Losgröße erklärt diesen Gegensatz: Im Untersuchungssample der Fragebogenuntersuchung nimmt die Losgröße mit dem
Fertigstellungsgrad der Produkte deutlich ab[2]. Die Einzelanalyse der Interviewbefragungen führte zum gleichen
Ergebnis. Demnach ist zumindest durchschnittlich betrachtet
bei den untersuchten Unternehmen Massen- und Großserienfertigung bei der Teileherstellung häufiger als bei der End-
produktfertigung.

---

[1] Der Zusammenhang ist vor allem darauf zurückzuführen,
    daß der notwendige Lagerbestand bei kontinuierlichem
    Produktionsfluß geringer ist als bei diskontinuierli-
    cher, stoßweiser Produktion. Vgl. z.B. Kern (1992a), S.
    238f.

[2] Das statistische Signifikanzniveau dieses Zusammenhangs
    lag bei immerhin gut 81%.

Eine weitere produktionswirtschaftliche Determinante
zur Erklärung der vertikalen Arbeitsteilungsformen, deren
Einfluß allerdings nur bei den Interviewbefragungen untersucht wurde, ist schließlich die vorherrschende Form der
Stoffverwertung. Dabei wurde zunächst ermittelt, daß die
Eigenfertigungstiefe bei den montageorientierten Unternehmen mit vorwiegend synthetischer Produktion niedriger war
als bei den Unternehmen mit vorwiegend durchgängiger Produktion. Diese Tendenz hat sich bei den befragten Unternehmen im Zeitablauf noch verstärkt. Der aufgefundene Zusammenhang steht aufgrund des oft höheren Komplexitätsgrades
bei synthetischer Produktion, wo viele verschiedene Technologien zur Anwendung kommen, in Übereinstimmung mit den der
Arbeit vorangestellten Hypothesen. Zweitens war die Anlieferfrequenz der Zulieferungen bei durchgängiger Produktion
höher als bei synthetischer Fertigung. Hier kann auf die
Losgröße als erklärende Variable verwiesen werden, da sich
bei den befragten Unternehmen die Einzel- und Kleinserien-
hersteller im Bereich der montageorientierten Produktion
konzentrierten. Gleiches gilt für die im Vergleich zu den
Unternehmen mit vorwiegend durchgängiger Produktion höheren
Lagerbestände bei den montageorientierten Unternehmen. Ein
weiteres Ergebnis bestand darin, daß die Spezifität des
Vormaterials bei den Unternehmen mit durchgängiger Produktion überdurchschnittlich hoch war: Alle Unternehmen in
diesem Bereich stellten ihren Zulieferern das Vormaterial
selbst zur Verfügung, während ein solches Vorgehen bei den
montageorientierten Unternehmen weniger verbreitet war[1].

_____

[1] Die Beistellung der Repetierfaktoren durch den Abnehmer
 wurde dem Verfasser bei einem Hersteller von Einbauplat-
 ten für Uhren, Magneten und Keramikprodukten besonders
 plastisch geschildert: Das Unternehmen kauft sämtliche
 Vormaterialien selbst an und vergibt Fremdaufträge für
 einen Großteil der Zwischenbehandlungsprozesse an zahlreiche Zulieferunternehmen, nutzt diese also als "zwi-
 schengeschaltete Werkbänke". Interview bei der Firma F
 am 24.06.92. Bei diesem und mehreren anderen materialbehandlungsorientierten Unternehmen ist außerdem - wenn

Außerdem war das personelle und finanzielle Engagement
gegenüber den Zulieferunternehmen bei den ersteren höher
als bei den letzteren. Angesichts der größeren Homogenität
durchgängiger Produktion sind diese Zusammenhänge verständlich und entsprechen den vorangestellten Hypothesen.
Schließlich ergab die Analyse, daß Qualitätsprobleme mit
den Zulieferprodukten bei den Unternehmen mit synthetischer
Produktion wesentlich häufiger waren als bei durchgängiger
Produktion. Hier können für die Erklärung die gleichen
Gründe angeführt werden: Die Heterogenität der verschiedenen Fertigungsschritte bei montageorientierter Produktion
macht die Qualitätssicherung in diesem Bereich schwieriger
als bei durchgängiger Produktion.

Abschließend ist zu bemerken, daß der Aussagegehalt
der Untersuchungsergebnisse für die fertigungsprozeßspezi-
fische Analyse nicht überschätzt werden darf. Dies beruht
auf der Tatsache, daß die Daten für die materialbehand-
lungsorientierte Produktion bei den Interviewbefragungen
auf den Angaben von nur vier Unternehmen basieren. Bei
einer so geringen Stichprobe kann nicht unbedingt davon
ausgegangen werden, daß die Ergebnisse repräsentativ sind.

**5.4.4.3.4 Analyse nach Technologieintensität und Umfelddy-
namik**

Als weitere Einflußfaktoren auf die Gestaltung der
vertikalen Arbeitsteilung sollen nunmehr die Technologieintensität und die Umfelddynamik, der sich die Unternehmen
ausgesetzt sehen, in Betracht gezogen werden. Hierzu wird
erneut die statistische Signifikanz von Zusammenhängen zu
den Indikatoren der Gestaltung der Zulieferbeziehungen
überprüft. Die Ausführungen dieses Abschnitts stützen sich

---

auch mit verschiedenem Bereitsschaftsgrad - die Fähig-
keit zur Eigenfertigung zugelieferter Produkte vorhan-
den; Interview bei den Firmen F am 24.06.92, H am
06.07.92, K am 21.07.92.

243

Tabelle 7: Statistische Zusammenhänge zwischen der Zahl der
Erfindungsschutzrechte und der Ausgestaltung der vertikalen
Arbeitsteilung mit den Zulieferern

bestimmende Variable: Zahl der Erfindungsschutzrechte	Spearman- Koeffizient r_s	Signifi- kanzniveau (in %)
Indikatoren der Ausgestaltung der Zulieferbeziehungen:		
Dauer der Kooperation	0,3710	99,98
Anteil der Zulieferkosten an den gesamten Produktionskosten	0,2081	96,02
abnehmerspezifische Investitionen der Zulieferer	0,2758	96,55
Anzahl der Zulieferunternehmen	0,5188	99,99
Konzentration der Zulieferkosten auf die Zulieferunternehmen	-0,2369	97,99

Quelle: eigene Berechnungen, basierend auf der Fragebogenuntersuchung des Verfassers

ausschließlich auf die Ergebnisse der Fragebogenuntersuchung[1].

Die Technologieintensität der Produktion, gemessen an
der Anzahl der Erfindungsschutzrechte, die die Unternehmen
in Gebrauch haben, ist mit zahlreichen Parametern der Gestaltung der zwischenbetrieblichen Kooperation signifikant
korreliert (siehe hierzu Tabelle 7). Der starke positive
Zusammenhang zur Dauer der Kooperation mit den Zulieferunternehmen ist ebenso einleuchtend wie die Korrelation zur
quantitativen und qualitativen Spezifität der Produktion,

---

[1] Die Ergebnisse der Interviewbefragungen zu diesem Bereich waren zu heterogen, um eine quantitative Auswertung sinnvoll erscheinen zu lassen. Es wurde aber sehr
wohl deutlich, daß vor allem technologische Faktoren aus
Sicht der Betroffenen einen erheblichen Einfluß auf die
Gestaltung der Zulieferbeziehungen haben. Vgl. auch die
Ausführungen am Ende von Abschnitt 5.4.4.2.3.

Tabelle 8: Statistische Zusammenhänge zwischen der Stärke der Umfelddynamik und der Ausgestaltung der vertikalen Arbeitsteilung mit den Zulieferern

bestimmende Variable: Stärke der Umfelddynamik	Spearman-Koeffizient r_s	Signifikanzniveau (in %)
Indikatoren der Ausgestaltung der Zulieferbeziehungen:		
abnehmerspezifische Investitionen der Zulieferer	0,3088	98,70
personelles, finanzielles und technologisches Engagement bei den Zulieferern	0,2863	99,72

Quelle: eigene Berechnungen, basierend auf der Fragebogenuntersuchung des Verfassers

gemessen am Anteil der Zulieferkosten an den Gesamtkosten bzw. am Ausmaß der spezifischen Investitionen der Zulieferunternehmen. Die Ergebnisse stimmen hier voll mit den Vorhersagen des Bezugsrahmens überein. Auf den ersten Blick weniger nachvollziehbar ist der negative Zusammenhang zur quantitativen Konzentration der Zuliefertransaktionen. Hier kann jedoch ein starker indirekter Einfluß des Faktors "Unternehmensgröße" vermutet werden[1].

Die zusammengefaßte Einflußvariable "Stärke der Umfelddynamik" hängt demgegenüber nur mit zwei Maßgrößen der vertikalen Kooperationsgestaltung signifikant zusammen (siehe hierzu Tabelle 8). Demnach nehmen bei wachsender Umfelddynamik die abnehmerspezifischen Investitionen der Zulieferunternehmen zu, und das Engagement der befragten Unternehmen bei ihren Zulieferern steigt ebenfalls an. Beide Ergebnisse stehen in voller Übereinstimmung zum Bezugsrahmen der Untersuchung. Eine nach Einzelfaktoren differen-

---

[1] Eine Zusatzberechnung zeigte, daß die Unternehmensgröße mit der Zahl der Erfindungsschutzrechte bei einem Signifikanzniveau von über 99% ausgesprochen stark korreliert war.

zierte Analyse der Zusammenhänge zeigte, daß die Intensität
der abnehmerspezifischen Investitionen der Zulieferer vor
allem mit den Parametern "Durchdringung von Produktinnovationen" und "Durchdringung von Prozeßinnovationen" stark
zusammenhing. Die Stärke des personellen, finanziellen und
technologischen Engagements bei den Zulieferunternehmen
korrelierte insbesondere mit der "Durchdringung von
Produktinnovationen", aber auch mit der "Verschärfung des
internationalen Wettbewerbs". Insgesamt standen also die
technologisch bedingten Umfeldfaktoren am stärksten in
Zusammenhang zur Enge der Kooperation mit den Zulieferunternehmen, gefolgt von den marktumfeldbedingten Einflußfaktoren. Die ressourcenbedingte Umfelddynamik, gemessen an
der Personalknappheit und am Anstieg der Bodenpreise, war
hingegen zur Gestaltung der Zulieferbeziehungen nur schwach
korrelierend.

Abschließend soll noch auf die Ergebnisse einer Analyse des Standorteinflusses, die auf der Basis der Interviewbefragungen durchgeführt wurde, hingewiesen werden. Dabei wurden mögliche Unterschiede zwischen den Unternehmen,
die im Großraum Tôkyô ihren Hauptproduktionsstandort hatten, und denjenigen, die in ländlichen Regionen angesiedelt
waren, untersucht. Der einzige Indikator, zu dem ein er-
kennbarer Zusammenhang bestand, war die Organisationsform
der Anlieferung. Die Unternehmen im ländlichen Raum organisierten diese überwiegend selbst, während bei den Unternehmen im großstädtischen Bereich die Übertragung dieser Auf-
gabe an Transportfirmen verbreitet war. Angesichts der
teilweise katastrophalen Straßenverkehrsverhältnisse im
Großraum Tôkyô ist dieser Zusammenhang leicht nachvollziehbar. Eine Untersuchung möglicher Zusammenhänge zwischen der
Standortverteilung und anderen Parametern zeigte außerdem,
daß die eigenständigen Unternehmen alle im großstädtischen
Raum, die Tochter-, Gruppen- und Zulieferunternehmen hingegen überwiegend auf dem Land ihren Hauptstandort hatten.
Auch dies ist angesichts der in Japan allgemein sehr star-

ken Konzentration der Spitzen von Politik, Wirtschaft und
Verwaltung auf den Hauptstadtbereich keine Überraschung.
Bemerkenswert ist vor allem, daß die Gestaltungsparameter
der Zulieferbeziehungen im übrigen eben *nicht* in erkenn-
barem Zusammenhang zu regionalen Kriterien standen[1].
Damit wird die in den Bezugsrahmen dieser Arbeit einge-
gangene Prämisse bestätigt, "regionale" Einflußfaktoren
ausschließlich auf den internationalen Vergleich zu beziehen. Regionale Unterschiede mögen auch innerhalb Japans
in vielerlei Hinsicht bestehen. Für die hier interessierende Ausgestaltung der vertikalen Arbeitsteilung sind sie
nach den vorliegenden Untersuchungsergebnissen jedoch nicht
relevant.

5.4.4.3.5 Analyse nach Branchen

Abschließend soll vor dem Hintergrund der aus der
Fachliteratur bekannten Informationen zur Struktur der einzelnen Unterbranchen untersucht werden, ob und inwieweit
Besonderheiten in den vertikalen Arbeitsteilungsformen erkennbar sind. Dabei wird erneut von der Brancheneinteilung
in die drei Gruppen "Meßgeräteindustrie", "optische Industrie" und "mikroelektronische Feinmechanik ausgegangen,
wie sie schon zuvor für Auswertungszwecke vorgenommen
wurde[2]. Die Gruppe "Sonstige" (bestehend aus den Kategorien 3 und 9 des Originalfragebogens) wurde mangels genü-
gender Hintergrundinformationen aus diesem Teil der Untersuchung ausgeklammert.

Da sich die Unterbranchen nicht sinnvoll in eine ordi-
nale Reihenfolge bringen lassen, scheidet hier die Korrela-

---

[1] Bei den meisten der befragten Unternehmen hatte sich
ein Großteil der Zulieferer in der Nähe angesiedelt.
Dies traf aber sowohl auf die großstädtisch als auch auf
die ländlich zentrierten Unternehmen zu.

[2] Vgl. hierzu die Ausführungen in Abschnitt 5.4.4.2.1.

tionsanalyse als Untersuchungsmethode aus. Stattdessen
wurde untersucht, bei welchen Parametern in den einzelnen
Unterbranchen stark voneinander abweichende Verteilungen
vorliegen. Die Ergebnisse werden nachfolgend wieder parallel zu den Resultaten der Interviewbefragungen erläutert.

Bei der Analyse der Grunddaten zeigte sich zunächst,
daß die durchschnittliche Unternehmensgröße in der Meßgeräteindustrie deutlich geringer war als in der optischen Industrie und der mikroelektronischen Feinmechanik. Dies ergab sich sowohl gemessen am Umsatz als auch an der Beschäftigtenzahl[1]. Bei einer genaueren Datenanalyse wurde
allerdings deutlich, daß der Anteil der mittelgroßen Unternehmen mit 100 bis 300 Beschäftigten in allen drei Unterbranchen ungefähr gleich hoch ist. Die starke Abweichung
der Durchschnittswerte erklärt sich daraus, daß es in der
optischen Industrie und in der mikroelektronischen Feinmechanik einige sehr große Unternehmen gibt, die den Durchschnitt nach oben treiben, in der Meßgeräteindustrie hingegen nicht. Die Beobachtungen in den Einzelinterviews bestätigten diese Sichtweise. Sie steht in Übereinstimmung mit
den Branchenstrukturdaten, die in Abschnitt 5.4.3 diskutiert wurden.

Beim Fertigstellungsgrad der Produkte ergaben sich
ebenfalls deutliche Unterschiede: In der Meßgeräteindustrie
stuften sich über 90%, in der optischen Industrie und der
mikroelektronischen Feinmechanik demgegenüber nur jeweils
gut 50% der Unternehmen als Endhersteller ein. Die Ergebnisse der Einzelbefragungen machten den gleichen Zusammenhang deutlich. Damit werden die aus den Hintergrundinformationen bekannten Strukturprofile der einzelnen Unterbran-

---

[1] Eine Berechnung der Mittelwerte zeigte, daß der Umsatz-
durchschnitt bzw. die durchschnittliche Beschäftigtenzahl in der Meßgeräteindustrie 8,045 Mrd. Yen bzw. 298,
in der optischen Industrie 14,049 Mrd. Yen bzw. 485 und
in der mikroelektronischen Feinmechanik 18,965 Mrd. Yen
bzw. 509 betrug.

chen auch auf dieser Ebene zumindest für die Unternehmen
mit mehr als 100 Beschäftigten bestätigt.

Bei der Differenzierung nach produktionswirtschaftlichen Losgrößen wurden schließlich die Unterschiede zwischen
den Unterbranchen bei den Interviewbefragungen deutlicher
als bei der Analyse der Fragebögen: In der Meßgeräteindustrie herrschen Einzel- und Kleinserienproduktion vor, während in der optischen Industrie und der mikroelektronischen
Feinmechanik Großserien- und Massenfertigung im Vordergrund
stehen. Diese Tendenz ist nicht frei von Ausnahmen[1],
steht aber ebenfalls in Übereinstimmung mit den vorliegenden Hintergrundinformationen.

Gleiches gilt für die Analyse nach unternehmerischer
Eigenständigkeit: Die Auswertung der Einzelinterviews
zeigte, daß in der Meßgeräteindustrie der Anteil der selbständigen Unternehmen sehr hoch ist, während vor allem in
der optischen Industrie viele Tochter-, Gruppen- und Zulieferunternehmen vorzufinden waren. Dies bestätigt die flache
produktionswirtschaftliche Struktur in der ersteren und die
vielstufige Arbeitsteilung in der letzteren Unterbranche.

Bei der Einschätzung der Umfeldfaktoren zeigten sich
demgegenüber nur wenige signifikante Unterschiede zwischen
den einzelnen Teilbereichen. In der Meßgeräteindustrie
wurde die Bedeutung des internationalen Wettbewerbs stark
unterdurchschnittlich eingestuft. Angesichts der niedrigen
Exportquote in der genannten Unterbranche ist dies leicht
nachvollziehbar. Außerdem war der Lagerkostenanteil an den
gesamten Produktionskosten in der Meßgeräteindustrie deutlich höher als in den anderen Unterbranchen. Auch dies ist
in Anbetracht der Tatsache einleuchtend, daß die Zulieferteile der Meßgeräte für industrielle Anwendungen meist

---

[1] Eine solche Ausnahme besteht z.B. in der Produktion von
Meßgeräten für den Wasser- und Gasverbrauch von Haushal-
ten, die nach gesetzlichen Normen in nur wenigen Varian-
ten, aber sehr großen Stückzahlen produziert werden. Interview bei der Firma P am 29.07.92.

wesentlich schwerer und unhandlicher sind als die Teile für
Filmkameras und Uhren. Entsprechend aufwendiger und kost-
spieliger gestaltet sich die Lagerung und der Transport,
insbesondere auch unter Berücksichtigung der Kapitalbindungskosten.

Bei den Indikatoren der vertikalen Arbeitsteilung
zeigte sich Differenzierungsbedarf zwischen den Unterbranchen. So war die Dauer der Zulieferbeziehungen im Durchschnitt in der mikroelektronischen Feinmechanik deutlich
geringer als in den anderen beiden Unterbranchen. Dies
könnte allerdings auch darauf zurückzuführen sein, daß
dieser Industriezweig noch relativ jung ist, und sollte für
die Gesamteinschätzung der Zulieferbeziehungen nicht über-
bewertet werden.

Als nächstes soll der Anteil spezifischer Zulieferungen an den gesamten Produktionskosten betrachtet werden:
Dieser war tendenziell in der optischen Industrie am
höchsten, gefolgt von der Meßgeräteindustrie und der mikroelektronischen Feinmechanik[1]. Auch die Ergebnisse der Interviewbefragungen zeigten, daß vor allem in der mikroelektronischen Feinmechanik die Bedeutung der Zulieferkosten
relativ gering ist. Bei den gesamten Beschaffungskosten unter Einbeziehung der Materialkosten waren demgegenüber zwischen den verschiedenen Unterbranchen keine bedeutenden
Differenzen auszumachen. Dies spricht dafür, daß die Abnehmerspezifität der Vor- und Zwischenprodukte in der mikroelektronischen Feinmechanik durchschnittlich betrachtet
deutlich geringer ist als in der optischen Industrie. Diese
Überlegung bestätigt wiederum die der Untersuchung vorangestellte Hypothese, nach der die Spezifität der vertikalen
Arbeitsteilung mit der Anzahl der Produktionsstufen zu-

---

[1] Der Anteil der Unternehmen, deren *gaichû*-Kosten mehr
als 30% der gesamten Produktionskosten ausmachten, betrug in der optischen Industrie 57,1%, in der Meßgeräteindustrie 37,5% und in der mikroelektronischen Feinmechanik 28,0%.

nimmt[1]. Bei einem weiteren Indikator der Spezifität der Zusammenarbeit, dem Ausmaß der abnehmerspezifischen Investitionen der Zulieferer, wurde dieser Zusammenhang bekräftigt. Hier waren allerdings bei einigen Teilparametern die Anteilswerte in der Meßgeräteindustrie noch wesentlich höher als in der optischen Industrie[2].

Gemessen an der Art der Materialbereitstellung ergibt sich *innerhalb des Zulieferbereichs* allerdings ein anderes Bild von der Abnehmerspezifität: Die Einzelbefragungen ergaben, daß das Vormaterial in der Meßgeräteindustrie überwiegend von den Zulieferern selbst beschafft wird, während in der optischen Industrie und der mikroelektronischen Feinmechanik die Beistellung durch den Abnehmer häufig ist. Dies kann weitgehend auf produktionstechnische Rahmenbedingungen zurückgeführt werden: Während in der Meßgeräte-industrie synthetische Produktion vorherrscht, steht in der mikroelektronischen Feinmechanik und teilweise auch in der optischen Industrie durchgängige Produktion im Vordergrund.

Beim Konzentrationsgrad der Arbeitsteilung wurden ebenfalls Unterschiede zwischen den einzelnen Teilbereichen deutlich. So war die Gesamtzahl der Zulieferunternehmen in der mikroelektronischen Feinmechanik durchschnittlich betrachtet deutlich niedriger als in den beiden anderen Unterbranchen. Auffällig war insbesondere der hohe Anteil der Unternehmen in diesem Industriezweig, die angaben, nur bis

---

[1] In einem früheren Abschnitt der Arbeit wurde bereits ausgeführt, daß die Anzahl der Produktionsstufen bei der Kameraherstellung deutlich höher ist als bei der Fertigung von Quarzuhren. Vgl. auch die Abbildungen 30 und 31 in den Abschnitten 5.4.3.1 und 5.4.3.2.

[2] Dies gilt insbesondere für die Parameter "spezifische Anlageinvestitionen" und "spezifische Produktentwicklung": Diese wurden in der Meßgeräteindustrie von 73% bzw. 55% der Unternehmen bejaht gegenüber 55% bzw. 20% in der optischen Industrie und 50% bzw. 17% in der mikroelektronischen Feinmechanik.

zu fünf Zulieferunternehmen zu haben[1]. Dies ist angesichts der nicht geringen Zahl der Einzelteile, die etwa
zur Fertigung von Quarzuhren benötigt werden, durchaus
überraschend und deutet darauf hin, daß ein großer Teil der
Teile in diesem Bereich nicht abnehmerspezifisch gefertigt
wird oder aber in den Bereich der Eigenfertigung der Endhersteller fällt.

Qualitativ betrachtet ist der Konzentrationsgrad der
Zulieferbeziehungen in der Meßgeräteindustrie und der optischen Industrie ebenfalls höher als in der mikroelektronischen Feinmechanik: Die Ergebnisse der Interviewbefragungen
deuten darauf hin, daß in den erstgenannten Unterbranchen
single sourcing wesentlich häufiger praktiziert wird als in
der letzteren. Aus Zulieferersicht ergibt sich allerdings
ein abweichendes Bild. Die umsatzbezogenen Abhängigkeitsgrade der Zulieferunternehmen waren demnach in der optischen Industrie und der mikroelektronischen Feinmechanik
deutlich höher als in der Meßgeräteindustrie. Dies deutet
auf eine relativ starke Position der Abnehmer in diesen Unterbranchen hin, was angesichts der Existenz von einigen
wettbewerbsstarken Großunternehmen nicht unplausibel ist.

Der schriftliche Fixierungsgrad der Kooperationen war
nach Auswertung der Einzelbefragungen sowohl in der optischen Industrie als auch in der mikroelektronischen Feinmechanik deutlich höher als in der Meßgeräteindustrie. Dies
leuchtet angesichts des höheren Koordinierungsbedarfs bei
Großserien- und Massenfertigung gegenüber Einzel- und
Kleinserienproduktion ein. Für diese Sichtweise spricht
auch die branchenspezifische Analyse der Anlieferfrequenz:
Sowohl nach der statistischen Fragebogenauswertung als auch

---

[1] Der Anteil dieser Unternehmen lag in der mikroelektronischen Feinmechanik bei 37,0% gegenüber 13,5% in der
optischen Industrie und 0% in der Meßgeräteindustrie.
Logischerweise war daher auch die quantitative Konzentration der Zulieferkosten auf die einzelnen Zulieferunternehmen in der mikroelektronischen Feinmechanik überdurchschnittlich hoch.

nach den Einzelbefragungen ist diese sowohl in der optischen Industrie als auch in der mikroelektronischen Feinmechanik deutlich höher als in der Meßgeräteindustrie[1].

Der Bestellvorlauf war in der Meßgeräteindustrie meist
wesentlich kürzer als in den anderen beiden Unterbranchen.
Unter Berücksichtigung der o.g. Ergebnisse erscheint es angezeigt, diesen Indikator eher als eine Maßzahl für den
ablauforganisatorischen Koordinationsbedarf denn als
Zeichen für die Machtverteilung zwischen den Kooperationspartnern zu betrachten. In der optischen Industrie und der
mikroelektronischen Feinmechanik dürfte es aufgrund der
größeren Komplexität des produktionswirtschaftlichen
Systems erforderlich sein, auch unternehmensübergreifend
mit längeren Vorlaufzeiten zu planen.

Das personelle, finanzielle und technologische Engagement der befragten Unternehmen bei ihren Zulieferern war in
der Meßgeräteindustrie am schwächsten, in der mikroelektronischen Feinmechanik am stärksten ausgeprägt. Dies ergab
sowohl die Auswertung der Fragebogenuntersuchung als auch
die Analyse der Einzelbefragungen[2]. Dieses Ergebnis steht
ebenfalls in Übereinstimmung mit dem Hypothesenrahmen zu
den produktionswirtschaftlich-technischen Rahmenbedigungen.

Die Interviewbefragungen führten schließlich zu dem
Schluß, daß Qualitätsprobleme im Verhältnis zu den Zulieferern in der Meßgeräteindustrie wesentlich häufiger waren
als in der optischen Industrie und der mikroelektronischen
Feinmechanik. Aus den obigen Ausführungen geht deutlich

---

[1] Nach der Fragebogenauszählung lieferten die Zulieferunternehmen in der Meßgeräteindustrie in nur 12,0% der
Fälle täglich an. In der optischen Industrie und der mikroelektronischen Feinmechanik lagen die entsprechenden
Anteile demgegenüber bei 54,3% und 60,0%.

[2] Bei einem Hersteller von mikroelektronischen Bauteilen
waren sogar Ansätze zu erkennen, Forschungs- und Ent-
wicklungstätigkeiten in Zusammenarbeit mit einigen
leistungsstarken Zulieferern durchzuführen. Interview
bei der Firma N am 23.07.92.

hervor, daß die Unternehmen in den letztgenannten Unterbranchen in vielerlei Hinsicht eine stärkere Kontrolle über
die Fertigung der Zulieferteile ausüben können als in der
Meßgeräteindustrie. Von daher ist es nicht überraschend,
daß es in diesen Industriezweigen weniger häufig zu
Qualitätsproblemen kommt.

5.4.5 Zusammenfassung

Die Untersuchungen der vertikalen Arbeitsteilungsstrukturen in der feinmechanischen und optischen Industrie
Japans führten insgesamt zu folgenden Ergebnissen:
1.) Die feinmechanische und optische Industrie ist im
Vergleich zu anderen Industriezweigen durch einen hohen He-
terogenitätsgrad gekennzeichnet. Sie läßt sich grob in die
vier Unterbranchen Meßgeräte, medizinische und Laborgeräte,
optische Geräte und Uhren einteilen.
2.) Die Kameraindustrie als Hauptvertreter der optischen Industrie ist durch eine hohe Anzahl von Produktions-
schritten, vorwiegend Großserien- und Massenproduktion und
einen relativ hohen technologischen Reifegrad charakterisiert. In aggregierter Betrachtung ist die Eigenfertigungstiefe der Endhersteller gering, der Spezifitäts- und Konzentrationsgrad der zwischenbetrieblichen Kooperationen
aber sehr hoch, so daß insgesamt geschlossen-bilaterale Kooperationen häufig sind.
3.) In der Uhrenindustrie als zweitgrößter Einzelbranche ist ebenfalls Massen- und Großserienproduktion vorherrschend, die Zahl der einzelnen Arbeitsschritte aber weitaus
niedriger und der technologische Reifegrad ebenfalls nicht
so weit fortgeschritten wie in der Kameraindustrie. Die Eigenfertigungstiefe der Endhersteller ist in dieser Unterbranche deutlich höher.
4.) Die Meßgeräteindustrie schließlich ist durch eine
weit höhere Fragmentierung der Endhersteller als in den an-

deren Unterbranchen, einen einzelbereichsspezifisch sehr
unterschiedlichen technologischen Reifegrad und die weite
Verbreitung von Einzel- und Kleinserienproduktion gekennzeichnet. Der Spezifitäts- und Konzentrationsgrad der vertikalen Arbeitsteilungen ist durchschnittlich betrachtet
deutlich niedriger als in der Kameraindustrie.

5.) Die vom Verfasser schriftlich und mündlich befragten Unternehmen arbeiteten durchschnittlich betrachtet in
einem mäßig dynamischen Gesamtumfeld. Die am häufigsten genannten betrieblichen Hauptprobleme waren Auftragsmangel,
Personalmangel und technologischer Innovationsdruck.

6.) Die Eigenfertigungstiefe der Unternehmen war insgesamt niedrig, die quantitative Bedeutung der nicht
abnehmerspezifischen Beschaffungsgüter (*kônyûhin*) innerhalb
des Fremdbezugs hingegen überraschend hoch.

7.) Innerhalb des Bereichs abnehmerspezifischer Zulieferungen (*gaichû*) unterhielten fast alle befragten Unternehmen langfristige Geschäftsbeziehungen zu ihren Zulieferern. Bei der Vertragsdauer waren jedoch erhebliche Differenzierungen festzustellen.

8.) Die Spezifität der Zulieferbeziehungen ist unter
dem Blickwinkel abnehmerspezifischer Investitionen und der
Form der Vormaterialbeschaffung überwiegend hoch. Bei der
Konzentration der vertikalen Transaktionen wurde demgegenüber sowohl aus Abnehmer- wie auch aus Zulieferersicht eine
große Bandbreite erkennbar.

9.) Der schriftliche Formalisierungsgrad der Zuliefervereinbarungen war unternehmensspezifisch sehr unterschiedlich; gleiches gilt für die Intensität der Lieferbeziehungen. JiT-Systeme wie in der Automobilindustrie sind in der
feinmechanischen und optischen Industrie kaum anzutreffen.

10.) Das personelle, finanzielle und technologische
Engagement der befragten Unternehmen bei ihren Zulieferern
war insgesamt nicht sehr hoch.

11.) Bei der langfristigen Entwicklung des Internali-
sierungsgrades der vertikalen Arbeitsteilung läßt sich ins-

gesamt kein eindeutiger Trend bestimmen. Aus Sicht der Unternehmen sind für die strategische Orientierung in diesem
Bereich vor allem technologische Entwicklungen ausschlaggebend.

12.) Je größer die untersuchten Unternehmen waren, desto geringer war tendenziell ihre Eigenfertigungstiefe, desto länger war die Dauer der Geschäftsbeziehungen zu den
Zulieferunternehmen, desto höher war ihre Spezifität, desto
größer war ihre quantitative Streuung, desto höher war ihr
Formalisierungsgrad und desto stärker war das personelle,
finanzielle und technologische Engagement bei den Zulieferunternehmen.

13.) Bei Endproduktherstellern war die Eigenfertigungstiefe tendenziell geringer, die quantitative Streuung
der Zuliefertransaktionen größer und die Anlieferfrequenz
der Zulieferungen geringer als bei Vor- und Zwischenpro-
duktherstellern. Bei Herstellern von Großserien- und Massenprodukten waren abnehmerspezifische Investitionen der
Zulieferer häufiger und die Anlieferfrequenz der Zulieferungen höher als bei Einzel- und Kleinserienproduktion.
Schließlich waren bei Unternehmen mit vorwiegend synthetischer Produktion die Eigenfertigungstiefe niedriger,
die Anlieferfrequenz geringer, die Lagerbestände höher und
das personelle, finanzielle und technologische Engagement
bei den Zulieferern schwächer als bei Unternehmen mit vorwiegend durchgängiger Produktion.

14.) Die Technologieintensität der Produktion war
stark positiv mit der Kooperationsdauer, deutlich positiv
mit der Spezifität und stark negativ mit der quantitativen
Konzentration der Arbeitsteilungsformen korreliert. Die
Umfelddynamik, insbesondere der technologische Innovationsdruck, hing stark positiv mit der Spezifität der Zulieferkooperationen und dem personellen, finanziellen und
technologischen Engagement bei den Zulieferunternehmen zusammen.

15.) Die Standortverteilung der Unternehmen steht in
keinerlei signifikantem Zusammenhang zu den Indikatoren der
Ausgestaltung der vertikalen Arbeitsteilung.

16.) Die unterbranchenspezifischen Ergebnisse zum
Spezifitäts- und Konzentrationsgrad der Zulieferbeziehungen
sind nicht eindeutig. Der Koordinationsbedarf, die Intensität der Lieferbeziehungen und das Engagement der befragten
Unternehmen bei ihren Zulieferern ist jedoch in der mikroelektronischen Feinmechanik eindeutig am höchsten, in der
Meßgeräteindustrie am niedrigsten.

Damit konnte insgesamt der Nachweis erbracht werden,
daß produktionswirtschaftliche und technologische Rahmenbedingungen aus Sicht der Betroffenen eine entscheidende
Rolle bei der Auswahl der Gestaltungsalternativen im Spektrum zwischen offen-bilateralen, geschlossen-bilateralen,
verbundenen und internen Kooperationen spielen. Nicht immer
konsistente Ergebnisse in Detailbetrachtungen können wohl
weitgehend auf Probleme bei der Datenerfassung zurückgeführt werden.

Dies gilt insbesondere für einige Einzelfragen bei der
schriftlichen Untersuchung. Der Fragebogen war grundsätzlich für die Beantwortung durch mittelgroße Unternehmen mit
einer überschaubaren Anzahl von Zulieferern konzipiert. Bei
der Beantwortung durch Großunternehmen kommt es bei Fragen
nach dem personellen, finanziellen und technologischen
Engagement bei den Zulieferunternehmen oder den abnehmerspezifischen Investitionen der Zulieferer zu einer systema-
tischen Überschätzung der positiven Antworten, da nur die
Ja/Nein-Alternative zur Verfügung steht. Es ist damit zu
rechnen, daß die Frage häufig auch dann positiv beantwortet
wurde, wenn der aufgeführte Tatbestand nur für einen kleinen Teil der zahlreichen Zulieferer eines Großunternehmens
zutrifft. Ferner muß konstatiert werden, daß die Zahl der
Erfindungsschutzrechte nur bedingt als Indikator für die
Technologieintensität der Produktion geeignet ist. Nicht
jede technologische Neuerung führt sofort zur Anmeldung von

Schutzrechten; den Unternehmen stehen im Rahmen der Schutz-
rechtspolitik zahlreiche Alternativen zur Verfügung[1].

Die Erfassungs- und Interpretationsprobleme bei den
schriftlich erfaßten Daten konnten jedoch durch die zusätzlich durchgeführten Einzelbefragungen stark abgemildert
werden. Hier war - wie bereits ausgeführt - der quantitative Erfassungsgrad des Untersuchungsobjekts zwar geringer,
die qualitative Erfassungsgenauigkeit der Untersuchung
jedoch weit höher, so daß das Risiko grober Fehlinterpreta-
tionen der quantitativen Untersuchungsergebnisse stark vermindert werden konnte. Die feinmechanische und optische
Industrie erwies sich letztlich als sehr geeignet für den
Untersuchungszweck, da sich aufgrund ihrer großen Heterogenität viele verschiedene Kooperationsformen herausgebildet
haben und der Einfluß verschiedener Einflußfaktoren auf die
Gestaltung der vertikalen Arbeitsteilungen überprüft werden
konnte.

---

[1] Vgl. hierzu z.B. Kern (1992a), S. 109.

6 Ergebniszusammenfassung und Schlußfolgerungen

6.1 Die Untersuchungsergebnisse und der Aussagegehalt des Bezugsrahmens

Nach Abschluß der theoretischen und empirischen Einzelbetrachtungen sollen nun die Untersuchungsergebnisse zusammenfassend resümiert werden. Damit einher geht eine kritische Reflexion auf den zugrundegelegten Bezugsrahmen und dessen Aussagekraft für die untersuchten Phänomene.

In regionalspezifischer Sichtweise, d.h. im Vergleich zwischen Japan und Deutschland, wurden zwei wesentliche Unterschiede in der Gestaltung der vertikalen Arbeitsteilungsstrukturen deutlich. Erstens gibt es in Japan bei vergleichbaren produktionswirtschaftlich-technischen und marktumfeldbezogenen Rahmenbedingungen häufig geschlossen-bilaterale Kooperationen, wo in Deutschland offen-bilaterale Kooperationen zu beobachten sind. Zweitens werden unter Umfeldbedingungen, die in Deutschland vor allem zu internen Kooperationen, d.h. zur vertikalen Integration führen, in Japan weit häufiger verbundene Kooperationsformen eingegangen.

Für die letztere Beobachtung haben sich vor allem die unterschiedlichen Arbeitsmarktstrukturen in beiden Ländern als stichhaltiger Grund erwiesen. Diese Schlußfolgerung gründet sich nicht nur auf die Analyse makroökonomischer Daten, sondern ist auch durch Aussagen von individuellen Entscheidungsträgern in den Unternehmen gestützt. Außerdem dürften teilweise auch Unterschiede in der unternehmensgrößenbezogenen Strukturpolitik eine Rolle spielen.

Die große Verbreitung geschlossen-bilateraler Kooperationen dürfte in Japan durch die gesellschaftlich-kulturellen, möglicherweise auch durch die vertrags- und wettbewerbsrechtlichen Rahmenbedingungen maßgeblich begünstigt sein. Der Nachweis von Kausalzusammenhängen ist hier schwieriger zu führen, da das gesellschaftlich-kulturelle und das rechtliche Umfeld von den Entscheidungsträgern

gemeinhin als Datum betrachtet wird und auf diese Rahmenbedingungen bei der Entscheidungsfindung nicht mehr bewußt
reflektiert wird. Der Einfluß der genannten Faktoren auf
das unternehmerische Entscheidungsproblem bei der Wahl
zwischen offen-bilateraler und geschlossen-bilateraler
Kooperation ist nach den Beobachtungen des Verfassers aber
evident. Zu unterschiedlich ist vor allem das japanische
Gesellschaftssystem von den Verhältnissen in Deutschland,
als daß die Bedeutung dieser Determinante vernachlässigbar
wäre.

Ein weiterer Begründungsansatz für die Häufigkeit
geschlossen-bilateraler Kooperationen liegt in der
entwicklungshistorischen Betrachtung des verarbeitenden
Gewerbes in Japan unter technologischem Aspekt[1]. Aufgrund
des zunächst sehr großen Rückstandes in der Fertigungstechnologie gegenüber westlichen Industrieländern nach der Öffnung des Landes im 19. Jahrhundert waren die Großunternehmen zwangsläufig zunächst die Hauptträger des Technologie-
transfers. Im Laufe der Entwicklung wurde das technologische Know-how dann von den großen auf die kleinen und mittleren Unternehmen übertragen; dies brachte zwangsläufig
eine enge Anbindung vieler kleiner und mittlerer Unternehmen an die großen Endhersteller, d.h. einen relativ hohen
Internalisierungsgrad der Kooperationen mit sich[2]. In
Deutschland, wo eine lange Tradition des selbständigen
Handwerkswesens existierte und die kleinen und mittleren
Unternehmen insgesamt über ein weit fortgeschritteneres
technologisches Know-how verfügten als zum gleichen Zeitpunkt in Japan, waren solch enge Kooperationsformen weder

---

[1] Die technologischen Rahmenbedingungen wurden in der
vorliegenden Arbeit als nicht primär regionalspezifischer Faktor aufgefaßt und daher länderspezifische Unterschiede in diesem Zusammenhang nicht explizit thema-
tisiert. Bei sehr langfristiger Betrachtungsweise ist
aber, wie gezeigt, auch diese Prämisse aufzulösen.

[2] Vgl. hierzu Minato (1986).

erwünscht noch ökonomisch wünschenswert. Inzwischen ist
zwar auch der Reifeprozeß der japanischen Industrie insgesamt weit fortgeschritten[1]. Es ist aber denkbar, daß die
beschriebene technologische Spätentwicklung sich - wenn
auch in abnehmendem Maße - in der Gestaltung der vertikalen
Arbeitsteilungsstrukturen immer noch widerspiegelt.

Bei den unter sektoralspezifischem Blickwinkel über-
prüften Zusammenhängen erwies sich die Technologieintensität der Produktion vor allem zur Erklärung des Entscheidungsproblems der Auswahl zwischen geschlossen-bilateralen
und verbundenen Kooperationen als zentral. In Bereichen mit
sehr hoher Technologieintensität wie der Endmontage und
Qualitätsprüfung von Automobilen oder auch der Fertigung
von Quarzarmbanduhren sind oft verbundene oder sogar
interne Kooperationen anzutreffen, während in Sektoren mit
niedrigerem technologischem Niveau geschlossen-bilaterale
Kooperationen die Regel sind.

Die Anzahl der vertikalen Produktionsstufen erwies
sich ebenfalls als gehaltvolles Erklärungsmuster, und zwar
für die Alternativenauswahl im Spektrum zwischen offen-bilateralen, geschlossen-bilateralen und verbundenen Kooperationen. Es war fast überall zu beobachten, daß mit dem Kom-
positionsgrad der gefertigten Produkte der Internalisierungsgrad der vertikalen Arbeitsteilung anstieg. Allerdings
ist zu konzedieren, daß dieser Zusammenhang ein relativ hohes Abstraktionsniveau hat und daher kaum in dieser Form in
die Entscheidungskalküle der Akteure eingehen dürfte.

Ähnliches kann zum Zusammenhang mit der technologischen Homogenität der vertikalen Produktionsstufen gesagt
werden. Sehr deutlich wird die Relevanz dieses Faktors bei
der Gegenüberstellung von synthetischen und durchgängigen
Produktionsprozessen. Während bei ersteren geschlossen-
bilaterale, aber auch offen-bilaterale Kooperationen häufig

---

[1] Vgl. ausführlich zur langfristigen Entwicklung der
japanischen Industriestruktur Satô (1988); Naka-
mura/Odaka (1989).

anzutreffen sind, dominieren in letzterem Bereich verbundene und interne Kooperationen.

Die Bedeutung der Lager- und Transportkosten der Vor- und Zwischenprodukte kann nach den Untersuchungsergebnissen dieser Arbeit nur als bedingt relevant für die Gestaltung der vertikalen Arbeitsteilungsformen angesehen werden. In vielen Bereichen, wie z.B. in der feinmechanischen und optischen Industrie konkret nachgewiesen, ist der Anteil dieser Kostenart an den gesamten Produktionskosten nicht hoch genug, um zu einem primären Entscheidungsfaktor zu werden. Es gibt allerdings Hinweise darauf, daß in anderen Bereichen, wie z.B. der Endmontage von Automobilen und unterhaltungselektronischen Geräten, ein signifikanter Zusammenhang durchaus gegeben ist.

Das Volumen auf den Endproduktmärkten muß als wesentlicher Einflußfaktor für die vertikalen Kooperationsformen betrachtet werden. Innerhalb der vom Verfasser durchgeführten empirischen Studien wurde dies am Beispiel der Meßgeräteindustrie deutlich: Die hohe Marktfragmentierung kann hier als Hauptursache dafür ausgemacht werden, daß verbundene und interne gegenüber geschlossen-bilateralen und offen-bilateralen Kooperationen in den Hintergrund treten. Allerdings gibt es Hinweise darauf, daß diese Determinante selten hauptentscheidend für die Kooperationsform sein dürfte: Sind doch z.B. auch in der Werkzeugmaschinenbauindustrie Arbeitsteilungen mit hohem Internalisierungsgrad zu beobachten.

Die Stärke der Nachfrageschwankungen auf den Endproduktmärkten ist schließlich als Bestimmungsgröße für die Wahl zwischen verbundenen, geschlossen-bilateralen und offen-bilateralen Kooperationen ebenfalls nicht zu unterschätzen. Mit groben Einteilungsmustern wie der Unterscheidung zwischen Investitions- und Verbrauchsgüterindustrien sind Kausalzusammenhänge schwer aufzuspüren. In Einzelbefragungen wurde aber deutlich, daß dieser Faktor in bestimmten Fällen sehr wohl in das Entscheidungskalkül der Akteure eingeht[1].

Die angenommenen Zusammenhänge im sektoralspezifischen Kontext wurden damit grundsätzlich allesamt bestätigt, wenn auch mit unterschiedlicher Deutlichkeit. Allerdings ist nicht zu übersehen, daß es teilweise erhebliche Interdependenzen zwischen den Einzelfaktoren gibt: So sind oft die Wirkungsrichtungen der Technologieintensität, der Anzahl der vertikalen Produktionsstufen und der relativen Bedeutung der Lagerkosten gleichgerichtet, und es wird schwer oder fallweise auch unmöglich, die relative Bedeutung der einzelnen Determinanten für die Entscheidungsfindung zu isolieren.

Insgesamt hat sich der zugrundegelegte Bezugsrahmen als gehaltvoll zur Erklärung der verschiedenen Phänomene vertikaler Arbeitsteilung in der japanischen Industrie erwiesen. Vor allem bei den sektoralspezifischen Einflußfaktoren besteht indes noch erheblicher Verfeinerungsbedarf, um die Grundlagen unternehmerischer Entscheidungsfindung bei der Wahl der vertikalen Arbeitsteilungsform zu durchleuchten.

6.2 Schlußfolgerungen für den Einfluß der Zulieferbeziehungen auf die Wettbewerbsfähigkeit und die Übertragbarkeit japanischer Arbeitsteilungsformen auf Deutschland

In der vorliegenden Untersuchung ist sehr deutlich geworden, welch zentrale Rolle die Gestaltung der vertikalen

---

[1] Bei mehreren vom Verfasser befragten Unternehmen, die mit dem Problem starker konjunktureller Nachfrageschwankungen konfrontiert sind, wurde klar darauf hingewiesen, daß ein hoher Externalisierungsgrad der Zulieferbeziehungen angestrebt wird, um die Zulieferunternehmen als Konjunkturpuffer nutzen zu können. Interviews des Verfassers bei den Unternehmen C am 02.06.92, K am 21.07.92 und M am 22.07.92.

Arbeitsteilung für die Kostenstruktur und damit auch für
die Wettbewerbsfähigkeit von Unternehmen spielt. Ebenso
deutlich wurde, daß auf dieser Ebene zwischen japanischen
und deutschen Unternehmen einige grundsätzliche Unterschiede bestehen. Es drängt sich damit die Frage auf, ob
und in welchem Ausmaß diese Unterschiede als eine Ursache
für die überlegene Wettbewerbsfähigkeit der japanischen
Unternehmen in bestimmten Industriezweigen zu betrachten
sind und ob eine Übertragbarkeit japanischer Kooperations-
gestaltungen auf deutsche Unternehmen denkbar und wünschenswert ist.

Zunächst soll hierzu nochmals auf die drei zentralen
Unterschiede in den Rahmenbedingungen, die unter regionalspezifischer Sichtweise ausgemacht wurden, eingegangen werden. An erster Stelle sind dabei die unterschiedlichen Arbeitsmarktstrukturen in beiden Ländern zu nennen. Das Kli-
schee von der egalitären japanischen Gesellschaft muß unter
diesem Blickwinkel schlicht als falsch bezeichnet werden.
Es mag zwar zutreffen, daß sich in Meinungsumfragen eine
überwältigende Mehrheit der Japaner als Angehörige der Mit-
telschicht betrachtet[1]. Die Arbeitszeit- und Einkommens-
verteilungsstatistiken belegen aber, daß insgesamt betrachtet das Wohlstandsgefälle innerhalb der japanischen Gesellschaft größer ist als in der deutschen oder zumindest der
westdeutschen[2]. Es gibt auch Hinweise darauf, daß trotz
der unbestrittenen Wohlstandsmehrung in Japan während der
letzten Jahrzehnte weiterhin ein signifikanter Arbeits-
kostenvorteil der japanischen Unternehmen gegenüber Hoch-
lohnländern wie Deutschland besteht[3]. Andererseits dürfte

---

[1] Vgl. z.B. Wolferen (1990), S. 351.

[2] Vgl. zu den Unterschieden in der Einkommensdisparität
zwischen Japan und westlichen Industrieländern ausführlich Ernst (1986), S. 14ff.

[3] Vgl. hierzu Umino (1993), der auf mehrere Studien ver-
weist, deren Ergebnisse die Arbeitskosten in Japan im
Mittelfeld der fortgeschrittenen Industrieländer sehen.

es aber keine denkbare und aus Sicht vieler Beobachter in
Deutschland auch keine wünschenswerte Alternative sein, den
internationalen Arbeitskostennachteil durch eine stärkere
Ausdifferenzierung des Lohn- und Gehaltsniveaus zwischen
den Unternehmensgrößenklassen zu nivellieren. Am deutlich-
sten wird dies an den beträchtlichen Widerständen, die
schon mit den Bemühungen einiger Großunternehmen um Verringerung der Eigenfertigungstiefe in den letzten Jahren auf
Arbeitnehmerseite ausgelöst wurden[1].

Noch eindeutiger ist die Sachlage, wenn die Übertragung der beiden anderen festgestellten Unterschiede in den
regionalspezifischen Rahmenbedingungen theoretisch in Betracht gezogen wird. Es dürfte in Deutschland, aber auch in
anderen westlichen Industrieländern kaum konsensfähig sein,
die Kosten für die Durchsetzung zivilrechtlicher Ansprüche
durch die Umgestaltung der Rechtswirklichkeit so in die
Höhe zu treiben, daß es für Unternehmen im Vergleich zur
Klage "lohnender" wird, eine Übervorteilung durch die
Geschäftspartner hinzunehmen. Allenfalls wäre über die
Erlassung eines speziellen Schutzgesetzes für Zulieferunternehmen nach japanischen Vorbild nachzudenken, das die
Anreize erhöhen könnte, geschlossen-bilaterale Kooperationen einzugehen. Es muß aber bezweifelt werden, daß allein
dies aus Sicht der Entscheidungsträger in den Unternehmen
eine sehr bedeutende Veränderung der Umfeldbedingungen
darstellen würde. Differenzen im gesellschaftlich-kulturellen Umfeld sind schließlich schon ex definitione nicht
kurzfristig veränderbar. Es kann zwar die Ansicht vertreten
werden, daß hier ein weiterer signifikanter Wettbewerbsvor-
teil für japanische Unternehmen liegt: Eine stärkere Gruppenorientierung der Beteiligten mag die Koordinationskosten
im produktionswirtschaftlichen System beträchtlich senken[2]. Andererseits ist auch nicht zu verleugnen, daß die

---

[1] Vgl. hierzu z.B. Sabel/Kern/Herrigel (1991), S. 220ff.

[2] Vgl. z.B. Itami (1992).

Gesellschaftssysteme in den verschiedenen Ländern durchaus
Änderungen unterworfen sind. Gegenwärtig gibt es Anzeichen
dafür, daß in Japan ein tiefgreifender Wertewandel statt-
findet, der die Gesellschaftsstruktur sehr langfristig
betrachtet erheblich beeinflussen könnte[1]. Dies bedeutet
aber keine Lösung für eher mittelfristige betriebswirtschaftliche und ökonomische Probleme.

Nach den obigen Überlegungen müßte also die Schlußfolgerung lauten, daß in den abweichenden regionalspezifischen
Rahmenbedingungen zwar beträchtliche Wettbewerbsvorteile
für japanische Unternehmen gegenüber den Konkurrenten in
Deutschland und anderen westlichen Industrieländern liegen,
Anpassungen auf dieser Ebene kurz- bis mittelfristig aber
unrealistisch sind und im übrigen auch nicht im Bereich
unternehmerischen Handlungsspielraums liegen[2].

Es ist jedoch darauf hinzuweisen, daß im Ansatz der
vorliegenden Untersuchung die implizite Prämisse enthalten
ist, länderspezifische Unterschiede in den vertikalen Arbeitsteilungsstrukturen lägen ausschließlich in Differenzen
der regionalspezifischen Umfeldbedingungen begründet.
Selbstverständlich ist aber neben den Rahmenbedingungen
auch die betriebswirtschaftliche Einzelgestaltung von ent-
scheidender Relevanz für die Performance der Unternehmen.
Für eine gehaltvolle betriebswirtschaftliche Vergleichsbetrachtung müßten jedoch in *beiden* Ländern genaue empirische Untersuchungen angestellt werden, und es müßte ein
theoretisches Instrumentarium entwickelt werden, das die
Unterschiede in den Rahmenbedingungen neutralisiert. Dies
hätte den Rahmen der vorliegenden Untersuchung quantitativ
und qualitativ gesprengt.

Andererseits ist in der vorliegenden Arbeit deutlich
geworden, daß die verschiedenen Formen der zwischenbetrieblichen Kooperation in der japanischen Industrie voll und

---

[1] Vgl. z.B. DIJ (1991).

[2] Vgl. hierzu auch Bechtold/Kreuder (1992).

ganz aus mikroökonomischer bzw. betriebswirtschaftlicher
Sicht erklärt werden können. Und genau hierin könnte ein
Ansatzpunkt gesehen werden, aus dem auch ohne unmittelbare
betriebswirtschaftliche Vergleichsbetrachtung Lernpotentiale geschöpft werden können. Wie die vorliegende Studie
gezeigt hat, legen die japanischen Unternehmen bei der Gestaltung der vertikalen Arbeitsteilungsstrukturen eine hohe
Flexibilität an den Tag. Es gibt ebenso Beispiele für stark
externalisierte wie auch solche für stark internalisierte
Kooperationen. Mit zunehmendem Internalisierungsgrad mögen
dabei Machtausübungs- und Unterordnungsprozesse an Bedeutung gewinnen, die westlichen Wertvorstellungen widersprechen. Dies sollte aber nicht darüber hinwegtäuschen, daß
die Gründe für die Wahl einer bestimmten Gestaltungsalter-
native letztlich immer ökonomischer Natur sind. Andersherum
formuliert: Nichtökonomische Motive spielen nach den vorliegenden Untersuchungsergebnissen zumindest langfristig
betrachtet für die japanischen Unternehmen keine wesentliche Rolle bei der Wahl ihrer Eigenfertigungstiefe oder der
Gestaltung ihrer Zulieferbeziehungen.

Es muß bezweifelt werden, ob dies in Deutschland zumindest in der Vergangenheit immer der Fall war. Bezeich-
nend ist die Tatsache, daß in der betriebswirtschaftlichen
Fachliteratur das Prestigedenken der Unternehmen, insbesondere der Endhersteller, als ein Entscheidungskriterium bei
der Wahl zwischen Eigenfertigung und Fremdbezug genannt
wird[1]. Eine solche Haltung mag zwar in bestimmten Fällen
menschlich nachvollziehbar sein, dürfte aber nicht immer
zur ökonomischsten Gestaltung der Arbeitsteilung führen. Es
gibt auch Hinweise darauf, daß in unternehmensinternen
Kostenrechnungssystemen die Eigenfertigungs- gegenüber der
Fremdbezugsalternative in zahlreichen Fällen aufgrund
falscher Grundannahmen systematisch als zu günstig einge-

---

[1] Vgl. Männel (1981), S. 66f.

schätzt wird[1]. Schließlich ist die kategorische Weigerung
des Führungspersonals von Zulieferunternehmen, gegenüber
den Abnehmern betriebsinterne Daten offenzulegen, im Ein-
zelzusammenhang zwar ebenso verständlich. Es muß aber auch
hier erlaubt sein zu fragen, ob mit einer solchen Haltung
nicht in vielen Fällen die kostengünstigste Gestaltungsal-
ternative verhindert wird.

Zusammenfassend ist also einerseits zu konstatieren,
daß die von westlichen Ländern stark abweichenden Gestaltungen zwischenbetrieblicher Kooperationen in der japanischen Industrie in hohem Ausmaß auf unterschiedliche Rahmenbedingungen zurückgeführt werden können. Diese Feststellung sollte aber keinesfalls als Ausrede dafür benutzt werden, daß es im Kampf mit japanischen Konkurrenzunternehmen
kein Abwehrmittel gibt. Vielmehr sollte in weit höherem
Maße als bisher nach Kostensenkungspotentialen bei der vertikalen Kooperationsgestaltung Ausschau gehalten werden.
Die statistischen Daten und Fallstudien aus Japan zeigen,
daß diese von großer Bedeutung sein können.

6.3 Schlußfolgerungen für die betriebswirtschaftliche und mikroökonomische Theorieentwicklung

Wie bereits bei der Ausarbeitung des Bezugsrahmens der
vorliegenden Arbeit deutlich wurde, ist die Gestaltung der
vertikalen Arbeitsteilungsformen zwischen Industrieunternehmen aus theoretischer Sicht ein Grenzgebiet zwischen Betriebswirtschaftslehre und Mikroökonomie. Die betriebswirtschaftliche Theorie näherte sich diesem Problem mit der Bereitstellung von Entscheidungshilfen zur Lösung des Auswahlproblems zwischen Eigenfertigung und Fremdbezug als einem Spezialfall der Verfahrenswahl. Die mikroökonomische
Theorie steuerte Erklärungsansätze mit der Entwicklung der

---

[1] Vgl. Picot (1991), S. 341.

Neuen Institutionenökonomik, insbesondere der Transaktionskostentheorie bei.

Wie sich jedoch bei der empirischen Anwendung in der
vorliegenden Studie zeigte, besteht bei beiden Theorierich-
tungen noch erheblicher Entwicklungsbedarf. Die von der betriebswirtschaftlichen Theorie aufgezeigten Einflußfaktoren
zur Lösung des Entscheidungsproblems sind für sich genommen
zwar einleuchtend. Ihnen fehlt jedoch teilweise der innere
Zusammenhang; vor allem zur Unterstützung langfristiger
Entscheidungen mangelt es an einem geschlossenen Ansatz[1].
Eine Möglichkeit zur Behebung dieses Defizits könnte in der
Anwendung der Investitionstheorie auf das langfristige Entscheidungsproblem der Bestimmung des vertikalen Integra-
tionsgrades gesehen werden. Eine Erhöhung der Internalisie-
rung der Arbeitsteilung wäre in diesem Kontext eine
Investition, eine Verringerung eine Desinvestition[2].

Die von der Transaktionskostentheorie aufgezeigten
Einflußfaktoren Spezifität, Unsicherheit, Häufigkeit und
Meßbarkeit sind grundsätzlich ebenfalls eingängig; hier
liegt jedoch ein wesentliches Problem in der Operationali-
sierung. Ohne eine Konkretisierung bleibt der Aussagegehalt
begrenzt, da auf abstrakter Ebene damit fast jede Entwicklung und häufig auch ihr Gegenteil begründet werden kann.

In der vorliegenden Arbeit wurde versucht, einen aus
beiden Richtungen integrierten Ansatz zu konstruieren, der
sich prinzipiell als gehaltvoll erwiesen hat. Es ist aber
nicht zu übersehen, daß in Einzelfragen noch beträchtliche
Erklärungslücken verblieben sind.

Noch eklatanter ist nach Ansicht des Verfassers die
Theorielücke bei der Beschreibung der verschiedenen Phänomene vertikaler Arbeitsteilung. Die betriebswirtschaftliche
Theorie beschränkt sich grundsätzlich auf die Abgrenzung
der beiden Alternativen unternehmensinterner und -externer

---

[1] Vgl. auch Picot (1991), S. 343.

[2] Vgl. auch Männel (1981), S. 269ff.

Produktion. Daneben wird zwar das Phänomen der zwischenbetrieblichen Kooperation ebenfalls wahrgenommen und beschrieben[1], aber nicht in das Entscheidungsproblem
"Eigenfertigung oder Fremdbezug" integriert.

Die Transaktionskostentheorie bringt demgegenüber
insofern einen Fortschritt, als neben den beiden Idealtypen
"Markt" und "Hierarchie" auch ein dritter Typ der vertikalen Arbeitsteilung, der je nach theoretischem Standpunkt
als Misch- oder Zwischenform beschrieben wird, seinen fe-
sten Platz in der Theorie gefunden hat. Wie jedoch schon an
anderer Stelle ausgeführt wurde, birgt auch diese Dreitei-
lung die Gefahr, relativ inhaltsleer zu bleiben, wenn keine
konkreten Überlegungen dazu angestellt werden, wie sich die
drei Organisationstypen voneinander abgrenzen. Außerdem muß
bezweifelt werden, daß eine Einteilung in nur drei Grundtypen differenziert genug ist, um die in der Realität zu beobachtenden zahlreichen Phänomene vertikaler Arbeitsteilung
hinreichend genau beschreiben zu können. In Deutschland mag
dies noch nicht so offensichtlich sein; eine Untersuchung
der Zulieferstrukturen in Japan führt jedoch schnell zu der
Überzeugung, daß weiterer Differenzierungsbedarf besteht.

Die vom Verfasser in dieser Arbeit vorgenommene Ein-
teilung in fünf Grundtypen ist nur ein erster Versuch, die
Defizite auf theoretischer Ebene zu vermindern; weitere
Verfeinerungen und Korrekturen sind notwendig.

6.4 Ausblick: Langfristige Konvergenz der vertikalen Ar-
beitsteilung auf internationaler Ebene?

Zum gegenwärtigen Zeitpunkt sind weitreichende Unterschiede in der Gestaltung der vertikalen Arbeitsteilung
zwischen japanischen und deutschen Industrieunternehmen
nicht zu übersehen. In jüngerer Zeit gibt es jedoch deutli-

---

[1] Vgl. z.B. Rühle von Lilienstern (1979); Günter (1992).

che Anzeichen, daß in der deutschen Industrie bislang unternehmensinterne Kooperationen verstärkt ausgelagert und
gleichzeitig die Anbindung der Zulieferer an die Abnehmer
verstärkt, der Internalisierungsgrad der zwischenbetrieblichen Kooperationen also erhöht wird[1]. Andererseits bestehen in Japan zumindest unter dem Aspekt des Spezifitäts-
und Konzentrationsgrades Tendenzen zu einer größeren Verselbständigung der Zulieferunternehmen. Wie lassen sich
diese Tendenzen angesichts der stark abweichenden Rahmenbedingungen erklären?

Einerseits könnte eine Ursache in dem Fortschreiten
der technologischen Verselbständigung kleiner und mittlerer
Unternehmen in Japan gesehen werden. An anderer Stelle
wurde bereits darauf hingewiesen, daß die industrielle Entwicklung in Japan gegenüber westlichen Industrieländern
wesentlich verspätet war und dies erhebliche Auswirkungen
auf die vertikalen Arbeitsteilungsstrukturen gehabt haben
dürfte[2]. Inzwischen verfügt aber auch hier eine große
Zahl kleiner und mittlerer Unternehmen über eigenständiges
technologisches Know-how und strebt eine größere Verselbständigung von den Abnehmern an.

Ein zweiter Begründungsansatz liegt in der zunehmenden
Globalisierung der industriellen Zulieferstrukturen. Die
Verlagerung von Produktionsstätten für Zulieferprodukte ins
Ausland kam in der vorliegenden Arbeit verschiedentlich zur
Sprache; inzwischen ist hierfür der Begriff des "global
sourcing" geprägt worden. Je stärker die Arbeitsteilungen
länderübergreifend gestaltet werden, desto geringer wird
die Bedeutung regionalspezifischer Unterschiede in den
Rahmenbedingungen.

Unter den genannten Aspekten besteht also eine erkenn-
bare Konvergenz der Umfeldbedingungen; insofern ist es nur
folgerichtig, daß sich die hiervon beeinflußten Arbeitstei-

---

[1] Vgl. ausführlich Richter (1992), S. 100ff.

[2] Vgl. hierzu die Ausführungen in Abschnitt 6.1.

lungsformen langfristig ebenfalls annähern. Darüber sollte
aber nicht vergessen werden, daß die Rahmenbedingungen in
Deutschland und Japan, wie in dieser Arbeit beschrieben, in
anderer Hinsicht weiterhin stark divergent sind und hier
auch kurz- und mittelfristig keine entscheidende Nivel-
lierung zu erwarten ist. Dies sollte bei der Beurteilung
der Lernpotentiale aus der Gestaltung der vertikalen
Arbeitsteilungsstrukturen in Japan nicht übersehen werden.

Anhang I: Fragebogen zu den Transaktionen zwischen den Unternehmen der feinmechanischen und optischen Industrie Japans (japanischer Originalfragebogen)

―――精密機械器具製造業企業間の
取引に関する質問調査票 ―――

記入上のお願い
―――選択がある質問の場合、該当する番号に〇印をつけて下さい。
―――記入にあたっては、平成3年6月30日現在でお願いします。
―――恐れ入りますが、7月31日までにご投函下さい。

I　貴社の概要についてお答え下さい。

　　a．企業／工場名＿＿＿＿＿＿＿＿＿

　　b．所在地＿＿＿＿＿＿＿＿＿＿＿＿

　　c．記入担当者＿＿＿＿＿＿＿＿＿＿

　　d．電話番号＿＿＿＿＿＿＿＿＿

　　e．資本金額（直近の決算年度）＿＿＿＿＿＿＿

　　f．常用従業員数（直近の決算年度）＿＿＿＿＿＿

　　g．売上高（直近の決算年度）＿＿＿＿＿＿＿＿＿

　　h．業種（売上高の最も大きいものに〇印をつけて下さい）
　　　　1．はかり・圧力計・流量計・液面計・精密測定器
　　　　2．電子関連装置　3．医療用機械器具　4．顕微鏡・望遠鏡
　　　　5．写真機・同附属品　6．光学機械用レンズ・プリズム
　　　　7．眼鏡（枠を含む）　8．時計　9．その他（　　　　　　　　）

　　i．貴社の売上高に占める最大の製品の種類
　　　　1．完成品　2．ユニット部品　3．その他（具体的に　　　　　　）

　　j．売上高利益率
　　　　1．赤字　2．2％未満　3．4％未満　4．6％未満　5．8％未満
　　　　6．10％未満　7．10％以上

k．自己資本比率
　1．5％未満　2．10％未満　3．15％未満　4．20％未満
　5．25％未満　6．30％未満　7．30％以上

l．現在の業況についてどうお考えですか。
　1．極めて良い　2．かなり良い　3．やや良い　4．どちらとも言えない
　5．やや苦しい　6．かなり苦しい　7．極めて苦しい

Ⅱ　貴社と外注先企業との取引についてお答え下さい。

a．貴社と継続的に外注取引を行っている企業数
　1．5社未満　2．10社未満　3．20社未満　4．50社未満
　5．100社未満　6．200社未満　7．200社以上

b．貴社の製造原価に占める外注の割合
　　約＿＿＿＿＿＿％

c．貴社の外注費用に占める1位外注先企業および2位外注先企業の割合
　　1位企業　約＿＿＿＿＿＿＿％　　　　　2位企業　約＿＿＿＿＿＿＿％

d．主な外注先企業との取引の長さ
　1．1年未満　2．2年未満　3．5年未満　4．10年未満
　5．20年未満　6．20年以上

e．主な外注先企業からの納入頻度
　1．1月1回未満　2．1月1回以上　3．1週1回以上
　4．1日1回以上　5．1日3回以上

f．主な外注先企業と取引事項を定めた基本契約書を交換していますか。
　1．いる　　2．いない

g．主な外注先企業への発注にあたって発注内容をどのような方法で伝えていますか。
　1．通知書の交換　2．メモ　3．口約束（電話を含む）　4．ファクシミリ
　5．オンライン発注　6．その他（具体的に　　　　　　　　　　　　　　）

h．主な外注先企業との取引条件（支払条件、納期など）の変更頻度
　　1．2年に1回未満　　2．2年1回以上　3．1年1回以上
　　4．6月1回以上　　　5．3月1回以上　6．1月1回以上

i．主な外注先企業との取引関係・契約における重点は何ですか。以下で示すも
　　のに重要さの順に1，2，3，4，5をつけて下さい。
　　―――価格　　　　　（　　）
　　―――品質・精度　（　　）
　　―――納期　　　　　（　　）
　　―――製造原価　　（　　）
　　―――その他（具体的に　　　　　　　　　　　　）（　　）

j．主な外注先企業との取引関係・契約の内容はどのような方法で決めています
　　か。
　　1．貴社が決める　　2．貴社が双方の話合いの後で決める
　　3．双方の話合いで決める　　4．その他（具体的に　　　　　　　　）

k．主な外注先企業と経営資源交流を行っていますか。
　　　　　　　　　　　　　　　　いる　　　いない
　　―――役員または管理職の派遣　1　　　　2
　　―――技術者の派遣　　　　　　1　　　　2
　　―――外注先企業への資本参加　1　　　　2
　　―――外注先企業への資金援助　1　　　　2
　　―――外注先企業への技術援助　1　　　　2
　　―――その他（具体的に　　　　　　　　　　　　　）

l．主な外注先企業は貴社との取引のために専用投資を行っていますか。
　　　　　　　　　　　　　　いる　　　いない　　分らない
　　―――工場または生産拠点　1　　　　2　　　　3
　　―――設備投資　　　　　　1　　　　2　　　　3
　　―――人材教育　　　　　　1　　　　2　　　　3
　　―――製品設計　　　　　　1　　　　2　　　　3
　　―――その他（具体的に　　　　　　　　　　　　　）

m．主な外注先企業との取引関係の密接さについてどうお考えですか。
　　1．合併を行った方が良い　　2．もっと強い方が良い
　　3．現状の程度が良い　　4．現状の程度より減らしたい
　　5．取引を止めたい

Ⅲ 貴社の業況・取引環境についてお答え下さい。

a. 貴社が現在使用する特許権・実用新案権・意匠権数

	なし	1-2 件	3-5	6-10	11-20	21-50	50 件以上
——特許権	1	2	3	4	5	6	7
——実用新案権	1	2	3	4	5	6	7
——意匠権	1	2	3	4	5	6	7

b. 最近の5年間において以下に示す事項は貴社の経営にとってどの程度重要
だったとお考えですか。

	非常に 重要	かなり 重要	あまり重要 ではない	重要ではな い
——ニーズ動向・国内競争の 激化による取引悪化	1	2	3	4
——円高・国際競争の激化による 取引悪化	1	2	3	4
——人手不足・資源欠乏による 取引悪化	1	2	3	4
——地価騰貴による製造原価上昇	1	2	3	4
——新生産工程の徹底による 設備投資の必要性	1	2	3	4
——新製品の徹底による 設備投資の必要性	1	2	3	4
——その他	1	2	3	4

　　　（具体的に　　　　　　　　　）

c. 貴社の売上高に占める製品の型の割合
——少品種大量生産品　約＿＿＿＿＿＿＿％
——変種・変量生産品　約＿＿＿＿＿＿＿％
——単一生産品　　　　約＿＿＿＿＿＿＿％

d. 生産費用に占める棚卸費用の割合
1. 3％未満　　2. 5％未満　　3. 10％未満
4. 15％未満　　5. 15％以上　　6. 分らない

e. 生産費用に占める運送費用の割合
1. 3％未満　　2. 5％未満　　3. 10％未満
4. 15％未満　　5. 15％以上　　6. 分らない

f．貴社の製品の競争状況について
　──同業他社の数（1．多い　2．少ない　3．貴社以外なし
　　　　　　　　　　4．分らない）
　──貴社の製品に対する需要企業（1．多い　2．少ない
　　　　　　　　　　　　　　3．貴社の売り上げ先企業以外になし
　　　　　　　　　　　　　　4．分らない）
　──同業他社に対する貴社の競争力（1．他社以上　2．同等
　　　　　　　　　　　　　　3．他社に及ばない　4．分らない）

g．貴社が購入する主要部品の競争状況について
　──供給企業数（1．多い　2．少ない　3．1社のみ　4．分らない）
　──購入する主要部品に対する需要企業（1．多い　2．少ない
　　　　　　　　　　　　　　3．貴社のみ　4．分らない）

御協力を心から感謝致します。

Anhang II: Ergebnisse der Fragebogenuntersuchung
(zugleich deutsche Übersetzung des Originalfragebogens)

- Fragebogen zu den Transaktionen zwischen den Unternehmen
der feinmechanischen und optischen Industrie -

Hinweise zur Bearbeitung des Fragebogens:
1.) Bei Fragen mit Antwortalternativen markieren Sie bitte
die für Ihr Unternehmen zutreffenden Antworten mit einem
Kreis.
2.) Bitte beziehen Sie sich bei der Beantwortung der Fragen
auf den gegenwärtigen Zustand (30.06.91).
3.) Bitte senden Sie den Fragebogen möglichst bis zum
31.07.91 an uns zurück.

(I) Fragen zu den Grunddaten des Unternehmens

a. Name des Unternehmens/des Betriebs (---)

b. Adresse (---)

c. Name der Person, die den Fragebogen ausgefüllt hat (---)

d. Telefonverbindung (---)

e. nominelles Eigenkapital (gemäß dem neuesten Jahresabschluß)

bis zu 10 Mill. Yen	11
10 Mill. - 50 Mill. Yen	34
50 Mill. - 100 Mill. Yen	29
100 Mill. - 500 Mill. Yen	13
500 Mill. - 1 Mrd. Yen	6
1 Mrd. - 10 Mrd. Yen	14
über 10 Mrd. Yen	6
unbeantwortet	3

f. Anzahl der festangestellten Mitarbeiter (gemäß dem neuesten Jahresabschluß)

bis zu 100	5
100 - 200	45
200 - 300	30
300 - 500	10
500 - 1000	10
1000 - 5000	11
über 5000	4
unbeantwortet	1

g. Jahresumsatz (gemäß dem neuesten Jahresabschluß)

bis zu 1 Mrd. Yen	8
1 Mrd. Yen - 2 Mrd. Yen	16
2 Mrd. Yen - 3 Mrd. Yen	18
3 Mrd. Yen - 5 Mrd. Yen	22
5 Mrd. Yen - 10 Mrd. Yen	21
10 Mrd. Yen - 100 Mrd. Yen	20
über 100 Mrd. Yen	6
unbeantwortet	5

h. Branchenzugehörigkeit (bitte markieren Sie die auf den
Umsatz Ihres Unternehmens bezogen größte Unterbranche)

1.) Waagen, Druckmeßgeräte, Flüssigkeits-   25
    meßgeräte, Präzisionsmeßgeräte
2.) elektronische Bauteile   9
3.) medizinische Meßgeräte   6
4.) Mikroskope, Ferngläser   2
5.) Kameras, Kamerazubehör   13
6.) Linsen, Prismen (für optisches Gerät)   15
7.) Brillen, Brillengestelle   7
8.) Uhren   18
9.) Sonstige   21

i. Auf welche der folgenden Produktgruppen entfällt der
größte Teil des Umsatzes Ihres Unternehmens?

1.) Fertigprodukte   78
2.) Zwischenprodukte   28
3.) Sonstige   10

j. Umsatzrendite des Unternehmens

1.) unter 0%   6
2.) 0 - 2%   21
3.) 2 - 4%   36
4.) 4 - 6%   17
5.) 6 - 8%   14
6.) 8 - 10%   4
7.) über 10%   15
unbeantwortet   3

k. Eigenkapitalquote des Unternehmens

1.) bis zu 5%   12
2.) 5 - 10%   10
3.) 10 - 15%   8
4.) 15 - 20%   10
5.) 20 - 25%   12
6.) 25 - 30%   10
7.) über 30%   45
unbeantwortet   9

1. Wie schätzen Sie die gegenwärtige Geschäftslage Ihres Unternehmens ein?

1.) äußerst gut	0
2.) ziemlich gut	24
3.) mäßig gut	40
4.) weder gut noch schlecht	19
5.) mäßig schlecht	21
6.) ziemlich schlecht	8
7.) äußerst schlecht	2
unbeantwortet	2

(II) Fragen zu den Transaktionen des Unternehmens mit seinen Zulieferern

a. Anzahl der Zulieferunternehmen, zu denen Ihr Unternehmen permanente Geschäftsbeziehungen unterhält

1.) bis zu 5 Unternehmen	15
2.) bis zu 10 Unternehmen	9
3.) bis zu 20 Unternehmen	22
4.) bis zu 50 Unternehmen	25
5.) bis zu 100 Unternehmen	11
6.) bis zu 200 Unternehmen	15
7.) mehr als 200 Unternehmen	19

b. Wie hoch ist der Anteil der Zulieferkosten an den gesamten Produktionskosten Ihres Unternehmens?

bis zu 10%	25
10 - 20%	19
20 - 30%	17
30 - 50%	14
50 - 70%	21
über 70%	13
unbeantwortet	7

c. Anteil der Zulieferkosten Ihres Unternehmens, der auf den größten und den zweitgrößten Zulieferer entfällt

- Anteil des größten Zulieferers

bis zu 10%	43
10 - 20%	31
20 - 30%	18
über 30%	17
unbeantwortet	7

- Anteil des zweitgrößten Zulieferers

bis zu 5%	35
5 - 10%	37
10 - 15%	18
über 15%	18
unbeantwortet	8

d. Dauer der Geschäftsbeziehungen zu den Hauptzulieferern

1.) bis zu einem Jahr	1
2.) bis zu 2 Jahren	0
3.) bis zu 5 Jahren	4
4.) bis zu 10 Jahren	30
5.) bis zu 20 Jahren	38
6.) mehr als 20 Jahre	39
unbeantwortet	4

e. Anlieferungsfrequenz durch die Hauptzulieferer

1.) bis zu einmal monatlich	3
2.) mindestens einmal monatlich	12
3.) mindestens einmal wöchentlich	49
4.) mindestens einmal täglich	46
5.) mindestens dreimal täglich	2
unbeanwortet	4

f. Schließen Sie mit Ihren Hauptzulieferern schriftliche Rahmenverträge ab, in denen die wichtigsten Geschäftsbedingungen festgelegt sind?

1.) ja	78
2.) nein	34
unbeantwortet	4

g. In welcher Form übermitteln Sie die Bestellungen an Ihre Hauptzulieferer?

1.) durch Bestellformulare	76
2.) durch Handzettelnotiz	1
3.) mündlich/telefonisch	3
4.) durch Faksimile	11
5.) durch Online-Datenübertragung	4
6.) Sonstiges	17
unbeantwortet	4

h. Wie oft ändern sich wesentliche Konditionen (Zahlungsbedingungen, Lieferzeiten usw.) der Transaktionen mit Ihren Hauptzulieferern?

1.) bis zu einmal in 2 Jahren	58
2.) mindestens einmal in 2 Jahren	6
3.) mindestens einmal jährlich	33
4.) mindestens einmal in 6 Monaten	5
5.) mindestens einmal in 3 Monaten	0
6.) mindestens einmal monatlich	6
unbeantwortet	8

i. Geben Sie bitte an, in welcher Reihenfolge Sie die folgenden Kriterien in den Geschäftsbeziehungen gegenüber Ihren Hauptzulieferern gewichten.

Rangzuordnung	(1)	(2)	(3)	(4)	(5)
- Lieferpreise	24	30	38	19	1
- Qualität, Präzision	77	24	9	2	0
- Lieferzeiten	12	54	42	4	0
- Produktionskosten	2	5	19	66	20
- Sonstiges	3	0	1	1	107
unbeantwortet	4				

j. Wie wird über die wesentlichen Konditionen im Geschäftsverkehr mit Ihren Hauptzulieferern entschieden?

1.) Ihr Unternehmen entscheidet	16
2.) Ihr Unternehmen entscheidet auf der Basis beidseitiger Gespräche	43
3.) es wird in beidseitigen Gesprächen entschieden	49
4.) Sonstiges	3
unbeantwortet	5

k. Beteiligt sich Ihr Unternehmen in den folgenden Formen
mit betrieblichen Ressourcen an den Hauptzulieferern?

	ja	nein	unbeant-wortet
- Entsendung von Führungspersonal	17	95	4
- Entsendung von technischem Personal	35	73	8
- Kapitalbeteiligung	23	88	5
- finanzielle Beihilfen	33	77	6
- technologische Unterstützung	84	27	5
- Sonstiges	3	109	4

l. Tätigen Ihre Hauptzulieferer in den folgenden Formen
spezifische Investitionen für den Geschäftsverkehr mit Ihrem Unternehmen?

	ja	nein	unbekannt/unbeanwortet
- Fabrik/Produktions-standort	40	63	13
- Ausrüstungs-investitionen	62	36	18
- Personalausbildung	33	44	39
- Produktgestaltung	26	60	30

m. Wie sollten sich Ihrer Meinung nach die Geschäftsbeziehungen Ihres Unternehmens zu den Hauptzulieferern entwik-
keln?

1.) Die Unternehmen sollten fusioniert werden.	1
2.) Die Geschäftsbeziehungen sollten enger werden.	39
3.) Die Geschäftsbeziehungen sollten so bleiben, wie sie sind.	69
4.) Die Geschäftsbeziehungen sollten lockerer werden.	3
5.) Die Geschäftsbeziehungen sollten beendet werden.	0
unbeantwortet	4

(III) Fragen zum Geschäftsumfeld des Unternehmens

a. Wie viele Erfindungsschutzrechte hat Ihr Unternehmen augenblicklich in Gebrauch?

- Patente:

keine	47
1-2	11
3-5	9
6-10	8
11-20	6
21-50	7
mehr als 50	16
unbeantwortet	12

- Gebrauchsmuster:

keine	44
1-2	13
3-5	7
6-10	12
11-20	5
21-50	9
mehr als 50	17
unbeantwortet	9

- Geschmacksmuster:

keine	58
1-2	12
3-5	7
6-10	5
11-20	2
21-50	6
mehr als 50	13
unbeantwortet	13

b. Wie schätzen Sie die Bedeutung der folgenden Faktoren
für die Entwicklung des Geschäftsumfelds Ihres Unternehmens
in den letzten 5 Jahren ein?

- Verschlechterung des Geschäftsumfelds durch erhöhte Kun-
denansprüche und Verschärfung des inländischen Wettbewerbs:

äußerst bedeutend	28
ziemlich bedeutend	61
nicht sehr bedeutend	19
unbedeutend	6
unbeantwortet	2

- Verschlechterung des Geschäftsumfelds durch die Yen-Auf-
wertung und Verschärfung des internationalen Wettbewerbs:

äußerst bedeutend	23
ziemlich bedeutend	52
nicht sehr bedeutend	35
unbedeutend	4
unbeantwortet	2

- Verschlechterung des Geschäftsumfelds durch Personalmangel und Ressourcenknappheit:

äußerst bedeutend	28
ziemlich bedeutend	67
nicht sehr bedeutend	19
unbedeutend	0
unbeantwortet	2

- Erhöhung der Produktionskosten durch Anstieg der Bodenpreise:

äußerst bedeutend	3
ziemlich bedeutend	15
nicht sehr bedeutend	67
unbedeutend	29
unbeantwortet	2

- Notwendigkeit von Ausrüstungsinvestitionen durch das Aufkommen neuer Produktionsprozesse:

äußerst bedeutend	35
ziemlich bedeutend	60
nicht sehr bedeutend	18
unbedeutend	1
unbeantwortet	2

- Notwendigkeit von Ausrüstungsinvestitionen durch das Aufkommen neuer Produkte:

äußerst bedeutend	32
ziemlich bedeutend	58
nicht sehr bedeutend	23
unbedeutend	2
unbeantwortet	1

- Sonstiges:

äußerst bedeutend	3
ziemlich bedeutend	6
nicht sehr bedeutend	1
unbedeutend	104
unbeantwortet	2

c. Wieviel Prozent des Umsatzes Ihres Unternehmens entfallen auf Produkte, die auf der Basis der folgenden Produk-
tionstypen gefertigt wurden?

	0-30%	30-60%	60-100%	unbeant-wortet
- Massen-/Großserien-produktion	59	19	31	7
- Wechselproduktion	45	12	52	7
- Einzelproduktion	97	8	2	9

d. Wie hoch ist der Anteil der Lagerkosten an den gesamten Produktionskosten Ihres Unternehmens?

bis zu 3%	39
bis zu 5%	16
bis zu 10%	13
bis zu 15%	11
mehr als 15%	12
unbekannt/unbeantwortet	25

e. Wie hoch ist der Anteil der Transportkosten an den gesamten Produktionskosten Ihres Unternehmens?

bis zu 3%	77
bis zu 5%	14
bis zu 10%	6
bis zu 15%	2
mehr als 15%	0
unbekannt/unbeantwortet	17

f. Wie ist die Wettbewerbssituation für die Produkte Ihres Unternehmens?

- Anzahl der Anbieter in der Branche:

viele Anbieter	65
wenige Anbieter	51
nur ein Anbieter	0
unbekannt	0

- Anzahl der Nachfrager für die Produkte der Branche:

viele Nachfrager	64
wenige Nachfrager	25
keine Nachfrager außer denen, an die Ihr Unternehmen verkauft	20
unbekannt/unbeantwortet	7

- Wettbewerbsposition Ihres Unternehmens gegenüber Mitanbietern:

überdurchschnittlich	34
durchschnittlich	67
unterdurchschnittlich	6
unbekannt/unbeantwortet	9

g. Wie ist die Wettbewerbssituation für die Haupteinkaufsgüter Ihres Unternehmens?

- Anzahl der Anbieter:

viele Anbieter	48
wenige Anbieter	58
nur ein Anbieter	3
unbekannt/unbeantwortet	7

- Anzahl der Nachfrager:

viele Nachfrager	62
wenige Nachfrager	36
nur Ihr Unternehmen	3
unbekannt/unbeantwortet	15

Wir bedanken uns herzlich für Ihre Kooperationsbereitschaft.

Anhang III: Quantitative Ergebnisse der Interviewbefragungen

(I) Verteilung der befragten Unternehmen nach produktionswirtschaftlichen, betriebswirtschaftlichen und regionalen Kriterien

1) Verteilung nach Branchen

Hersteller von industriellen Meßgeräten und Spezialgerät	8
Hersteller von Kameras, Kamerazubehör und Linsen	5
Hersteller von Uhrenaggregaten, Uhreneinbauplatten und elektronischen Bauteilen	4

2) Verteilung nach produktionswirtschaftlichem Fertigstellungsgrad der Produkte

Hersteller von Fertigprodukten	11
Hersteller von Vor- und Zwischenprodukten	6

3) Verteilung nach dem vorherrschenden Typ der produktionswirtschaftlichen Auflagengröße

Unternehmen, die vorwiegend in Massen-/Großserienproduktion fertigen	8
Unternehmen, die vorwiegend in Einzel-/Kleinserienproduktion fertigen	9

**4) Verteilung nach dem vorherrschenden Produktionsprozeßtyp
(Art der Stoffverwertung)**

Unternehmen, die vorwiegend synthetisch /montageorientiert fertigen	13
Unternehmen, die vorwiegend durchgängig /materialbehandlungsorientiert fertigen	4

5) Verteilung nach Lage des Hauptproduktionsstandortes

Unternehmen mit Hauptproduktionsstandort im Raum Tôkyô	7
Unternehmen mit Hauptproduktionsstandort in ländlichen Regionen	10

6) Verteilung nach Unternehmensgröße

Unternehmen mit bis zu 5 Mrd. Yen Jahresumsatz	10
Unternehmen mit mehr als 5 Mrd. Yen Jahresumsatz	7

7) Verteilung nach Eigenständigkeit

eigenständige Unternehmen	9
Tochterunternehmen oder stark abhängige Zulieferer anderer Unternehmen	8

(II) Ergebnisse der Befragungen zum Zulieferwesen der Unternehmen

1) Strukturdaten zur vertikalen Arbeitsteilung und Eigenfertigungstiefe

a. Anzahl der Zulieferer, zu denen kontinuierliche Geschäftsbeziehungen bestehen

bis zu 50	8
50 bis 100	7
mehr als 100	2

b. Anzahl der Materiallieferanten, zu denen kontinuierliche Geschäftsbeziehungen bestehen

bis zu 50	5
50 bis 100	4
mehr als 100	3
nicht auswertbar	5

c. Anteil der gesamten Beschaffungskosten (Materialbeschaffungskosten + Zulieferkosten) an den Gesamtproduktionskosten

bis zu 30%	2
30 bis 50%	4
50 bis 70%	7
mehr als 70%	4

d. Anteil der Zulieferkosten an den Gesamtproduktionskosten

bis zu 10%	4
10 bis 20%	4
20 bis 30%	3
mehr als 30%	2
nicht auswertbar	4

e. Anteil der Materialbeschaffungskosten an den Gesamt-produktionskosten

bis zu 20%	2
20 bis 40%	5
40 bis 60%	5
mehr als 60%	1
nicht auswertbar	4

2) Daten zur Ausgestaltung der vertikalen Kooperation mit den Zulieferunternehmen

a. Kontinuitätsgrad der Zusammenarbeit mit den Zulieferunternehmen

vorherrschend kontinuierliche Beziehungen zu den Zulieferunternehmen (länger als 5 Jahre)	16
vorherrschend diskontinuierliche Beziehungen zu den Zulieferunternehmen	1

b. vorherrschende Form der Beschaffungspolitik / Abhängigkeitsgrad von Zulieferern

vorwiegend single sourcing	7
fallweise single oder multiple sourcing	5
vorwiegend multiple sourcing	5

c. Abhängigkeitsgrad der Zulieferer vom eigenen Unternehmen

überwiegend stark abhängig (mehr als 50% des Umsatzes)	5
überwiegend mäßig abhängig (ca. 30 bis 50% des Umsatzes)	4
überwiegend gering abhängig (weniger als 30% des Umsatzes)	6
nicht auswertbar	2

d. Formalisierungsgrad der Vereinbarungen über die Geschäftsbeziehungen zu den Zulieferunternehmen

kein Abschluß von schriftlichen Rahmenverträgen	6
Abschluß von schriftlichen Rahmenverträgen, in denen aber nur die grundsätzlichen Geschäftskonditionen fixiert sind	7
Abschluß von Verträgen, in denen auch die Einzelkonditionen (Preise, Lieferfristen) fixiert sind	4

e. Bestellvorlauf für Hauptzulieferprodukte

Bestellvorlauf von bis zu 30 Tagen	7
Bestellvorlauf von 30 bis 60 Tagen	2
Bestellvorlauf von mehr als 60 Tagen	4
nicht auswertbar	4

f. Anlieferfrequenz für die Hauptzulieferprodukte

weniger als einmal wöchentlich	1
ein- bis mehrmals wöchentlich	10
täglich	5
nicht auswertbar	1

g. Anliefermethode für die Zulieferprodukte

selbstorganisierte Anlieferung	9
Anlieferung über Transportunternehmen	6
nicht auswertbar	2

h. durchschnittlicher Eingangs- und Zwischenlagerbestand

Lagerbestände von bis zu einer Woche	9
Lagerbestände von mehreren Wochen	5
nicht auswertbar	3

i. Form der Materialbereitstellung für die Zulieferprodukte

Bereitstellung durch eigenes Unternehmen	7
teilweise Bereitstellung durch eigenes Unternehmen, teilweise Eigenbeschaffung der Zulieferunternehmen	5
Eigenbeschaffung der Zulieferunternehmen	2
nicht auswertbar	3

j. Umfang der technischen, personellen und finanziellen Unterstützung der Zulieferunternehmen

nur technologische Anleitung	6
zusätzlich teilweise Bereitstellung von Ausrüstungen und Maschinen	5
zusätzlich teilweise Kapitalbeteiligung	3
nicht auswertbar	3

3) betriebswirtschaftliche Schwerpunkte und strategische Ausrichtung der Zulieferbeziehungen

a. vorrangiges Kriterium für Zuliefererauswahl

Produktionskosten	6
Produktqualität	9
technologisches Know-how	2

b. vorrangiges Kriterium für Fortführung der Geschäftsbeziehungen mit Zulieferern

Produktionskosten	9
Produktqualität	2
nicht auswertbar	6

c. langfristige Entwicklung der Eigenfertigungstiefe

rückläufig	7
stabil	5
ansteigend	5

d. betriebswirtschaftliches Hauptproblem bei Geschäftsbeziehungen mit Zulieferern

zu hohe Kosten	3
unzureichende Produktqualität	6
zu lange Lieferzeiten, schlechte Kapazitäts-abstimmung	2
unzureichendes technologisches know-how	2
nicht auswertbar	4

Literaturverzeichnis

Abegglen/Stalk (1985): Abegglen, J.C.; Stalk, G.: Kaisha, The Japanese Corporation, New York 1985

Albach (1979): Albach, H.: Betriebsgröße, in: Kern, W. (Hrsg.): Handwörterbuch der Produktionswirtschaft, Stuttgart 1979, Sp. 340-354

Alchian/Demsetz (1972): Alchian, A.A.; Demsetz, H.: Production, Information Costs, and Economic Organization, in: American Economic Review 62 (1972), S. 777-795

Angele (1990): Angele, J.: Insolvenzen 1989, in: Wirtschaft und Statitik 3/1990, S. 195-199

Asanuma (1989): Asanuma, B.: Manufacturer-Supplier Relationships in Japan and the Concept of Relation-Specific Skill, in: Journal of the Japanese and International Economies 3 (1989), S. 1-30

Asanuma/Kikutani (1992): Asanuma, B.; Kikutani, T.: Risk Absorption in Japanese Subcontracting: A Microeconometric Study of the Automobile Industry; in: Journal of the Japanese and International Economies 6 (1992), S. 1-29

Atteslander (1984): Atteslander, P.: Methoden der empirischen Sozialforschung, 5. Aufl., Berlin - New York 1984

Barzel (1982): Barzel, Y.: Measurement Cost and the Organization of Markets, in: Journal of Law and Economics 25 (April 1982), S. 27-48

Bechtold/Kreuder (1992): Bechtold, H.; Kreuder, T.: Wie übertragbar ist das japanische Modell?, Lean Production und europäische Industriepolitik, in: Blätter für deutsche und internationale Politik 4/1992, S. 470-481

Benninghaus (1990): Benninghaus, H.: Einführung in die sozialwissenschaftliche Datenanalyse, München - Wien 1990

Blois (1971): Blois, K.: Vertical Quasi-Integration, in: Journal of Industrial Economics 20 (1971/72), S. 253-272

Böttcher (1990): Böttcher, H.D.: Instrumente zur Fertigungsstrategiebildung: Eine theoretisch-empirische Untersuchung am Beispiel der deutschen Automobilzulieferindustrie, Bergisch-Gladbach - Köln 1990

Busse von Colbe (1974): Busse von Colbe, W.: Betriebsgröße und Unternehmensgröße, in: Grochla, E.; Wittmann, W. (Hrsg.): Handwörterbuch der Betriebswirtschaft, 4. Aufl., Stuttgart 1974, Sp. 566-579

Caves/Bradburd (1988): Caves, R.E.; Bradburd, R.M.: The Empirical Determinants of Vertical Integration, in: Journal of Economic Behavior and Organization 9 (1988), S. 265-279

Chûô Daigaku Keizai Kenkyûsho (1990): Chûô Daigaku Keizai Kenkyûsho (Hrsg.): Jidôsha sangyô no kokusaika to seisan shisutemu [Die Internationalisierung der Automobilindustrie und das produktionswirtschaftliche System], Tôkyô 1990

Chûshô Kigyôchô (1969): Chûshô Kigyôchô (Hrsg.): Dai 3-kai kôgyô kihon jittai chôsa hôkokushen, sôkatsuhen [3. Basisbericht zur Lage der Industrie, Überblicksband], Tôkyô 1969

Chûshô Kigyôchô (1974): Chûshô Kigyôchô (Hrsg.):Dai 4-kai kôgyô kihon jittai chôsa hôkokusho, sôkatsuhen [4. Basisbericht zur Lage der Industrie, Überblicksband], Tôkyô 1974

Chûshô Kigyôchô (1978): Chûshô Kigyôchô (Hrsg.): Chûshô kigyô hakusho, shôwa 53-nenban [Weißbuch der Mittel- und Kleinunternehmen, Ausgabe 1978], Tôkyô 1978

Chûshô Kigyôchô (1979): Chûshô Kigyôchô (Hrsg.):Dai 5-kai kôgyô kihon jittai chôsa hôkokusho, sôkatsuhen [5. Basisbericht zur Lage der Industrie, Überblicksband], Tôkyô 1979

Chûshô Kigyôchô (1980): Chûshô Kigyôchô (Hrsg.): Chûshô kigyô hakusho, shôwa 55-nenban [Weißbuch der Mittel- und Kleinunternehmen, Ausgabe 1980], Tôkyô 1980

Chûshô Kigyôchô (1984): Chûshô Kigyôchô (Hrsg.):Dai 6-kai kôgyô kihon jittai chôsa hôkokusho, sôkatsuhen [6. Basisbericht zur Lage der Industrie, Überblicksband], Tôkyô 1984

Chûshô Kigyôchô (1985): Chûshô Kigyôchô Keikakubu Shitauke Kigyôka(Hrsg.): Shitauke kigyô to jôhôka [Zulieferunternehmen und das Informationszeitalter], Tôkyô 1985

Chûshô Kigyôchô (1988): Chûshô Kigyôchô (Hrsg.): Chûshô kigyô hakusho, shôwa 63-nenban [Weißbuch der Mittel- und Kleinunternehmen, Ausgabe 1988], Tôkyô 1988

Chûshô Kigyôchô (1990a): Chûshô Kigyôchô (Hrsg.):Dai 7-kai kôgyô kihon jittai chôsa hôkokusho, sôkatsuhen [7. Basisbericht zur Lage der Industrie, Überblicksband], Tôkyô 1990

Chûshô Kigyôchô (1990b): Chûshô Kigyôchô (Hrsg.):Dai 7-kai kôgyô kihon jittai chôsa hôkokusho, kikaikôgyôhen [7. Basisbericht zur Lage der Industrie, Ausgabe Maschinenbauindustrie], Tôkyô 1990

Chûshô Kigyôchô (1990c): Chûshô Kigyôchô Keikakubu Kin'yuka (Hrsg.): Chûshô kigyô kin'yû no shinchôryû [Neue Strömungen bei der Finanzierung mittlerer und kleiner Unternehmen], Tôkyô 1990

Chûshô Kigyôchô (1991): Chûshô Kigyôchô (Hrsg.): Chûshô kigyô hakusho, heisei 3-nenban [Weißbuch der Mittel- und Kleinunternehmen, Ausgabe 1991], Tôkyô 1991

Chûshô Kigyôchô (1992a): Chûshô Kigyôchô (Hrsg.): Chûshô kigyô hakusho, heisei 4-nenban [Weißbuch der Mittel- und Kleinunternehmen, Ausgabe 1992], Tôkyô 1992

Chûshô Kigyôchô (1992b): Chûshô Kigyôchô (Hrsg.): Heisei 4-nenban chûshô kigyô yôran [Führer der Mittel- und Kleinunternehmen, Ausgabe 1992], Tôkyô 1992

Chûshô Kigyôchô (1992c): Chûshô Kigyôchô (Hrsg.): Heisei 4-nenban chûshô kigyô shisaku no aramashi [Umriß der Maßnahmen für Mittel- und Kleinunternehmen, Ausgabe 1992], Tôkyô 1992

Chûshô Kigyôchô (1992d): Chûshô Kigyôchô Keikakubu Shitauke Kigyôka (Hrsg.): Dai 4-ban shitauke torihiki handobukku [Handbuch der Zuliefertransaktionen, 4. Ausgabe], Tôkyô 1992

Chûshô Kigyô Jigyôdan (1992): Chûshô Kigyô Jigyôdan (Hrsg.): Kigyô tôsan chôsa nenpô, heisei 3-nendo tôsan [Jahresbericht zu den Unternehmensinsolvenzen, Insolvenzen 1991], Tôkyô 1992

Coase (1937): Coase, R.H.: The Nature of the Firm, in: Economica 4 (1937), S. 386-405, wiederabgedruckt in: Stigler, G.; Boulding, K. (Hrsg.): Readings in Price Theory, Homewood 1952, S. 331-351

Contractor (1990): Contractor, F.J.: Contractual and Cooperative Forms of International Business: Towards a Unified Theory of Modal Choice, in: Management International Review 30 (1990), S. 31-54

Cusumano (1985): Cusumano, M.A.: The Japanese Automobile Industry, Cambridge - London 1985

Demes (1989): Demes, H.: Die pyramidenförmige Struktur der japanischen Automobilindustrie und die Zusammenarbeit zwischen Endherstellern und Zulieferern, in: Altmann, N.; Sauer, D. (Hrsg.): Systemische Rationalisierung und Zulieferindustrie, Frankfurt - New York 1989, S. 251-297

Dichtl (1993): Dichtl, E.: Produktionstiefe; in: Wittmann, W.; Kern, W.; Köhler, R.; Küpper, H.-U.; Wysocki, K.v. (Hrsg.): Handwörterbuch der Betriebswirtschaft, 5. Aufl., Teilband II, Stuttgart 1993, Sp. 3519-3530

DIJ (1991): Deutsches Institut für Japanstudien (Hrsg.): Individualität in Familie und Unternehmen, Miscellanea Nr. 1, Tôkyô 1991

Doi (1991): Doi, T.: "Amae" no kôzô [Die Struktur des "amae"], 3. Aufl., Tôkyô 1991

Dolles/Jung (1990): Dolles, H.; Jung, H.F.: Subcontracting in Japan, Lehrstuhl für Allgemeine BWL und Unternehmensführung der Universität Erlangen - Nürnberg, Diskussionsbeiträge Heft 58, Nürnberg 1990

EC Fact Finding Mission (1989): EC Fact Finding Mission on Subcontracting in Japan, Mission Report, Tokyo 1989

Endô (1980): Endô, Y.: Chûken kigyô, Kôshûeki e no nanatsu no kagi [Mittelständische Unternehmen, Sieben Schlüssel zu hoher Rentabilität], Tôkyô 1980

Ernst (1986): Ernst, A.: Japans langer Abschied von der Vollbeschäftigung, Arbeitsmarktstrukturen und Arbeitsmarktentwicklung, Mitteilungen des Instituts für Asienkunde Hamburg Nr. 147, Hamburg 1986

Ernst (1989): Ernst, A.: Subkontraktbeziehungen in der industriellen Zulieferung in Japan, in: ifo-Schnelldienst, 5-6/1989, S. 9-29

Ernst/Laumer (1989): Ernst, A.; Laumer, H.: Struktur und Dynamik der mittelständischen Wirtschaft in Japan, Mitteilungen des Instituts für Asienkunde Hamburg Nr. 170, Hamburg 1989

Ferner/Lindner/Sträßer (1968): Ferner, W.; Lindner, K.; Sträßer, H.: Eigenfertigung oder Fremdbezug - ein Praxisfall - gelöst mit linearer Progammierung, in: ZfB 38 (1968), S. 45-58

Fieten (1989a): Fieten, R.: Einführungsvortrag, in: Industriekreditbank AG - Deutsche Industriebank (Hrsg.): Umkämpfte Automärkte - Anpassungsstrategien der Kfz-Zulieferer, Dokumentation zum Unternehmerforum anläßlich der Hannover-Messe 1989, Düsseldorf 1989, S. 9-21

Fieten (1989b): Fieten, R.: Erfolg bedarf der Strategie, in: Beschaffung aktuell, 3/1989, S. 38-44

Fieten (1991): Fieten, R: Erfolgsstrategien für Zulieferer, von der Abhängigkeit zur Partnerschaft, Automobil- und Kommunikationsindustrie, Wiesbaden 1991

Francis (1983): Francis, A.: Markets and Hierarchies: efficiency or domination?, In: Francis, A.; Turk, J.; Willman, P. (Hrsg.): Power, Efficiency and Institutions, London 1983, S. 105-116

Fröhlich/Pichler (1988): Fröhlich, E.; Pichler, H.J.: Werte und Typen mittelständischer Unternehmer, Berlin 1988

Geck/Petry (1983): Geck, H.-M.; Petry, G.: Nachfragemacht gegenüber Zulieferern, Eine Unteruchung am Beispiel der Automobil- und der elektrotechnischen Industrie, Köln u.a. 1983

Grossman/Hart (1986): Grossman, S.J.; Hart, O.D.: The Costs and Benefits of Ownership: A Theory of Vertical and Lateral Integration, in: Journal of Political Economy 94 (1986), S. 691-719

Günter (1992): Günter, B.: Unternehmenskooperation im Investitionsgüter-Marketing, Überlegungen zu einer unterschätzten Strategie, in: ZfbF 44 (1992), S. 792-808

Gutenberg (1983): Gutenberg, E.: Grundlagen der Betriebswirtschaftslehre, Erster Band: Die Produktion, 24. Aufl., Berlin - Heidelberg - New York 1983

Gyosei Kanrichô (1984): Gyosei Kanrichô (Hrsg.): Nihon hyôjun sangyô bunrui [Standardbranchenverzeichnis für Japan], Tôkyô 1984

Hamer (1987): Hamer, E.: Das Mittelständische Unternehmen, Stuttgart 1987

Hamer (1988): Hamer, E.: Zuliefererdiskriminierung, Minden 1988

Harrigan (1983): Harrigan, K.R.: A Framework for looking at Vertical Integration, in: Journal of Business Strategy 3 (1983), S. 30-37

Hattori (1990): Hattori, I.: Suichokuteki tôgô to beikoku hantorasutohô [Vertikale Fusionen und das US-amerikanische Anti-Trust-Law], in: Kôsei Torihiki 2/1990, S. 16-22

Hax (1991): Hax, H.: Theorie der Unternehmung - Information, Anreize und Vertragsgestaltung, in: Ordelheide, D.; Rudolph, B.; Büsselmann, E. (Hrsg.): Betriebswirtschaftslehre und Ökonomische Theorie, Stuttgart 1991, S. 51-72

Hayashi (1991): Hayashi, S.: Culture and Management in Japan, 3. Aufl., Tôkyô 1991

Hayashi (1992): Hayashi: Gôrika saku ni genkai, oyagaisha ison taishitsu dakkyaku saguru [Grenzen der Rationalisierungspolitik, auf der Suche nach einer Beseitigung der Abhängigkeitsstruktur von den Abnehmern], in: Nihon Keizai Shinbun vom 30.07.1992, Morgenausgabe, S. 15

Hilke (1986): Hilke, W.: Zielorientierte Produktions- und Programmplanung, 2. Aufl., Neuwied - Darmstadt 1986

Hinderer (1984): Hinderer, M.: Die mittelständische Unternehmung: Selbstverständnis in der Marktwirtschaft, Analyse und Strategie, München 1984

Hirschbach (1992): Hirschbach, O.: Japanischer Erfolg - europäisches Versagen?, in: Beschaffung aktuell 12/1992, S. 33-37

Hosono (1992): Hosono, M.: Iryô kiki sangyô ni okeru "keiretsu" no tokuchô [Die Besonderheiten der "*keiretsu*" in der medizinischen Geräteindustrie], in: Kiyonari, T.; Shimokawa, K. (Hrsg.): Gendai no keiretsu [Die *keiretsu* in der Gegenwart], Tôkyô 1992, S. 121-154

Hutzel (1981a): Hutzel, J.W.: Große und kleine Zulieferer, Eine Untersuchung zur Nachfragemacht industrieller Abnehmer, Tübingen 1981

Hutzel (1981b): Hutzel, J.W.: Interdependenzen zwischen Klein- und Großfirmen, Eine empirische Untersuchung am Beispiel der Metallindustrie Baden-Württembergs, Tübingen 1981

Ide (1990): Ide, T.: Zôsen kanren shitauke no genjô to kadai [Die gegenwärtige Situation und die Zukunftsaufgaben der Zulieferer im Schiffsbau], in: Chûshô Kigyô Kin'yû Kôko Geppô, 3/1990, S. 18-25

Ikeda (1986): Ikeda, M.: Seisan shisutemu no kokusai hikaku, ôshû to nihon [Internationaler Vergleich von Produktionssystemen, Europa und Japan], in: Kikai Shinkô Kyôkai Keizai Kenkyûsho (Hrsg.): Shitauke bungyô seisan shisutemu ni kan suru chôsa kenkyû [Empirische Untersuchungen zum arbeitsteiligen Zuliefer-Produktionssystem], Tôkyô 1986, S. 31-44

Ikeda (1988a): New Development of Japanese Pattern of Subcontracting System, in: Studies of Business and Industry, No. 5, Sept. 1988, S. 1-20

Ikeda (1988b): Ikeda, M.: Henbô suru nihongata shitauke shisutemu [Das japanische Zuliefersystem in der Transformation], in: Tatsumi, N.; Satô, Y. (Hrsg.): Shin chûshô kigyôron o manabu [Die neue Theorie der Mittel- und Kleinunternehmen lernen], Tôkyô 1988, S. 125-144

Ikeda (1989): Ikeda, M: Jidôsha buhin sangyô o osou shitauke saihen no arashi [Die Heimsuchung der Automobilkomponentenindustrie durch den Sturm der Umorganisation der Zulieferungen], in: Ekonomisuto vom 23.05.1989, S. 46-51

Ikeda (1990): Ikeda, M.: Jidôsha buhin sangyô ni okeru U-jigata rain no tokuchô to sono igi [Die Besonderheiten der U-förmigen Fertigungslinien in der Automobilkomponentenindustrie und deren Bedeutung], in: Keizaigaku Ronsan 1-2/1990, S. 189-208

Im (1990): Im, Ch.-S.: Shitauke seisansei to kokusai kyôsôryoku, kan-nichi jidôsha sangyô no hikaku kenkyû [Das Zulieferungs-Produktionssystem und internationale Wettbewerbsfähigkeit, eine vergleichende Untersuchung der südkoreanischen und der japanischen Automobilindustrie], Ph.D. thesis, Hitotsubashi University, Faculty of Economics, November 1990

Imai (1992): Imai, K.: Dainamikku nettowaku, Shijô to soshiki no dôtaiteki na shintô [Dynamische Netzwerke, Dynamische Infiltration von Markt und Organisation], in: Business Review 3/1992, S. 1-10

Imai/Itami (1984): Imai, K.; Itami, H.: Interpenetration of Organization and Market, Japan's Firm and Market in Comparison with the U.S., in: International Journal of Industrial Organization 2 (1984), S. 285-310

Imai/Itami/Koike (1982): Imai, K.; Itami, H.; Koike, K.: Naibu soshiki no keizaigaku [Die Ökonomie internalisierter Koordinationen], Tôkyô 1982

Ishiro (1986): Ishiro, K.: Kikai sangyô ni okeru shitauke seisan taisei to kongo no tenkai, kôsaku kikai gyôkai o chûshin ni [Das Zuliefersystem in der Maschinenbauindustrie und zukünftige Aussichten, unter besonderer Berücksichtigung der Werkzeugmaschinenbranche], in: Kikai Shinkô Kyôkai Keizai Kenkyûsho (Hrsg.): Shitauke bungyô seisan shisutemu ni kan suru chôsa kenkyû [Empirische Untersuchungen zum arbeitsteiligen Zuliefer-Produktionssysem], Tôkyô 1986, S. 131-142

Itami (1992): Itami, H.: Häufige Kontakte, in: Wirtschaftswoche, 18.09.92, S. 59-62

Itozono (1978): Itozono, T: Nihon no shagaikô seido [Das System der unternehmensexternen Produktion in Japan], Tôkyô 1978

Jokisch (1989): Jokisch, E.: Diskussionsbeitrag, in: Industriekreditbank AG - Deutsche Industriebank (Hrsg.): Umkämpfte Automärkte - Anpassungsstrategien der Kfz-Zulieferer, Dokumentation zum Unternehmerforum anläßlich der Hannover-Messe 1989, Düsseldorf 1989

Joskow (1985): Joskow, P.L.: Vertical Integration and Longterm Contracts: The Case of Coal-burning Electric Generating Plants, in: Journal of Law, Economics, and Organization 1 (1985), S. 281-328

Kagono et al. (1981): Kagono, T,; Nonaka, I.; Sakakibara, K.; Okumura, A.: Strategic vs. Evolutionary Management, A U.S. - Japan Comparison of Strategy and Organization, Amsterdam u.a. 1985

Kaukewitsch (1990): Kaukewitsch, P.: Arbeitskosten im Produzierenden Gewerbe 1988, in: Wirtschaft und Statistik 7/1990, S. 466-475

Kern (1986): Kern, W.: Die Schranken unternehmerischen Handels als Determinanten und Objekte wirtschaftlicher Betriebsführung, in: Gaugler, E., Meissner, H.G., Thom, N. (Hrsg.): Zukunftsaspekte der anwendungsorientierten Betriebswirtschaftslehre, Festschrift zum 65. Geburtstag von E. Grochla, Stuttgart 1986, S. 557-568

Kern (1989): Kern, W.: Qualitätssicherung als eine Voraussetzung zwischenbetrieblicher produktionssynchroner Anlieferungen, in: DBW 49 (1989), S. 287-298

Kern (1992a): Kern, W.: Industrielle Produktionswirtschaft, 5. Aufl., Stuttgart 1992

Kern (1992b): Kern, W.: Die Zeit als Dimension betriebswirtschaftlichen Denkens und Handelns, in: DBW 52 (1992), S. 41-58

Kikai Shinkô Kyôkai (1989): Kikai Shinkô Kyôkai Keizai Kenkyûsho (Hrsg.): Kôsaku Kikai sangyô non seisan nôryoku to shitauke kôzô [Die Produktionskapazität der Werzeugmaschinenindustrie und die Zulieferstruktur], Tôkyô 1989

Kilger (1973): Kilger, W.: Optimale Produktions- und Absatzplanung, Entscheidungsmodelle für den Produktions- und Absatzbereich industrieller Betriebe, Opladen 1973

Kitamura (1990): Kitamura, K.: Kôzô tenkan e no torikumi to kokusaika no shinten, karâterebi no kêsû [Die Bewältigung des Strukturumbruchs und das Voranschreiten der Internationalisierung, der Fall der Farbfernseher], in: Kitamura, K. (Hrsg): Kikai sangyô no kokusaika to buhin chôtatsu [Die Internationalisierung der Maschinenbauindustrie und die Zulieferteilebeschaffung], Tôkyô 1990, S. 65-87

Kiyonari (1990): Kiyonari, T: Chûshô kigyô dokuhon [Lesebuch der Mittel- und Kleinunternehmen], 2. Aufl., Tôkyô 1990

Klein/Crawford/Alchian (1978): Klein, B.; Crawford, R.G.; Alchian, A.A.: Vertical Integration, Appropriable Rents, and the Competitive Contracting Process, in: Journal of Law and Economics 21 (1978), S. 297-326

Koike (1990): Koike, Y.: Tokei kôgyô no kokusaika to seisan, bungyô taisei no saihen [Die Internationalisierung der Uhrenindustrie und die Umorganisation der Produktion und des Arbeitsteilungssystems], in: Kitamura, K. (Hrsg): Kikai sangyô no kokusaika to buhin chôtatsu [Die Internationalisierung der Maschinenbauindustrie und die Zulieferteilebeschaffung], Tôkyô 1990, S. 145-172

Kokumin Kin'yû Kôko (1982): Kokumin Kin'yû Kôko Chôsabu (Hrsg.): Nihon no chûshô kikai kôgyô [Die kleine und mittlere Maschinenbauindustrie Japans], Tôkyô 1982

Kokumin Kin'yû Kôko (1984): Kokumin Kin'yû Kôko Chôsabu (Hrsg.): Nihon no chûshô sen'i kôgyô [Die kleine und mittlere Textilindustrie Japans], Tôkyô 1984

Kokumin Kin'yû Kôko (1989): Kokumin Kin'yû Kôko Chôsabu (Hrsg.): Nihon no chûshô kikai kôgyô [Die kleine und mittlere Maschinenbauindustrie Japans], überarbeitete Neuauflage, Tôkyô 1989

Kôsei Torihiki Iinkai (1991): Kôsei Torihiki Iinkai (Hrsg.): Heisei 2-nendo nenji hôkoku [Jahresbericht 1990], Tôkyô 1991

Kubota/Witte (1990): Kubota, H.; Witte, H.: Strukturvergleich des Zulieferwesens in Japan und in der Bundesrepublik Deutschland, in: ZfB 60 (1990), S. 383-406

Kurose (1992): Kurose, O.: Kikai, kinzoku seizôgyô [Die Maschinenbau- und Metallindustrie], in: Chûshô Kigyô Jigyôdan (Hrsg.): '91 chûshô seizôgyô no hatten dôkô [Entwicklungstendenzen der Mittel- und Kleinindustrie im Jahr 1991], Tôkyô 1992, S. 69-116

Levy (1984): Levy, D.: Testing Stigler's Hypothesis of "The Division of Labor is Limited by the Extent of the Market", in: Journal of Industrial Economics 32 (1984), S. 377-389

Levy (1985): Levy, D.: The Transaction Cost Approach to Vertical Integration: An Empirical Examination, in: Review of Economics and Statistics 67 (1985), 438-445

Lincoln/Kalleberg (1990): Lincoln, J.R.; Kalleberg, A.L.: Culture, Control, and Commitment, Cambridge u.a. 1990

Lopez de Arriortua (1989): Lopez de Arriortua, I.J.: Diskussionsbeitrag, in: Industriekreditbank AG - Deutsche Industriebank (Hrsg.): Umkämpfte Automärkte - Anpassungsstrategien der Kfz-Zulieferer, Dokumentation zum Unternehmerforum anläßlich der Hannover-Messe 1989, Düsseldorf 1989

Macneil (1978): Macneil, I.R.: Contracts: Adjustment of Long-term Economic Relations under Classical, Neoclassical, and Relational Contract Law, in: Northwestern University Law Review 72 (1978), S. 854-905

Männel (1981): Männel, W.: Die Wahl zwischen Eigenfertigung und Fremdbezug, 2. Aufl., Stuttgart 1981

Männel (1982): Männel, W.: Eigenfertigung und Fremdbezug, in: Management-Enzyklopädie, Dritter Band, 2. Aufl., München 1982, S. 15-42

Mariti/Smiley (1983): Mariti, P.; Smiley, R.H.: Co-operative Agreements and the Organization of Industry, in: Journal of Industrial Economics 31 (1983), S. 437-451

Matsui (1985): Matsui, T.: Jidôsha kôgyô ni okeru gaichû kanri seisaku, "heichû seisaku" no shinten to "dansôteki kigyô kôzô" (1) [Neue Entwicklungen der Zulieferbeschaffungspolitik und mehrfachen Auftragsvergabe in der Automobilindustrie und die mehrstufige Industriestruktur, Teil 1], in: Ritsumeikan Keieigaku 6/1985, S. 1-26

Matsui (1987): Matsui, T.: Shitaukesei no henka to "shitauke kigyô no sonritsu keitai" no tayôka [Die Veränderungen des Zuliefersystems und die Diversifizierung der Existenzformen der Zulieferunternehmen], in: Chûshô Kigyô Kihô 2/1987, S. 1-10

Matsui (1988): Matsui, T.: Shitaukesei no henka to shitaukesei riron no kentô, "keiretsu kigyô" no kyôsô kôzô (3) [Veränderungen des Zuliefersytems und Prüfung der diesbezüglichen theoretischen Diskussion - die Wettbewerbsstruktur von *keiretsu*-Unternehmen, Teil 3], in: Ritsumeikan Keieigaku 5/1988, S. 29-57

Matsui (1990): Matsui, T.: Shitaukesei no henka to shitaukesei riron no kentô, "keiretsu kigyô" no kyôsô kôzô (4)
[Veränderungen des Zuliefersytems und Prüfung der diesbezüglichen theoretischen Diskussion - die Wettbewerbsstruktur von keiretsu-Unternehmen, Teil 4], in: Ritsumeikan Keieigaku 6/1990, S. 245-266

Matsumoto (1989): Matsumoto, F. (Hrsg.): Shôwaki no shashin
gyôkai [Die Kameraindustrie in der Shôwa-Zeit], Tôkyô 1989

Matsuoka (1968): Matsuoka, I.: Chûshô kigyôron [Theorie der
Mittel- und Kleinunternehmen], Tôkyô 1968

Mcmillan (1984): Mcmillan, C.J.: The Japanese industrial
system, Berlin - New York 1984

Michaelis (1985): Michaelis, E.: Organisation unternehmerischer Aufgaben - Transaktionskosten als Beurteilungskrite-
rium, Frankfurt a.M. 1985

Minato (1986): Minato, T.: Nihonkei shitauke shisutemu
keisei katei [Der Entstehungsprozeß des japanischen Zulie-
fersystems], in: Kikai Shinkô Kyôkai Keizai Kenkyûsho
(Hrsg.): Shitauke bungyô shisutemu ni kan suru chôsa kenkyû
[Untersuchung zur Arbeitsteilungsstruktur im Zulieferbe-
reich], Tôkyô 1986, S. 45-68

Mitchell (1983): Mitchell, R.H.: Censorship in Imperial Japan, Princeton 1983

Mitsui (1986): Mitsui, I.: "Shûdan" to shite no "shitauke"
haaku to, "daitoshi bungyô seisan shûdan" no kentô [Inter-
pretation von "Zulieferung" als "Gruppierung" und Untersuchung der "großstädtischen Industriegruppierungen"], in:
Kikai Shinkô Kyôkai Keizai Kenkyûsho (Hrsg.): Shitauke
bungyô seisan shisutemu ni kan suru chôsa kenkyû [Empi-
rische Untersuchungen zum arbeitsteiligen Zuliefer-Pro-duk-
tionssystem], Tôkyô 1986, S. 71-109

Mitsui (1988): Mitsui, I.: Sekaiteki na chûshô kigyô jidai,
kokusai hikaku [Das weltweite Zeitalter der Mittel- und
Kleinunternehmen, ein internationaler Vergleich], in:
Tatsumi, N.; Satô, Y. (Hrsg.): Shin chûshô kigyôron o
manabu [Die neue Theorie der Mittel- und Kleinunternehmen
lernen], Tôkyô 1988, S. 12-34

Mitsui (1989): Mitsui, I.: Shitauke kôzô no henkaku to
chûshô kigyô [Umstrukturierung des Zulieferwesens und die
Konsequenzen für Mittel- und Kleinunternehmen], in: Shôkô
Kin'yû 7/1989, S. 10-31

Mizuno (1990): Mizuno, J.: Shuyô kôsaku kigyô no kokusaika senryaku [Die Internationalisierungsstrategie der großen Unternehmen im Werkzeugmaschinenbau], in: Kitamura, K. (Hrsg): Kikai sangyô no kokusaika to buhin chôtatsu [Die Internationalisierung der Maschinenbauindustrie und die Zulieferteilebeschaffung], Tôkyô 1990, S. 89-113

Monden (1991): Monden, Y.: Shin toyota shisutemu [Das neue Toyota-System], Tôkyô 1991

Nagai (1990): Nagai, K.: Kôzô chôsei ga shinten suru kaden shitauke gyôkai [Das Voranschreiten des strukturellen Anpassungsprozesses in der Haushaltselektronik-Zulieferindustrie], in: Chûshô Kigyô Kin'yû Geppô 4/1990, S. 20-25

Nakamura (1968): Nakamura, H.: Chûken kigyôron [Theorie mittelständischer Unternehmen], erw. Aufl., Tôkyô 1968

Nakamura (1983): Nakamura, T.: Chûshô kigyô to dai kigyô [Mittel- und Kleinunternehmen und Großunternehmen], Tôkyô 1983

Nakamura et al. (1981): Nakamura, H.: Akiya, S.; Kiyonari, T.; Yamazaki, M.; Bandô, T. (Hrsg.): Gendai chûshô kigyôshi [Moderne Geschichte der Mittel- und Kleinunternehmen], Tôkyô 1981

Nakamura/Odaka (1989): Nakamura, T.; Odaka, K. (Hrsg.): Nihon keizaishi 6, nijû kôzô [Japanische Wirtschaftsgeschichte Band 6, Dualstruktur], Tôkyô 1989

Nakane (1967): Nakane, Ch.: Tate shakai no ningen kankei [Zwischenmenschliche Beziehungen in einer vertikal strukturierten Gesellschaft], Tôkyô 1967

Nakane (1987): Nakane, Ch.: Shakai jinruigaku, Ashia shoshakai no kôsatsu [Ethnische Gesellschaftswissenschaft, Überlegungen zu den Gesellschaftssystemen asiatischer Länder], Tôkyô 1987

Nakayama (1983): Nakayama, K.: Chûshô kigyô kindaika no riron to seisaku [Theorie und Politik der Modernisierung der Mittel- und Kleinunternehmen], Tôkyô 1983

Neus (1991): Neus, W.: Unternehmensgröße und Kreditversorgung, in: ZfbF 43 (1991), S. 130-156

Nihon Shashinki Kensa Kyôkai (1984): Nihon Shashinki Kôgaku Kiki Kensa Kyôkai (Hrsg.): Sekai no nihon kamera [Die japanischen Kameras in aller Welt], erw. Aufl., Tôkyô 1984

Nihon Keizai Chôsa Kyôgikai (1989): Nihon Keizai Chôsa Kyôgikai (Hrsg.): Waga kuni kigyô no keizokuteki torihiki no
jittai ni tsuite [Zur tatsächlichen Lage der kontinuierlichen Transaktionen zwischen Unternehmen in unserem Land],
Tôkyô 1989

Nissan Jidôsha (1990): Nissan Jidôsha Kabushiki Gaisha
Chôsabu (Hrsg.): Jidôsha sangyô handobukku 1990-nenban
[Handbuch der Automobilindustrie, Ausgabe 1990], Tôkyô 1990

Oda (1991): Oda: Keiretsu buhin torihiki no hôkai wa nihon
jidôsha mêkâ, buhin sapuraiyâ ni arata na hatten no kikai o
teikyô suru ga sono daishô ha ôkî [Der Zusammen-bruch der
keiretsu-Teiletransaktionen bietet den japanischen Automobilherstellern und ihren Zulieferern eine neue Entwick-
lungschance - der Preis dafür ist aber hoch], in: FOURIN -
Jidôsha Chôsa Geppô 3/1991, S. 22-43

Odaka (1984): Odaka, K.: Rôdô shijô bunseki, nijû kôzô no
nihonteki tenkai [Arbeitsmarktanalyse, die japanische Her-
ausbildung der Dualstruktur], Tôkyô 1984

OECD (1985): Organization for Economic Co-operation and Development (Hrsg.): OECD Employment Outlook September 1985,
Paris 1985

Okamuro (1992): Okamuro, H.: Entwicklung des Abhängigkeits-
verhältnisses im Zulieferer-Abnehmer-Netzwerk mit besonderer Berücksichtigung der Auswirkungen der neuen Kommunika-
tionstechnologie in der deutschen Automobilbranche, Diss.
Bonn 1992

Okata (1992): Okata, K.: Ifuku, sono ta sen'i seihin seizôgyô [Die Bekleidungs- und die sonstige Textilindustrie],
in: Chûshô Kigyô Jigyôdan (Hrsg.): '91 chûshô seizôgyô no
hatten dôkô [Entwicklungstendenzen der Mittel- und Kleinindustrie im Jahr 1991], Tôkyô 1992, S. 117-169

Ôkurashô (1991): Ôkurashô (Hrsg.): Hôjin kigyô tôkei nenpô,
heisei 2-nendo [Jahresstatistiken der Kapitalgesellschaften, Ausgabe 1990], Tôkyô 1991

Ouchi (1980): Ouchi, W.G.: Markets, Bureaucracies, and
Clans, in: Administrative Science Quarterly 25 (1980), S.
120-142

o.V. (1992a): Chûshô kigyô no natsu yasumi, daikigyô to no
sa kukkiri [Der Sommerurlaub der Mittel- und Kleinunternehmen: Klare Unterschiede zu den Großunternehmen], in: Nihon
Keizai Shinbun vom 05.07.1992, Morgenausgabe, S. 3

310

o.V. (1992b): Nissankei buhin mêkâ: buhin kyôtsûka ni cha-
kushu [Teilehersteller bei Nissan: Standardisierung der
Teile wird in Angriff genommen], in: Nihon Keizai Shinbun
vom 17.09.1992, Morgenausgabe, S. 13

o.V. (1992c): Chûshô kigyô wa nen 2268 jikan [2268 Stunden
im Jahr bei den Mittleren und Kleinen], in: Nihon Keizai
Shinbun vom 09.10.1992, Morgenausgabe, S. 3

o.V. (1992d): Shitauke ijime: bôshi motomeru tsûtatsu
[Drangsalierung der Zulieferer: Erlaß, der die Bekämpfung
einfordert], in: Nihon Keizai Shinbun vom 19.11.1992, Morgenausgabe, S. 5

o.V. (1993a): Chûshô kigyô no kariire, "seifukei" ison ta-
kamaru [Ausleihungen der Mittel- und Kleinunternehmen, die
Abhängigkeit von den "staatlichen" wächst], in: Nihon Keizai Shinbun vom 12.01.1993, Morgenausgabe, S. 5

o.V. (1993b): Chûshô ga kaihatsu, seisan wa ôte
[Entwicklung bei den Mittleren und Kleinen und Produktion
bei den Großen], in: Nihon Keizai Shinbun vom 10.02.1993,
Morgenausgabe, S. 15

Pfohl/Kellerwessel (1982): Pfohl, H.-Chr.; Kellerwessel,
P.: Abgrenzung der Klein- und Mittelbetriebe von Großbe-
trieben, in: Pfohl, H.-Chr. (Hrsg.): Betriebswirtschaftslehre der Klein- und Mittelbetriebe, Essen 1982, S. 9-34

Picot (1982): Picot, A.: Transaktionskostenansatz in der
Organisationstheorie: Stand der Diskussion und Aussagewert,
in: DBW 42 (1982), S. 267-284

Picot (1991): Picot, A.: Ein neuer Ansatz zur Gestaltung
der Leistungstiefe, in: ZfbF 43 (1991), S. 336-357

Poeche (1984): Poeche, J.: Mittelstandsförderung, in: Management-Enzyklopädie, Sechster Band, 2. Aufl., Landsberg am
Lech 1984, S. 950-960

Porter (1980): Porter, M.E.: Competitive Strategy, Techni-
ques for Analyzing Industries and Competitors, New York -
London 1982

Provan/Skinner (1989): Provan, K.G.; Skinner, S.J.: Inter-
organizational Dependence and Control as Predictors of Op-
portunism in Dealer-Supplier Relations, in: Academy of Management Journal 32 (1989), S. 202-212

Rahn (1981): Rahn, G.: Recht und Rechtsmentalität in Japan,
Reihe Japanwirtschaft Heft 11, Deutsch-Japanisches Wirt-
schaftsförderungsbüro, Düsseldorf 1981

311

Rahn (1990): Rahn, G.: Rechtsdenken und Rechtsauffassung in Japan, Dargestellt am Beispiel der modernen japanischen Zivilrechtsmethodik, München 1990

Ramser (1979): Ramser, H.J.: Eigenerstellung oder Fremdbezug von Leistungen, in: Kern, W. (Hrsg.): Handwörterbuch der Produktionswirtschaft, Stuttgart 1979, Sp. 435-450

Rasch (1968): Rasch, H.: Die Wahl zwischen Selbstherstellung und Fremdbezug als Einkaufs- und Investierungsproblem in der industriellen Unternehmung, Berlin - München 1968

Reischauer (1981): Reischauer, E.O.: Japan, The Story of a Nation, 3. Aufl., Tôkyô 1981

Richter (1992): Richter, W.: Die kombinierte Auslagerungs- und Verbundstrategie im industriellen Zulieferwesen, Diss. Köln 1992

Rodatz (1986): Rodatz, P.: Unternehmen und Recht, in: Herold, R. (Hrsg.): Das Industrieunternehmen in Japan, Berlin 1986, S. 9-22

Rodenwaldt (1987): Rodenwaldt, J.: Das Zulieferwesen in der japanischen Industrie am Beispiel des Druckgewerbes, Bochum 1987

Rôdôshô Seisaku Chôsabu (1991): Rôdôshô Seisaku Chôsabu (Hrsg.): Maitsuki kinrô tôkei yôran heisei 3-nenban [Zusammenfassung der monatlichen Beschäftigungsstatistiken Ausgabe 1991], Tôkyô 1991

Rôdôshô Seisaku Chôsabu (1992): Rôdôshô Seisaku Chôsabu (Hrsg.): Chingin sensasu, heisei 3-nen chingin kôzô kihon tôkei chôsa dai 1-kan [Lohn- und Gehaltszensus, Basisuntersuchung zur Lohn- und Gehaltsstruktur 1991, 1. Band], Tôkyô 1992

Rühle von Lilienstern (1979): Rühle von Lilienstern, H.: Kooperation, zwischenbetriebliche, in: Kern, W. (Hrsg.): Handwörterbuch der Produktionswirtschaft, Stuttgart 1979, Sp. 928-938

Sabel/Kern/Herrigel (1991): Sabel, Ch. F.; Kern, H.; Herrigel, G.: Kooperative Produktion, Neue Formen der Zusammenarbeit zwischen Endfertigern und Zulieferern in der Automobilindustrie und die Neuordnung der Firma, in: Mendius, H. G.; Wendeling-Schröder, U. (Hrsg.): Zulieferer im Netz - Zwischen Abhängigkeit und Partnerschaft, Köln 1991, S. 203-227

Saitô (1987): Saitô, S.: Kamera, tokei, eizô gyôkai [Die Kamera-, Uhren- und Filmgeräteindustrie], Tôkyô 1987

Sandrock (1984): Sandrock, O.: Vertikale Konzentrationen im
USamerikanischen Antitrustrecht unter besonderer Berücksichtigung der Wettbewerbspolitik der Reagan-Administra-
tion, Heidelberg 1984

Sankei Shinbun Keizaibu (1980): Sankei Shinbun Keizaibu
(Hrsg.): Chûken kigyô jidai [Das Zeitalter der mittelständischen Unternehmen], Tôkyô 1980

Satô (1983): Satô, Y.: The Subcontracting Production
(shitauke) System in Japan, in: Keio Business Review
1/1983, S. 1-24

Satô (1988): Satô, Y.: Rekishi no naka de henbô suru nihon
chûshô kigyô [Metamorphosen der japanischen Mittel- und
Kleinunternehmen im Lauf der Geschichte], in: Mita Shôgaku
Kenkyû 4/1988, S. 44-62

Satô/Mori (1976): Satô, M.; Mori, Y.: Seimitsu kikai gyôkai
[Die feinmechanische und optische Industrie], Tôkyô 1976

Sauer (1990): Sauer, K.: Internationale Zulieferbeziehungen
der deutschen Pkw-Hersteller, Diss. St. Gallen 1990

Sauer (1992): Sauer, D.: Auf dem Weg in die flexible Massenproduktion, in: Deiss, M.; Döhl, V. (Hrsg.): Vernetzte
Produktion: Automobilzulieferer zwischen Kontrolle und Autonomie, München 1992, S. 49-79

Schmidt (1972): Schmidt, K.-H.: Neue Wege zur Durchleuch-
tung des Zulieferwesens, in: Aßmann, K. u.a. (Hrsg.):
Klein- und Mittelbetriebe in der wachsenden Wirtschaft,
Göttingen 1972, S. 219-228

Schmidt/Richter (1991): Schmidt, A.; Richter, W.: Die Auswirkungen des EG-Binnenmarktes auf mittelständische Zulieferunternehmen in der Bundesrepublik Deutschland, Schriften
zur Mittelstandsforschung Nr. 36 NF, Stuttgart 1991

Schneidewind (1991): Schneidewind, D.: Beobachtungen zur
Entscheidungsfindung in japanischen Unternehmen, in: ZfB 61
(1991), S. 291-307

Sei (1991): Sei, Sh.: Kakaku ketteigo no kakaku konkyo no
keisei to sapuraiyâ no seichô, hatten [Die Bildung der
Preisgrundlage nach der primären Preisfestlegung und das
Wachstum und die Entwicklung der Zulieferer], in: Nihon
Chûshô Kigyô Gakkai (Hrsg.): Chiiki keizai to chûshô kigyô
[Regionale Wirtschaftsräume und Mittel- und Kleinunterneh-
men], Tôkyô 1991

Semlinger (1993): Semlinger, K.: Effizienz und Autonomie in Zulieferungsnetzwerken - zum strategischen Gehalt von Kooperation, mimeo, erscheint in: Staehle, W.H.; Sydow, J. (Hrsg.): Managementforschung Band 3, Berlin - New York 1993

Shimizu (1986): Shimizu, R.: Chûken-, chûshôkigyô seichôron [Theorie des Wachstums der Mittel- und Kleinunternehmen], Tôkyô 1986

Shimizu (1991): Shimizu, O.: Tokei [Uhren], Tôkyô 1991

Shimokawa (1990): Shimokawa, K.: Jidôsha [Automobile], in: Yonekawa, S.; Shimokawa, K.; Yamazaki, H. (Hrsg.): Sengo nihon keieishi, dai 2-ken [Die japanische Managementgeschichte in der Nachkriegszeit, 2. Band], Tôkyô 1990

Shiomi (1985): Shiomi, H.: Seisan lojisutikkusu no kôzô, Toyota jidôsha no kesu [Die Struktur der Produktionslogistik, der Fall Toyota], in: Sakamoto, K. (Hrsg.): Gijutsu kakushin to kigyô kôzô [Technischer Fortschritt und Unternehmensstrukturen], Kyôto 1985, S. 77-113

Shitauke Shinkô Kyôkai (1991): Zenkoku Shitauke Kigyô Shinkô Kyôkai (Hrsg.): Shitauke kigyô no shinkô no tame no chôsa kenkyû [Eine empirische Untersuchung mit dem Ziel der Förderung der Zulieferunternehmen], Tôkyô 1991

Shitauke Shinkô Kyôkai (1992): Zenkoku Shitauke Kigyô Shinkô Kyôkai (Hrsg.): Shitauke torihiki kaizen kôshû tekisuto, heisei 4-nendo [Anleitungstext zur Richtigstellung von Zuliefertransaktionen, Ausgabe 1992], Tôkyô 1992

Shôkô Chûkin (1971): Shôkô Chûkin Chôsabu (Hrsg.): Shitauke chûshô kôgyô no jittai [Die tatsächliche Lage der kleinen und mittleren Zulieferindustrie], Tôkyô 1971

Shôkô Chûkin (1977): Shôkô Chûkin Chôsabu (Hrsg.): Shitauke chûshô kigyô no genkyô [Die gegenwärtige Situation der kleinen und mittleren Zulieferunternehmen], Tôkyô 1977

Shôkô Chûkin (1983): Shôkô Chûkin Chôsabu (Hrsg.): Shitauke chûshô kigyô no shin kyokumen, sono jiritsuka shikô to shitauke saihensei [Die neue Lage der kleinen und mittleren Zulieferunternehmen, Verselbständigungsabsicht und Umorganisation der Zulieferungen], Tôkyô 1983

Shôkô Chûkin (1989): Shôkô Chûkin Chôsabu (Hrsg.): Atarashii bungyô kôzô no kôchiku o mezashite, Endakaka no shitauke kikai kôgyô no shintenkai [Auf der Suche nach neuen Arbeitsteilungsstrukturen, Neue Aussichten für die Maschinenbauzulieferer nach der Yen-Aufwertung], Tôkyô 1989

Shôkô Chûkin (1991): Shôkô Chûkin Chôsabu (Hrsg.): Gendai no chûshô kigyô '91, Kakushin o tsuku gurafu bunseki [Die modernen Mittel- und Kleinunternehmen 1991, graphische Analyse zentraler Daten], Tôkyô 1991

Siebert (1989): Siebert, H.: Technologische Entwicklung und Vorproduktbeschaffung, Frankfurt a.m. u.a. 1989

Simon (1972): Simon, H.A.: Theories of Bounded Rationality, in: Radner, C.B.; Radner, R. (Hrsg.): Decision and Organization, Amsterdam 1972, S. 161-176

SMEA (1983): Small and Medium Enterprise Agency, MITI: Outline of Small- and Medium-Scale Enterprise Policies of the Japanese Government, Tokyo 1983

Smitka (1991): Smitka, M.J.: Competitive Ties, Subcontracting in the Japanese Automotive Industry, New York 1991

Sômuchô Tôkeikyoku (1970): Sômuchô Tôkeikyoku (Hrsg.): Shôwa 44-nen jigyôsho tôkei chôsa hôkoku, Dai-1 kan: Zenkokuhen [Betriebsstättenzählung 1969, Teil 1: Ausgabe Gesamtjapan], Tôkyô 1970

Sômuchô Tôkeikyoku (1987): Sômuchô Tôkeikyoku (Hrsg.): Shôwa 61-nen jigyôsho tôkei chôsa hôkoku, Dai-1 kan: Zenkokuhen, Sono ichi: Jugyôsha sôsû ni yoru kekka [Betriebsstättenzählung 1986, Teil 1: Ausgabe Gesamtjapan, Abschnitt 1: Ergebnisse gemäß der Gesamtzahl der Beschäftigten], Tôkyô 1987

Sômuchô Tôkeikyoku (1992): Sômuchô Tôkeikyoku (Hrsg.): Waga kuni jinkô no gaikan [Überblick der Bevölkerung unseres Landes], Tôkyô 1992

StBa (1981): Statistisches Bundesamt (Hrsg.): Statistisches Jahrbuch 1981 für die Bundesrepublik Deutschland, Stuttgart - Mainz 1981

StBa (1990): Statistisches Bundesamt (Hrsg.): Statistisches Jahrbuch 1990 für die Bundesrepublik Deutschland, Stuttgart 1990

StBa (1991): Statistisches Bundesamt (Hrsg.): Statistisches Jahrbuch 1991 für die Bundesrepublik Deutschland, Stuttgart 1991

Stigler (1951): Stigler, G.J.: The Division of Labor is limited by the Extent of the Market, in: Journal of Political Economy 59 (1951), S. 185-193

Tanaka (1984): Tanaka, H. (Hrsg.): The Japanese Legal System, 6. Aufl., Tôkyô 1984

Tanikawa (1984): Tanikawa, H.: Business Transactions and Law, in: Tanaka, H. (Hrsg.): The Japanese Legal System, 6. Aufl., Tôkyô 1984, S. 132-137

Takada (1989): Takada, R.: Gendai chûshô kigyô no kôzô bunseki, koyô hendô to arata na nijû kôzô [Strukturanalyse der modernen Mittel- und Kleinunternehmen, Beschäftigungs-fluktuation und neue Dualstruktur], Tôkyô 1989

Takayanagi (1984): Takayanagi, K: A Century of Innovation: The Development of Japanese Law, 1868-1961, in: Tanaka, H. (Hrsg.): The Japanese Legal System, 6. Aufl., Tôkyô 1984, S. 163-193

The STRATOS Group (1990): The STRATOS Group (Hrsg.): Strategic Orientations of Small European Businesses, Avebury u.a. 1990

Tôkyô-to Shôkô Shidôsho (1992): Tôkyô-to Shôkô Shidôsho Chôsabu (Hrsg.): Heisei 4-nenban tôkyô-to chûshô kigyô hakusho, seizôgyôhen [Weißbuch der Mittel- und Kleinunternehmen in Tôkyô 1992, Ausgabe Industrie], Tôkyô 1992

Tsûshô Sangyôshô (1972): Tsûshô Sangyô Daijin Kanbô Chôsa Tôkeibu (Hrsg.): Shôwa 45-nen kôgyô tôkeihyô, Sangyôhen [Industriezensus Ausgabe 1970, Bericht nach Branchen], Tôkyô 1972

Tsûshô Sangyôshô (1987): Tsûsanshô Kikai Jôhô Sangyôkyoku Sangyô Kikaika u.a. (Hrsg.): Kikai jôhô sangyô sôran [Branchenführer Maschinenbau- und Informationsindustrie], Tôkyô 1987

Tsûshô Sangyôshô (1990): Tsûshô Sangyôshô (Hrsg.): Zenkoku kôjô tsûran, 1990-nenban [Betriebsstättenverzeichnis für Gesamtjapan, Ausgabe 1990], Tôkyô 1990

Tsûshô Sangyôshô (1992a): Tsûshô Sangyô Daijin Kanbô Chôsabu (Hrsg.): Kôgyô tôkeihyô heisei 2-nenban [Industrie-zensus Ausgabe 1990], Tôkyô 1992

Tsûshô Sangyôshô (1992b): Tsûshô Sangyô Daijin Kanbô Chôsa Tôkeibu (Hrsg.): Heisei 2-nen kôgyô tôkeihyô, Sangyôhen [Industriezensus Ausgabe 1990, Bericht nach Branchen], Tôkyô 1992

Ueda (1988): Ueda, T.: Kin'yû shijô no henka to chûshô kigyô [Die Veränderungen der Finanzmärkte und die Mittel-und Kleinunternehmen], in: Tatsumi, N.; Satô, Y. (Hrsg.): Shin chûshô kigyôron o manabu [Die neue Theorie der Mittel-und Kleinunternehmen lernen], Tôkyô 1988, S. 157-167

Umino (1993): Umino, T.: "Nihon no chingin wa sekai saikô suijun", Nikkeiren von shuchô wa ayamari ["Japan hat die höchsten Arbeitskosten der Welt", die Behauptungen des Nikkeiren sind verfehlt], in: Nihon Keizai Shinbun, 27.01.93 (Morgenausgabe), S. 31

Vrboski (1988): Vrboski, S.A.: Modelling the Japanese Experience of Technology Transfer through the Subcontracting System and its Applicability to Yugoslavia, Ph.D. Thesis Summary, Keio University - Faculty of Economics, January 1988

Waldenberger (1991): Waldenberger, F.: Vertikale Integration von Unternehmen, Eine theoretische und empirische Analyse, Köln 1991

Walker (1988): Walker, G.: Strategic Sourcing, Vertical Integration, and Transaction Costs, in: Interfaces 18 (1988), S. 62-73

Walker/Weber (1984): Walker, G.; Weber, D.: A Transactions Cost Approach to Make-or-Buy Decisions, in: Administrative Science Quarterly 29 (1984), S. 373-391

Watanabe (1981): Watanabe, Y.: Jônan, jôtô no kikai, kinzoku kakôgyô, shûseki ritchi no kinô to sonritsu kiban [Die Maschinenbau- und Metallfabriken im Süden und Osten (von Tôkyô), die Funktionen der Standortkonzentrationen und die Existenzgrundlagen], in: Satô, Y.(Hrsg.): Kyodai toshi no reisai kôgyô [Minifabriken in der Gigantenstadt], Tôkyô 1983, S. 258-313

Watanabe (1989): Watanabe, Y.: Nihon kikai kôgyô no shakaiteki bungyô kôzô (jô) [Die gesellschaftlichen Arbeitsteilungsstrukturen der japanischen Maschinenbaubetriebe, Teil 1], in: Mita Gakkai Zasshi 3/1989, S. 44-62

Wegehenkel (1981): Wegehenkel, L.: Gleichgewicht, Transaktionskosten und Evolution, Eine Analyse der Koordinierungseffizienz unterschiedlicher Wirtschaftssysteme, Tübingen 1981

Wildemann (1990): Wildemann, H.: Kundennahe Produktion und Zulieferung: Eine empirische Bestandsaufnahme, in: DBW 50 (1990), S. 309-331

Wildemann (1992): Wildemann, H.: Entwicklungsstrategien für Zulieferunternehmen, in: ZfB 62 (1992), S. 391-413

Williamson (1975): Williamson, O.E.: Markets and Hierarchies: Analysis and Antitrust Implications, New York - London 1975

Williamson (1979): Williamson, O.E.: Transaction-cost Economics: The Governance of Contractual Relations, in: Journal of Law and Economics 22 (1979), S. 233-261

Williamson (1984): Williamson, O.E.: The Economics of Governance: Framework and Implications, in: ZgS 140 (1984), S. 195-223

Williamson (1985): Williamson, O.E.: The Economic Institutions of Capitalism, Firms, Markets, Relational Contracting, New York - London 1985

Williamson (1986): Williamson, O.E.: Economic Organization, Firms, Markets, and Policy Control, Bridport 1986

Williamson (1987): Williamson, O.E.: Antitrust Economics: Mergers, Contracting, and Strategic Behavior, Oxford - New York 1987

Williamson (1991): Williamson, O.E.: Vergleichende ökonomische Organisationstheorie: Die Analyse diskreter Strukturalternativen, in: Ordelheide, D.; Rudolph, B.; Büsselmann, E. (Hrsg.): Betriebswirtschaftslehre und Ökonomische Theorie, Stuttgart 1991, S. 13-49

Willman (1983): Willman, P.: The Organizational Failures Framework and Industrial Sociology, in: Francis, A.; Turk, J.; Willman, P. (Hrsg.): Power, Efficiency and Institutions, London 1983, S. 117-135

Wolferen (1990): Wolferen, K. v.: The Enigma of Japanese Power, People and Politics in a Stateless Nation, London 1990

Womack/Jones/Roos (1990): Womack, J.P.; Jones, D.T.; Roos, D.: The machine that changed the world, New York u.a. 1990

Yaginuma (1992): Yaginuma, H.: Keiretsu mondai no rironteki apurôchi [Eine theoretische Annäherung an die *keiretsu*-Probleme], in: Kiyonari, T.; Shimokawa, K. (Hrsg.): Gendai no keiretsu [Die *keiretsu* in der Gegenwart], Tôkyô 1992, S. 1-51

Yasui (1980): Yasui, M.: Chûken kigyô keiei, Genri to jirei [Betriebsführung mittelständischer Unternehmen, Grundsätze und Fallbeispiele], Tôkyô 1980

Zeitel (1982): Zeitel, G.: Volkswirtschaftliche Bedeutung von Klein- und Mittelbetrieben, in: Pfohl, H.-Chr. (Hrsg.): Betriebswirtschaftslehre der Mittel- und Kleinbetriebe, Darmstadt 1982

Zirkel (1990): Zirkel, H.: Das Verhältnis zwischen Zuliefe-rer und Assembler - eine Vertragsart sui generis?, in: Neue Juristische Wochenzeitschrift 43 (1990), S. 345-351

Aus unserem Programm

Sebastian Ehrensberger
Synergieorientierte Unternehmensintegration
Grundlagen und Auswirkungen
1993. XXI, 362 Seiten, 43 Abb.,
Broschur DM 118,-/ ÖS 921,-/ SFr 119,-
Schriftenreihe "Integrierte Logistik und Unternehmensführung"
Herausgeber: Prof. Dr. Werner Delfmann
ISBN 3-8244-0159-2
Dieses Buch legt erstmals ein theoretisch fundiertes Konzept zur systemati-
schen Aufdeckung und Analyse sämtlicher bei Unternehmenszusammen-
schlüssen aus einem Synergieprozeß resultierenden Synergieeffekte vor.

Thomas Hildebrandt
Betriebliche Ressourcenschonung
Antizipative Forschung und Entwicklung
1993. XX, 414 Seiten, 19 Abb.,
Broschur DM 118,-/ ÖS 921,-/ SFr 119,-
ISBN 3-8244-0135-5
Das Buch stellt das Rückstandszykluskonzept als eine Idee zur Produktfol-
genabschätzung dar. Es kann als Beschreibungsmodell für produktindu-
zierte Wirkungen betrachtet werden, um Schadstoffquellen konstruktiv zu
reduzieren bzw. zu beseitigen.

Friedrich Kaufmann
Internationalisierung durch Kooperation
Strategien für mittelständische Unternehmen
1993. XVIII, 194 Seiten, 22 Abb., 8 Tab.,
Broschur DM 89,-/ ÖS 694,-/ SFr 91,-
ISBN 3-8244-0160-6
Ausgehend von einer empirischen Bestandsaufnahme werden die praxisre-
levanten Faktoren für eine erfolgreiche internationale Zusammenarbeit mit-
telständischer Unternehmen diskutiert.

Reinhard Meckl
Unternehmenskooperationen im EG-Binnenmarkt
1993. XVIII, 273 Seiten, 19 Abb.,
Broschur DM 98,-/ ÖS 765,-/ SFr 100,10
ISBN 3-8244-0177-0
Grenzüberschreitende Kooperationen erfordern als komplexe Internationa-
lisierungsstrategien eine dezidierte Planungsvorbereitung. Hier wird eine
strukturierte Vorgehensweise in Form eines Entscheidungsmodells angebo-
ten.

DUV Deutscher Universitäts Verlag

GABLER · VIEWEG · WESTDEUTSCHER VERLAG

Thomas Meuser
Umweltschutz und Unternehmensführung
Ein Konzept aktiver Integration
1993. XIX, 304 Seiten, 19 Abb.,
Broschur DM 98,-/ ÖS 765,-/ SFr 100,10
ISBN 3-8244-0139-8
Der ganzheitliche Charakter umweltschützender Zusammenhänge erfordert
Neuerungen, die mit ökologischem Flickwerk nicht zu realisieren sind. Für
ein abgestimmtes Konzept umweltschutzorientierter Unternehmensführung
erstellt das Buch einen Orientierungsrahmen.

Magdalena Mißler-Behr
Methoden der Szenarioanalyse
1993. XX, 221 Seiten, 28 Abb., 28 Tab.,
Broschur DM 89,-/ ÖS 694,-/ SFr 91,-
ISBN 3-8244-0173-8
Nach einer allgemeinen Diskussion des Szenarioprozesses wird in diesem
Buch die zur Szenarioanalyse notwendige Datenbasis erarbeitet und ge-
nutzt, um die Dependenzen und Interdependenzen zwischen einzelnen
Szenariokomponenten aufzudecken.

Bernd Sauer
Strategische Situationsanalyse im Umweltmanagement
1993. XXII, 279 Seiten, 43 Abb.,
Broschur DM 98,-/ ÖS 765,-/ SFr 100,10
ISBN 3-8244-0167-3
Die rechtzeitige Kenntnis und sorgfältige Analyse der Chancen und Risiken
im Umweltschutz wird für eine wachsende Zahl von Unternehmen als eine
wesentliche Voraussetzung für die Sicherung des Unternehmensbestands
angesehen.

Die Bücher erhalten Sie in Ihrer Buchhandlung!
Unser Verlagsverzeichnis können Sie anfordern bei:

Deutscher Universitäts-Verlag
Postfach 30 09 44
51338 Leverkusen